公務員試験

現職人事が書いた「面接試験・官庁訪問」の本

2025年度版

大賀英徳 著

実務教育出版

はじめに

みなさん、こんにちは！　人事課で職員の採用と人事全般を担当してきた大賀と申します。

この職場を経験して数年になりましたが、人事って、本当に神経を使う大変な仕事だなあと日々感じていました。なかでも「採用」は、今後の組織の方向性だけでなく、受験者のみなさん一人ひとりの人生を決めることにもなりますので、とてもとても気が抜けません。若々しいフレッシュなみなさんとお会いできるのは、すごく楽しみなことなんですけどね！

しかし、このような出会いの中で、「なんか、ちょっと違うんじゃないの？」「こんな気持ちでいいのかな？」と思うことがたびたびあります。私たち採用側が思っていることと、みなさん受験者の側が考えていることがビミョーに違うようなのです。そこで、こういうミスマッチをなくすためにはどうしたらいいんだろう、採用側・面接官が何を考えているかを受験者のみなさんに知ってもらいたいな、と思ったのがこの本を書くことになったきっかけでした。

みなさんには、まずこの本を読んでいただいて、私たち採用担当者の心の内を知ってもらいたいと思います。そうすれば、どのようにして面接試験・官庁訪問に備えればよいかということが、おのずから理解できるのではないでしょうか。

そして、この本をヒントにしっかり対策を練って、本番の面接試験・官庁訪問に臨みましょう。面接試験の場でみなさんと「対決！」できることを楽しみにしています。

では、いざっ！

大賀英徳

公務員試験

現職人事が書いた面接試験・官庁訪問の本 ▼目次

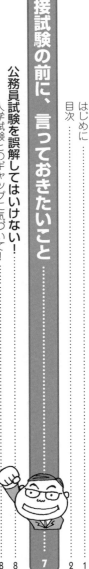

第4章 回答のポイントはここだ!

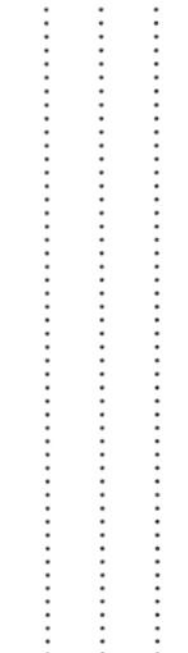

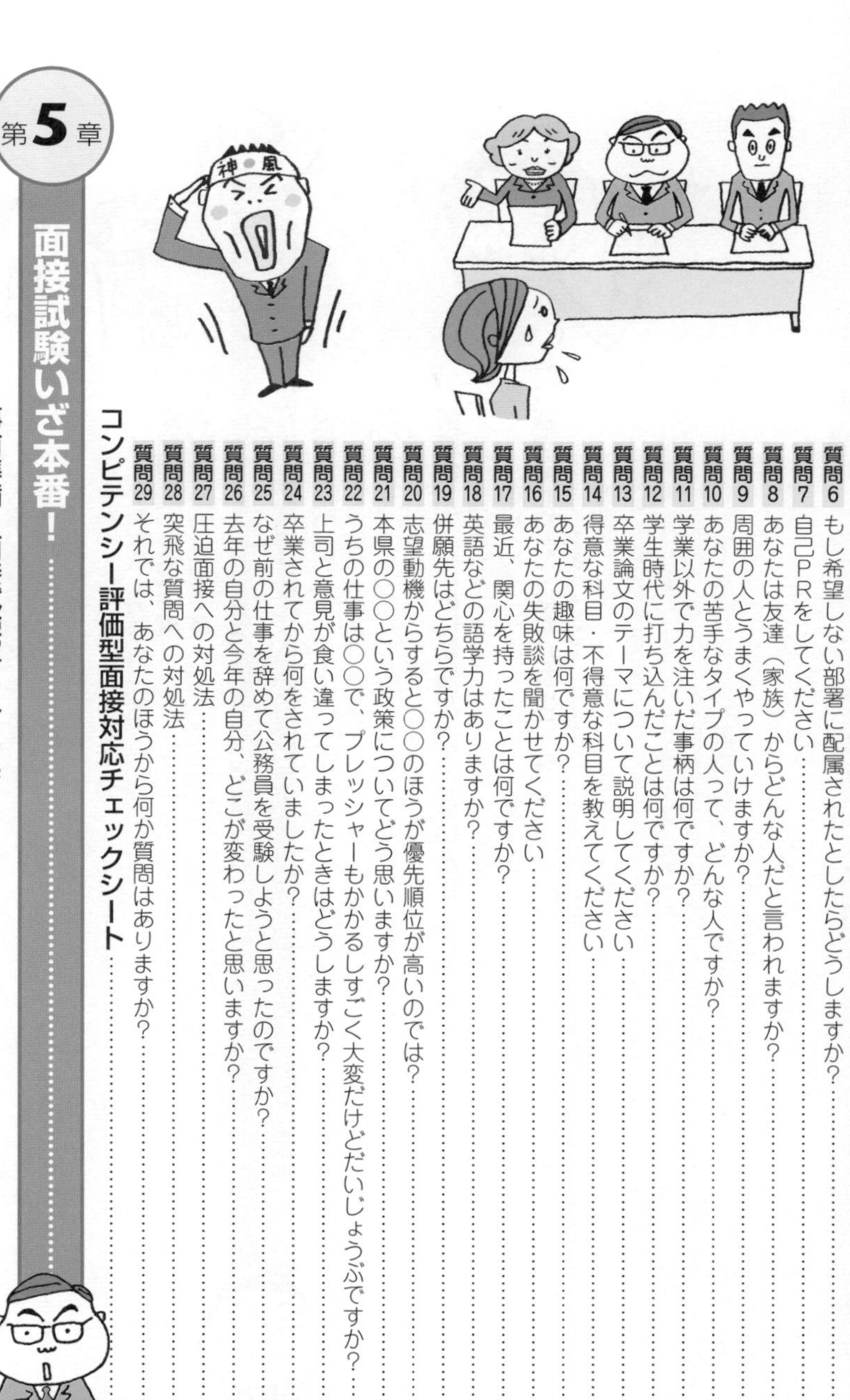

第5章　面接試験いざ本番！

第6章 合格、内定、そして採用後 243

第1章

面接試験の前に、言っておきたいこと

—就活はゲームではなく、キミの人生の選択だ！—

みなさんはどうも「公務員試験」というものを誤解しているみたいです。受験者の視点と人事の視点はこんなにも違います。そんな勘違いをしていては内定獲得は夢のまた夢ですよ！

公務員試験を誤解してはいけない！

さあ、公務員ワールドへようこそ！

みなさんのように、公務員の世界をめざそうとしている方々のために、この本はあります。公務員批判の厳しい、今、この時期に、あえて公務員の世界に入ろうと志してくださるみなさんは、貴重な存在です。われわれ先輩職員からすると、まさに「金の卵」！

しかし、みなさんが公務員試験のイロハを知らないまま受験されているのも事実です。

入学試験とのギャップに気づいて！

まず最初に、みなさんが今まで受けてきた試験、高校や大学の入学試験と公務員試験は大きく違うということを頭にたたき込んでほしいと思います。

みなさんは、これまで、高校や大学の入試を経験してきました。場合によっては、中学の入試や、小学校・幼稚園の「お受験」から経験されてきた方もいらっしゃるかもしれません。

「大学入試と試験科目は違っても、公務員試験だってしょせんは『試験』だよね？　勉強して、いい成績で合格すればいいんじゃん？　結局のところ、同じだろ？」

そう思ってはいませんか？　……実は、これが大間違い。

今までみなさんが受けてきた試験、「入試」というものは、基本的に筆記試験の成績がよければ、予定人員まで順番に自動的に合格させ、入学できるというものでした。そういう意味では、司法試験や公認会計士試験などのような資格試験もこれらと同じです。

●良薬は口に苦し!?

この本が世に出てからだいぶたちましたが、受験者のみなさんからは「上から目線」「ムカつく」という言葉も頂戴しているようですね。受験をくぐり抜けてきた者として、そして、たまたま面接官・人事を経験することとなった者として、「自分と同じ轍を踏まないように」「頑張ってほしいな！」と思って書いているのですが、今まさに受験をしているみなさんからすると、面接官や人事の話は「何をエラソーに！」と思っちゃうのかもしれません。「人は、真実の言葉ほど、聞きたがらない（宇野千代）」「我々の個人的な願望に合う事柄はすべて真実のように思われ、そうでないものは、我々を激怒させる（アンドレ・モーロワ）」なんでしょう。

ところが、公務員試験は、違います。公務員試験では、**どんなに筆記試験の成績がよくてもダメ**。たとえ筆記試験の成績がダントツの一番であっても、面接官に「コイツとは一緒に働きたくないなあ」と思われてしまったら、一発でアウト。**面接官に「この人と一緒に働きたい！」と思ってもらわないと合格できない**のです。

確かに、公務員になるためには、第一関門である、そして非常に倍率の高い第1次試験をまず突破しなければならないわけですが、それは始めの1歩にすぎません。実はそこから先の面接試験こそが、本当に乗り越えなければならない真剣勝負なのです。

十分な対策vsいつもどおりの自分。さあ、どっち!?

そういうわけで、面接試験対策の予備校の講座やマニュアル本が世にあふれているわけですが、「十分な対策をしなきゃ、ダメだぞ！」と危機感をあおるものもあるし、「いつもの自分で」とアドバイスしているものもあって、「どうすればいいのぉ？」と悩んだまま試験会場に来てしまう方がたくさんいます。

実は、このどちらも真実。面接官が知りたいのは、素顔のあなた。ですから、いつもどおりの自分を出すことが必要なのです。とはいっても、**いつもどおりの素顔の自分をどう表現するか、アピールするかには、実は、かなりの知識とトレーニングが必要**なのです。

そこで、まずは、そんなこんな、みなさんが陥りやすい公務員試験に関する間違いや勘違いの具体例から見てみることにしましょう。この辺でつまずいてしまうと、本当にその後の人生を無駄にしてしまいますから！

あのねぇ…
素の私を見てください！
コレがいつもどおりの私です！

勘違いファイル1
マークシート試験がダメでも面接でカバーできる！

マークシートが全然ダメだった……
特に専門が…
けど、面接でバッチリカバーしたぜ！
これで合格間違いなしだ！

人事の本音
面接が同じデキならやっぱりカシコイほうがイイ

やっとくぐり抜けた第1次試験。「ここから先は面接重視って言ってたよね。第1次試験の失敗もなんとか挽回できるさ！」……と思ったら大きな間違いです。

人事院や地方自治体が公表している配点比率によると、最終合格の判定には多肢選択式（マークシート）試験の結果もしっかり加味されています。また、その後の官庁訪問や面接試験でも、面接重視とはいいながら、人事はちゃーんと試験の成績を入手し、押さえているのです。「AさんとB君、面接の結果が同じなら、やっぱりカシコイほうがいいよね！」というわけ。

面接の結果、どうしても採用したい！というダントツの受験者はほんの一握り。逆に、コイツはぜーったい絶対いらない！という人もそんなにたくさんはいません。

採用してもいいよね、だけどどうしよう？という層が大半なのです。実は、その中で頭一つ抜け出すにはどうするか？がおおかたの受験者のみなさんの課題というわけ。面接だけで頭一つ抜け出すのは（これからこの本でその方法をお話ししようと思ってはいますが）至難のワザ。だから、少しでも筆記試験のほうで点数を稼いでおきましょう。

勘違いファイル②

面接なんて、準備したってしかたないよね！

人事の本音

準備の有無と場数を踏んだかで大きな差が付く

面接試験では自分の素を出すことが肝心！　といわれます。というわけで、これを真に受けて、事前に準備する必要はないんだ！とか、第一志望の官公庁だけの一発勝負さ！　という受験者もいます。

でもこれは大間違い！　なぜなら、十分な準備と対策を練ってきた受験者やある程度場慣れしている受験者とそうでない受験者とでは、心のゆとりが違うので、受け答えの中身はおろか、立ち居振る舞いや落ち着き具合までぜ～んぜん違ってきてしまうのです。

面接官はこういうところは先刻お見通しで、「自分の目的達成（この場合は面接試験の合格）に全力で対策を練ってこないような人物ではダメ！　社会人になったら通用せんゾ！」と思ってしまいます。

特に、最近導入が進んでいるコンピテンシー評価型面接では、この**準備の有無が成績を大きく左右**します。

ですから、自分の本当に受かりたいところの面接試験の前に、ぜひとも万全の準備をしておくことが必要ですし、模擬面接、民間企業やほかの公務員試験の面接試験を実際に受けて場慣れしておくということがとても重要になるのです。

勘違いファイル③

志望動機は本からパクっちゃえ！

人事の本音

丸暗記ではなく自分の言葉で！

面接対策というと、回答案を準備しますよね。しかも、「いろんな対策本を読んで、そこからパクっちゃえ！」と。だから、どの受験者の答えも、みんな同じ！ ということがよくあります。

確かに準備は必要ですが、他人に作ってもらったコトバでは真実味が伝わってこないものです。それに、自分で考えたものでなければ、一部分でも忘れてしまうと後がまったく続かなくなってパニクってしまうものです。こうして自分から沈没していく受験者が毎年何人もいます。自分のコトバで話す努力をしましょうね。それが、「顔の見える」公務の第一歩にもなるのです。

なお、私の経験からいうと、最初から全部覚えようとするのではなく、事前に作成した原稿から**いくつかのポイントやキーワードを抽出しておき、それを話しながらつなげていく**ような感じで進めていくことを心掛ければ、気持ちが楽に臨めます。面接官はあなたの覚えてきたキーワードなんてもともと知らないわけですから、万一、キーワードを1つ2つ落としてしまっても、話がスムーズに流れていれば、気がつきませんものね。

勘違いファイル 4

控室で何をしようと勝手だろ！

オレ、ここ第一志望じゃないんだよね～
スベリ止めよ スベリ止め！

人事の本音

実は至る所でチェックされている可能性あり

受験者は、とかく面接試験室での面接のみに目が行きがち。でも、控室でも、さらには、**その役所の建物に入ったときから、試験が始まっている**と思ったほうがいいでしょう。なぜなら、その建物で働いている人は、当然その役所の職員ですよね。まったく試験に関係のない職員でも、面接官や人事課の担当者と知り合いの人かもしれません。「なーんか変なヤツがいるぜ」とか「あんなことしてたよ」と人事課に情報が入ってきたら、ひとたまりもありません。

確かに、面接試験の判定対象は「面接試験室における面接」だけに限られています。しかし、そういう情報が、面接官の「心証」や「印象」に大きく影響を及ぼす可能性だってあるんです。

「普段からそんな態度で仕事をされたらたまらない」「公私の区別が付いているのか？」こう面接官に思われてしまったら、合格は遠のいてしまいます。単に面接試験室における面接だけではなく、建物に入ってから外に出るまでが面接試験なんだと思ったほうがよいでしょう。面接が終わった後は、ホッとしてつい地が出てしまいがち。ここも気を抜いてはいけませんよ。

勘違いファイル 5

格好なんて関係ない！ 大事なのは中身だろ!?

目先の利益ではなく、もっと長期的な視野で、国益の増加を図るスケールの大きい政策を…
オレ、スケールのデカい男なんで

人事の本音

服装や雰囲気など第一印象はとても大事

カジュアルな服やハデハデな格好でも、受け入れてくれる会社はあるでしょう。そういう意味では「公務員って遅れてるぅ！」「ダサッ！」って言われてしまうかもしれません。でも、そういう格好を受け入れてくれる人だけをお客様とすればよい民間企業とは違い、公務員は、否応なくすべての国民・住民のみなさんを「お客様」とするサービス業なのです。

「格好だけで判断されるのはイヤ！　もっと中身を見て！」

確かにそうですよね。でも、**第一印象でその人に仕事を任せたいかどうかということが判断されてしまいます**。ですから、公務員は、平均、ごくごく平均の格好をして仕事をしているわけです。もちろん、いつもいつもそうしていろ、というわけではないのですよ。私の知り合いにも、休日は髪の色が変わっている、というカメレオンのような（?）人もいます。でも、それでいいんだと思います。「使い分けのできる人」なわけですから。

それを試験では見ているわけです。ですから、試験会場、そして職場では、「普通の格好を演じる」ことができるようになってほしいものです。

勘違いファイル 6

アタシ的にはぁ〜、マジ頑張ったんですけどぉ〜

えっとぉ〜接客のバイトとかはぁ〜
やっぱ結構大変でぇ〜、自分がヘコんでる
ときとかムカつく客とかいてもぉ〜いつも
笑顔でいないといけないじゃないですかぁ？
でもそういうのってなにげに大事だったり
するんでぇ〜、そこら辺はマジ一生懸命
ってゆうかぁ〜、そうそうこないだぁ〜
ちょ〜ヤバイことがあったんですけどぉ〜

〈5分経過〉…そんなカンジなんでぇ〜
アタシ協調性とかはフツーにあると
思うんですよぉ〜、あ、あとぉ〜ウチらの
部活っていうか、サークルでは〜いちおう
副部長やってるんで〜
イベントがあるときは
気合い入れてやってます
し〜場の空気を読むのが〜

人事の本音

言葉遣いに気を付けて、わかりやすく話さないとダメ

最近の受験者のみなさんは、本当に言葉遣いができていません（こういうと、自分がやけにオヤジ臭く感じますが）。言葉遣いというのは、言い回しや、単語にも注意を払ってくださいね。**友達とお話ししているのではない**のですよ。

これも先ほどと同じ。だれにでも受け入れられる標準、それから「使い分け」ということを考えてください（「マジ？」って感想を漏らさないでくださいね。「マジ」は友達言葉ですよ！）。

もう一つ。「も〜、いい加減にしてぇ！」っていうくらい話し出したら止まらない、っていうのも最悪です。確かに、面接は自分を最大限に表現する場ですが、しゃべりすぎていて場が読めない、というのはいただけません。公務員というのは、国民・住民のみなさんからご意見を伺って、どのようにして住みよい社会を作っていくかというのが仕事なわけですから、自分のほうから一方的にしゃべり倒すようなことはしてはいけないのです。

そこの部分も十分考えて、場の雰囲気を読んで短く適切に話すということを考えましょう。

勘違いファイル 7

面接時間が長いほど評価は高い！

人事の本音

面接時間の長さで合否は決まらない

個別面接の場合、受験者1人当たりの平均時間は15分から20分ということで計算を立てています。受験者も、この時間を大変気にしているようですよね。しかし、これはあくまでも「平均」にすぎません。多いことも少ないこともあるのです。

みなさんも実際に何度か面接官の立場を経験してみるとわかると思うのですが、**採点は実はわずか1分程度お話しするだけでおおよそできてしまう**ものなのです。その1分間の会話の中で、受験者のコミュニケーション能力や理解力といったものは把握することができます。

後の残りの時間は何をやっているかというと、その第一印象の確認作業なのです。第一印象はBだったけどCにしようかな？　あるいは、CにしたけどBかな？　と迷ったときにその確認のための質問をしていくのです。

ですから、確認が取れたときには、若干短い時間でも合格になります。その逆に、確認ができない人の場合や、単に受験者の話が長くてなかなか止まらないような場合には、面接時間だけ長くなって結果は不合格ということもあるのです。

勘違いファイル 8

集団討論は目立った者勝ちでしょ！

人事の本音

協調性とコミュニケーション力が見られている！

最近では、官庁訪問でさえ、個別面接だけではなく、集団討論やグループディスカッションをとり入れる官庁が増えてきました。

そのわけは、ズバリ、協調性とコミュニケーション力を見たいから。公務員はサービス業。1人で地道に……ではなく、国民（住民）、上司、同僚や部下とうまくコミュニケーションを取って協調していかないと、いい仕事はできません。集団討論の試験では、**この人が職場に入ってきたらそれができるのか**、という観点から採点されるのです。

試験になると、ついつい力んでしまって「目立たなくてはっ！」と思いがち。とにかく一番に発言しようとしたり、仕切りたがったり、中身もなくベラベラしゃべったり、ほかの人の発言を打ち負かそうとしたり、という受験者が多いようです。でも、目立ったからといって、評価が高くなるものでもありません。むしろ逆効果です。

短くてもいいから適切なタイミングで適切な内容の発言をすること。まとめる方向、課題を解決する方向でほかの受験者みんなと盛り上がっていくことのほうが大事なのです。

勘違いファイル 9

官庁訪問って別にやらなくてもいいんでしょ?

人事の本音

恋愛と同じで積極的なアプローチが必要!

「試験に合格したんだから、必ず採用してくれるんじゃないの!?」なーんて甘〜い希望を持っている方もいませんか?

確かに、国家一般職では各官庁の採用予定者数と合格者数がほぼ一致していますよね。でも、どうしても行きたい官庁があるなら自分からアプローチしないと、相手に自分の存在をわかってもらえません。それに官庁訪問とはいっても単なる「訪問」ではなく、その中でどんどん選抜が進んでいて、これに残らないと採用面接を受けさせてさえもらえないのです。うかうかしていると最終合格内定なしという最悪の状況になってしまいます。採用予定者数が合格者数よりずっと少ない国家総合職ではなおのこと!

ですから、積極的に官庁訪問をしなければいけません。また、当初の志望以外の官庁もたくさん回ってみることで、新たな出会い、本当に働いてみたい官庁が見つかるかもしれません。

さらに、最近では、実際に試験を受ける前に開かれる説明会で有望な受験者をピックアップしようとする官庁が、かなり増えてきています。**説明会は実質上の面接試験となっている**といっても過言ではありません。

勘違いファイル⑩

オレなんて、どうせ、どうせダメなんだろ……

今年もまた面接で落とされました…
どうせ三流大学出です…
どうせ2浪1留です…
どうせ成績は微妙です…
どうせフリーターやってます！
どうせ不幸顔です！
どうせ彼女いない歴27年です！
どうせ… どうせ… どうせ…

人事の本音

「負けグセ」の付いた人にはパワーが感じられない

公務員試験はタダですから、体力、気力のある限りいくつでも受けることができます。貴重な何年間かを棒に振らないためにも試験は可能な限り受けるべきです。とはいうものの、受ければ受けるほど、落ちる回数も多くなるもの。特に、面接試験で落ち続けると「何がいけなかったんだろう」「オレってとことんダメな性格なのかなぁ」と、負け犬スパイラルにはまってしまいます。

そんな受験者は、目に精気がなく、声も沈みがち。結果を聞く前から「たぶん、どこも受かってないんだろうなー」ってわかるものです。でも、こういった元気のない状態では、どこも合格を出してくれませんよ。だってそうでしょ。どうせ仕事なんて、大半が自分の思うようにはいかないもの。そのたびに落ち込んでいたら、やってられません。それをはね返す元気とパワーが最初っからないような人を採用するわけないじゃありませんか。

それからもう一つ。面接官は、受験者がその職場のカラーや特性に合うかどうかという観点から見ているだけ。その人の性格や人格を否定したわけではないのです。たまたまその官公庁とは性格が合わなかっただけと思って、**気持ちを切り替えましょう。**

こんな考えで公務員をめざしてはダメ！

公務はサービス業

まず、最初に押さえておいていただきたい、そして晴れて公務員になってからもずーっと忘れてほしくないことは、公務はサービス業である、ということです。

公務という仕事は、第一次産業や第二次産業のようになんらかの生産物を作り出す仕事ではなく、公務を行うことによって、**国民や住民のみなさんにサービスを提供する仕事**なのです。モノであれば、それを売ったり買ったりすることができますし、それを買ったお客さんの満足する顔を見ることができます。それに対し、サービスというのは形のないものですから、これをどう提供するか、というのは非常に難しいことですし、それによって本当に国民や住民のみなさんが満足しているのか、納得しているのかを実感することも困難です。

ですから、われわれ公務員は、つい、そこのところを忘れがちになってしまうのです。口では「国民に奉仕」と言っていますが、じゃあそれが自らの行動に現れているか、というと、疑問符が付いてしまうような公務員が多いのです。

みなさんも、役所の窓口に行って、「なんだあいつら！」と思ったことはありませんか？　国民や住民のみなさんにそう思わせてしまったということは、すでにサービス業であるという本分を忘れた応対をしているということなのです。ただ、窓口業務に勤務している場合には、まだ、このようにそれを肌で実感することができます。感じる心さえあれば。

●公務＝第三次産業

農業などの第一次産業、鉱工業などの第二次産業、サービス業などの第三次産業という分類の中で、公務は第三次産業に入っています。

●本当は使いたくない「民」という字

「国民」の「民」という字の源をたどると、眼という字の右側の部分と同じです。これ自体「目」をあらわす象形文字なのですが、なぜ民に比べて横棒がなくなっているかというと……古代中国において奴隷の目をつぶして逃げないようにさせたところからきているのだそうです。だから、目が見えない状態である「睡眠」の「眠」という字も同じ「ミン」なのですね。こう考えると、国民という漢字の使い方にはいろいろ考えさせられるものがあります。何かいい表現はないのでしょうか。

しかし、窓口業務ではない部署に勤務している場合、それを実感することなく日々過ごしてしまうので、このような感覚を完全に失ってしまうのです。これが怖いところであり、私自身も日々反省しなければならないと思っています。このような部署は、特に本省勤務や本庁勤務の場合に多く、職種でいうと、キャリアや上級職で入った方に多く見られますので、このような部署に勤務することになったり、このような職種で入られた方は、特に注意をしてください。

自分たちは選ばれた人間だ!?

試験によっては、百倍を超える高倍率になっているところもあります。ですから、なかなか受からないので、予備校に行ったり、場合によっては留年したり浪人したりする方も多いようです。

このような難関の試験ですから、合格して採用されたときのうれしさもひとしおだと思います。本人だけではなく、ご家族の方や友人など、周りのみなさんも喜んでくれることでしょう。しかし、ここで忘れてはいけないのは、みなさんは公務員試験、単なる試験に合格して採用されたにすぎないということです。

筆記試験でいい成績を取って、面接試験でも面接官に「こいつはいい」と思ってもらったかもしれません。ですが、確かに「選ばれた」人間ではあっても、それはしょせん、試験で選ばれただけ。国民や住民のみなさんから「あなたにお願いします」という**信任を受けたわけではない**のです。ここの部分が、国民（住民）の信任を受けて当選してきた公務員、すなわち国民の代表たる国会議員（地方の場合は、首長や議員）との大きな違いなのです。これを忘れてしまうと、勘違いしてしまうことになるのです。

●「キャリア」とは
キャリアとは、国家公務員の場合、各種の「総合職」試験に合格し、採用された職員のことをいいます。

難関の試験に合格したんだから少しぐらいオイシイ思いさせてくれてもいいじゃないですかぁ！
そうだ！そうだ！

近年、霞が関の官僚が引き起こした事件やニュースが世間をにぎわせています。賄賂をもらって私腹を肥やしたり、さらには、利権がらみの問題や過剰な接待の問題、さらにはオイシイ天下りなどなど、次々と事件や問題が発覚しています。

このような事件が続くと、「キャリア」というと、国民の信用と信頼を失ってしまいますよね。私が学生の頃のほんの十数年前までは、国民のため、国家のため、という崇高な理念のもとに給料が低くても身を粉にして働いているというイメージが強かったのですが、今では、「天下国家のことよりも自分たちのことしか考えない出来の悪いお役人」といわれてしまっています。私も公務員の端くれにいますので、反省しきりです。

公務員の中にいて考えてみますと、このような事件を引き起こしてしまった原因は、やはり、「自分たちは選ばれた人間だ」「自分たちはなんでもできる」と思い違えてしまったところにあるのではないでしょうか。

中央官庁にいると、自分の係から発出される文書で全国の自治体が動いていきますし、係1つに補助金1つといわれるように金銭を伴う施策を抱えていますので、各自治体や業者からの陳情もたびたびあるわけです。若手の職員が自分の親のような歳の人と応対することになりますが、それでもお願いする側とされる側の立場の差がありますから、みんな頭を下げてくれるんですね。こういう生活を繰り返していると、ついつい麻痺してしまうのです。だれも、ガツーンと言ってくれる人がいない。これが「自分たちは選ばれた人間だ」「自分たちはなんでもできる」と履き違えてしまう大きな原因ではないでしょうか。

みなさんも、首尾よく公務員になられた暁には、ぜひこのことを忘れないでいてください。

●政権と公務員の中立性

政権交代によって、政官のかかわり、つまり、国会議員と官僚のかかわり、仕事や役割の分担は当然変わりますが、それは一部の話。大部分の公務員にとっては、仕事がガラリと変わってしまうようなことはありません。ただ、政策の方針転換によって、今までなかったような仕事をすることになったり、同じ仕事でもやり方が変わったり、ということはあります。

いずれにしても、政権交代が直接に公務員試験の内容を左右するということはありません。受験者のみなさんは、とにかく合格、採用に向けて頑張りましょう！

公務員でまったりしたい!?

こういう間違った権力志向で公務員をめざす受験者がいる一方で、そもそも、公務員になりたいという理由が、「民間は厳しいから……」「会社に就職して、営業やるのもなぁ?」「人と話すよりも、机に向かって事務をしたり調査をしたりするのが好き」という人もかなり多いですよね、実際のところ。さすがに面接試験の志望動機でこんな本音を話す人はごくまれですが……。人と接して「サービス」をするのは苦手で、黙々と「事務」をやってるのがいいっていうタイプの人は、究極のサービス業である（でなければならない）公務員には向きません。こういう動機で公務員ワールドに入ってくると、きっと後悔しますよ！

さらには、「公務員になってまったりしたい」「9時～6時で帰りたい」と思っている人。こういう「あらぬ幻想」を抱いて公務員をめざすと、入ってからギャップに悩みます。確かにそういう時代がかつてはあったのかもしれません。しかし、公務員批判がキツくなっている今日、国民・住民の目は厳しさを増していますし、実際に定員もドンドン削減されていますので、そんな夢のような職場はなくなってきています。私自身の実感としても、どんどんIT化し、業務の効率化やアウトソーシングが進んでいるにもかかわらず、なぜだか**仕事量が減るどころか、より一層増えている**ような気がしています。

残業も、中央官庁の建ち並ぶ霞が関のように「不夜城」といわれるところだけではなく、あちこちで、実際に多くなってきているのです。「カラ超勤」なんて、「なにわの事も夢のまた夢」です。

●若手職員が感じているギャップ

人事院が令和5年度の新規採用職員に行った意識調査によると、公務員を志した動機は、

- 公共のために仕事ができる
- 仕事にやりがいがある
- スケールの大きい仕事ができる

の順だそうですが、内閣官房行政改革推進事務局公務員制度等改革推進室が行ったヒアリング調査によると、実際に勤務している若手職員は、

- 忙しすぎて時間的・精神的余裕がない
- 当初の志とは異なり自分の仕事が国のために役立っているという実感が持てない
- 専門性を高められずキャリアアップが図れない

といったギャップに悩んでいるようです。

●夢のまた夢

「つゆとをち　つゆときへにし　わかみかな　なにわの事も　ゆめの又ゆめ」これは豊臣秀吉の辞世の句といわれています。

公務員だったらなんでもイイのかぁ!?

受験者の併願状況を見ていると、国家総合職も、国家一般職も、国税専門官も、裁判所も、国会職員も、県庁も、警察官も、自衛官も、市役所も……と数限りなく受けている人もいます。

確かに公務員への就職は、採用試験という水物ですから、もし受からなかった場合のリスク分散として、あっちこっち受けておくという理由もわからないではありません。また、試験慣れのために受けているということもあるかもしれません。こういう理由だったら、われわれ人事もわからないではありません。

その一方で、事務系と公安系という大きな職種の違いもなんのその、「**公務員だったらなんでもいい**」「地元にいられて転勤がないんだったらなんでもいい」という、本当にタダそれだけの理由の受験者も結構いるんです。

でも、こういう人に限って、入ってみると「なんかちょっと違うんだよな～」「もっといい仕事があるんじゃないか?」とウツウツとしているものです。悩み、落ち込んで、周りから疎まれ、また悩んで……という最悪のシナリオになるか、「まっ、給料さえもらえればいいか!」と開き直って何も仕事をしなくなる困ったちゃんになってしまいます。

こういうことになるのを未然に防止するためにも、「自分は何をやりたいのか」「自分の生きる道」といったこと、具体的には志望官公庁とその志望動機を早めに固めておく必要があります。特に、「面接の構造化」によって「それで」「それで」と畳みかけるような質問をされるようになってきていますから、志望官公庁一つ一つにどうして自分がそこで働きたいのか深く考えておくことが必要不可欠です。浅い志望動機では結局どこも受からなくなってしまいます。

●そもそもどんな公務員になりたいか決めきれないキミへ

この本を手に取った段階で、どんな仕事の公務員になりたいか迷っているようでは遅すぎます! 世の中にどんな公務員の職種があって、どんな採用が行われ、待遇はどうなっているのかなどの詳細については、拙著『公務員になりたい人への本』をご覧になってください。

●面接の構造化

コンピテンシー評価型面接の導入と同時に「面接の構造化」が図られるようになりました。詳しくは第3章をご覧ください。

留学してスキルアップしたい!?

よく受験者のみなさんから、国内外の大学・大学院や研究機関等への留学制度の有無や実態について質問されることがあります。こういうときに逆に留学を希望される理由を尋ねると、「自分が勉強したいから」「自分を向上させたいから」というものが多いようです。しかし、ちょっと待った‼

職員をあえて通常の職務から外して留学させる理由は、その職員の個人的希望をかなえてあげようというものではなく、留学の結果を**その後の職務に生かしてもらうため**なのですよ。一国民の視点からは、単なる職員の私的興味のために税金を使わせることなんて許されないですよね。そこの部分を履き違えないよう十分心してください。実際、霞が関では、一時期、留学後、すぐに退職してしまう若手職員が後を断たずに問題になっていました。確かに、留学以外に将来の希望の持てない職場環境というのも問題ではありますが、この一国民の視点を忘れて、自分勝手にオイシイところだけつまみ食いしようとする姿勢は批判されてもしかたのないことでしょう。

以上、公務員をめざすみなさんの勘違いやダメダメを見てきました。この程度の低いレベルの考えや思い込みでは、面接試験で面接官に喝破され、玉砕してしまうこと必至です。認識は変わりましたか？

では、認識を改めていただき、フンドシを締め直していただいたことを前提に、次は、受験の心構えといったことをお話ししましょう。

●**留学**

留学するに当たっては、官公庁内での選考を受けるほか、TOEFLやその行きたい学校の入学試験に自力でパスする必要があります。出身省庁の推薦書があるからといって必ずしもパスできるわけではありません。特に近年、アメリカの大学・大学院は外国人の留学生の受け入れに厳しくなっています。留学したい人は就職してからも勉強は怠らないほうがいいですよ！

●**官庁、職種によってかなり違う留学先**

総合職職員の場合は、このような留学の機会が比較的与えられています（すべての者ではありません）が、一般職職員の場合には、より限定的です。どのような留学先があり、どの程度そのような機会が与えられているかは、各府省によってかなり異なっていますので、関心のある方は事前の情報収集で確認しておくとよいと思います。

面接試験・受験の心構え

大事なことは「勉強」だけじゃない

公務員試験を受けようとされているみなさんは、どちらかというとおとなしくて、体育会系というよりは文化系というようなタイプの方が多いと思います。これからみなさんが立ち向かう「就職」においては、このタイプが最も要注意です。

体育会系の人は、「とにかく稼ぐんだ！」とか「考えるよりも人の中に飛び込んで活躍してみたい！」という気持ちが原動力になって、社会の荒波の中に比較的スムーズに飛び込んでいけます。一方、いつも勉強ばっかりしていたエリートタイプ君（実際に勉強好きのエリートであったかどうかは問いません。小さい頃から塾に行って、そういう生活に慣れてしまった人、ということです）は、目の前に「勉強」がないと落ち着かないんですよね。勉強をしないでいい学校に入れるわけがないんだから、同じように勉強をしないでいい就職ができるわけがない、もしくは、勉強の成績がよければいい就職先に内定できる、こう思い込んじゃうわけです。

こういうタイプの人は、なんだか、民間の就職活動では物足りない、やっぱり、試験をやって、白黒はっきり付ける公務員試験や資格試験がいいな、という気持ちになるものです。資格試験の道を選んだ人は、まだ幸福です。なぜなら、結果がはっきり出るわけですから。でも、こんな考えのまま公務員試験のイバラの道に踏み込んでしまった人は最悪です。

なぜなら、最初にもお話ししましたように、公務員試験は入学試験や資格試験とは決定的に違

●試験制度は変わっても面接の重要性は不変！

ここのところ、国や地方の試験の中身が毎年のように変わりますが、官庁訪問、面接の重要性は変わりません。むしろ、試験によっては、人物試験（＝面接）のほかにも政策課題討議試験とか企画提案試験といった面接の要素が強い試験科目が採り入れられるようになりました。より一層、筆記の成績（知識）よりも人物・人間力を重視するようになっているのですね。

うのです。成績がいいのは当たり前。でも、そこから先の部分、そこが求められているのです。この先の部分、すなわち、面接試験で評価される部分というのは、筆記試験対策のようないわゆる**「勉強」で身に付くものではありません。**

なのに、「勉強」エリート君は、だれかが教えてくれるだろう、どこかに解法があるはずだ、とさまよいます……。でも、ちまたにあふれる受験指導書を見ても、筆記試験対策については、明確な答えとそれを導く方策が指導されているのに引き換え、面接指導の本は数も少なく、言っていることも結構バラバラで、どれを信じてよいかわからなくなってしまいます。また、受験予備校でも、各教科の指導に割く時間に比べて、面接指導はほんの付け足し程度で、グーンと時間も少ないものです。

「勉強」エリート君は、こういう状況にますます不安が募ってしまうもの。何をどう「勉強」すればいいのか、と思っちゃうわけですね。こうなると、もうドロ沼です。

でも、面接試験対策は、「勉強」で得られるものではありません。人から講義を受けたり、教えられたりするものではないのです。また、答えも1つではありません。その人により、その状況により、答えはみんな違うのです。すなわち、対策といっても、個々人の個性に応じて（理屈ではなく）カラダで覚えなければいけない「身につける」ものなのです。

覚悟してこのイバラの道に入ってこられた方も、はたまたなんとなく迷い込んでこられた方も、このことを十分覚悟して、公務員試験、さらには面接試験に臨んでください。**面接試験こそが公務員試験の最大のヤマ場**なのですから！

●受験「道」を極めてはいけない

じっくり対策を練らなければならないのは当然ですが、あくまでも、公務員試験は就職のための「手段」であることを忘れないでください。試験自体は「道」ではありませんから、「極める」必要なんてないのです。極めようとすると、何年たっても受かりません！　あれもやり残した、これもまだ、という程度のほうが受かるものなのです。

「兵は拙速なるを聞くも、未だ巧(たくみ)の久しきを睹ざるなり」（戦争には完全ではなくても素早くやる「拙速」というのはあるが、完全主義でグズグズしてうまくゆく「巧久」という例はまだ見たことがない）と孫子も言っています。

心構えとは

「そんなあやふやなフワフワしたもの、どうやって覚悟すればいいのさ?何をすればいいの?」

当然そう悩みますよね。面接試験の心構えってなんなのでしょう?

その第一は、**面接の世界には「ただ1つの正解」というものはない**ということを正しく認識することです。常に「正解」があった学生の世界から早く1歩抜け出しましょう。ですから、マニュアルをそのまま覚えてもなんにもならないのです。もし、この本をそんな目的で読もうとしているのでしたら、今すぐアタマを切り替えてください。この本では、面接官・人事の気持ちを紹介し、みなさんに考えるヒントを提供します。この本を読んでいただいたうえで自分のアタマで面接に臨む態度や、答え方を検討していただきたいと思います。

第二は、人に頼らないということです。ただ1つの正解がないというのはどういうことかというと、あなたが面接の際に答える内容は、あなたご自身のこれまでの人生、経験を踏まえたものでしかありえないということです。あなたご自身のことはあなただけしか知りません。たとえ時間を共有してきた親や友人でも、その時あなたがどう感じていたかまではわかりません。ですから、あなたがご自身で、他人に頼ることなく、**自分だけの回答**というものを編み出さなければならないのです。

ですが、「ぜーんぶ1人でやらなきゃならない!」って、不安にならないでください。そんな面接試験にも、対策の立て方というのはあります。最終的にあなたなりの個性を光らせる工夫はご自身でしていただかなければならないのですが、そのお手伝いを、この本でできるのではないかと思っています。

●この本のコンセプト

でも、この面接試験対策っていうのが、実に難しいですよね。何からどう手を付けていけばいいのか?だれを信じればいいのか……私もかなり悩みました。「ホントのところ、どんな気持ちで、何を、どう見て、試験をしているんだろうなぁー。それがわかりゃあ、対策も立てられるんだけどなぁ」……そんな私自身が人事になったものですから、その疑問に答えてみよう、そして、みなさんになるべく早く気付いてもらって、よりよい人材になってもらおう。採る側も採られる側も互いにハッピーになろう!というウィン・ウィンの関係をめざすのが、この本のコンセプトなのです。

●いつでもできる面接対策

面接試験対策は必ずしも机に向かってするものではありません。常に頭の片隅で気にかけつつ、フツーに日常生活をしていく中でメモしたりチェックしたりしていくうちに、自分の感性が磨かれていきます。

何をすればいいのか

具体的な面接試験対策の方法については、後ほど詳しくお話ししていこうと思うのですが、何から始めればいいのか、そのとっかかりのところはここでお話ししておきましょう。

まずは、自分探しをしっかりやっておきましょう。試験のために、ということではなく。自分は一体どんな人間なのか、性格的にどうなのか、何が得意なのか、どんなこと（もの）が好きなのか、何をしたいのか、こういうことをとりとめなくでも結構ですから、考えてみましょう。これが、その後の自己分析や自己PRの作成や志望動機の検討にも役立ってきます。

机の前で考える必要はありません。食事をしているときでも、お風呂に入っているときでもいいのです。「ふと」思いついたことから発想が広がることもありますので、単に頭の中で考えるだけではなく、**必ずノートにメモを取っておく**ことだけは忘れずに。

次は、当たり前のことのようですが、社会に関心を持ってみるということです。今までも関心がなかったわけではないと思いますが、それをもっと明確にしてみましょう。たとえば、毎朝新聞を読んで、どんな内容の記事でもかまわないので、とにかく自分の興味のわいた記事を切り抜いてノートにはり、**たとえ1行でもいいからコメント**を書いてみたりするのです。

こういうことを積み上げておくと、一体自分がどのようなことに興味があってどのような道に進みたいのかがはっきりしてきますし、短いコメントをたくさん書くことによって、的確な文章を書く訓練にもなります。

こういった普段の積み重ねが、面接対策のベース、基礎化粧品になるのです。ココをきっちりやっておくと、化粧のノリが違います。

●まったく知らないことを聞かれたら

たとえば「オーバーツーリズムの問題点は？」と聞かれたときに「オーバーツーリズム」の意味を知らなかったとき。「……わかりません」とか「知りません」と答えるのは最悪です。「すみません、不勉強でオーバーツーリズムの意味がわかりませんが、教えていただけますでしょうか？」と聞いて、それに対してちゃんとした答えができれば、△にまで持ち込むことができます。確かに知識の多い少ないも合否に影響を与えますが、それ以上に、ちゃんとした道筋で考えられるかどうかが見られているのです。

いつから始めればいいのか

そもそも、みなさんが面接試験対策を始めたのはいつ頃ですか？

私は、わが官庁を受験してくださる受験者のみなさんすべてと、面接官として、人事として必ずお会いして話を聞くのですが、先輩たちの話を総合すると、ほとんどの人が筆記試験、すなわち第1次試験（国家総合職の場合は第2次試験）の合格を知ってから、慌てて面接試験対策を始めているようです。せいぜい早い人でも、筆記試験終了後といった感じです。

「筆記試験の結果がわからないと、落ち着かなくて、何にも手が付かないじゃん」

「面接対策っていっても、何をどうすればいいのかわからない……」

「それに、性格なんて、どうせ、そんなに短期間で変わりっこないし……」

大体こんな理由で、なかなか面接対策を始められないようですね。

確かに面接試験は、その人の人柄や対人適応能力を見るためのものですし、そういった事柄は一朝一夕に変えられるものではありません。けれども、しっかりした心構えと、十分な対策（トレーニング）ができていれば、面接試験での評価は大きく変わってくるものです。

ですから、焦って何も手に付かないのであれば、とにかく先ほどの「基礎化粧品」の部分だけでもいいですから、1日でも早く面接試験対策に取りかかってほしいと思います。

「エッ！　今からじゃ遅いの？　もう間に合わない!?」

そんなことはありません。とにかく気が付いた「**今がそのとき**」なのです。時間がないときにはないときなりに、この本のエッセンスを吸い取って対策を立ててください。

●コンピテンシー面接も怖くない！

なるべく早い時期から自己分析をしっかりやったり、自分が過去にどんな経験をしてそこからどんなことを学んだかを自分なりに整理しておいたりすることはとても重要なことです。

国や各自治体の面接試験で導入されているコンピテンシー評価型面接というのは、過去の行動に焦点を当てた質問を中心とする面接形式です。

ですから、面接直前になって慌てるよりも、早い段階から準備してきた人は、このコンピテンシー評価型面接にも十分対応が可能となります（詳細は後ほどお話ししましょう！）。

第2章 面接試験・官庁訪問の基本を押さえろ！

―面接重視の最近の傾向を乗り切るために―

公務員試験でも面接の比重が年々高まってきています。毎年いろいろな工夫を盛り込んで、多角的な人物評価をめざしているのです。試験の基本を知れば、対策もバッチリ!?

面接重視は時代の流れ！

近年、採用において面接重視の傾向に拍車がかかっています。この傾向は、民間だけではなく公務員試験においても変わりありません。ここ数年、各公務員試験において、面接重視、能力・資質重視の方向へ制度の変更が続いています。国家総合職試験をはじめとする各公務員試験で**コンピテンシー評価型面接が導入**されたのも、この流れの一環ということができます。毎年毎年なんらかの工夫をしている、し続けなければならなくなっているということは、採用側が、必ずしも十分満足のいく採用ができなかったと思っているという証拠なのでしょう。

採用側は何に満足していないのでしょう？　ここに上場企業を中心とした主要企業の採用動向調査があるので、ちょっと見てみましょう。官民の差があるとはいいながら、採用担当者の悩み考えていることは、やっぱり同じなんだなぁ！　と思います。それによると、採用満足度の低下につながった受験者の要因として、

- コミュニケーション能力が不足している
- 自己理解が不足している
- 基礎学力が低下している
- 競争心が薄い
- 一般常識がない

の順に指摘されています。さらに同調査によると、企業の採用担当者が感じている受験者の特徴・印象として、おとなしい、こぢんまり、画一的、マニュアル思考、個性や特徴が見つけにくく

●導入が進むコンピテンシー面接

最近、各公務員試験でとり入れられるようになってきたコンピテンシー評価型面接って、一体どんなモノ？　その対策法は？　そんな疑問には後ほど第3章で詳しくお答えすることにしましょう。

●面接官の視点

一般的に面接官は、受験者の

- 熱意・本気度
- 人柄
- 将来性・潜在的能力
- 顕在化しうる能力

を評価するといわれています。

従来は主に前二者に焦点が当てられてきましたが、近年は後者も注目されるようになり、特にコンピテンシー評価型面接では最後の項目、すなわち外に表れているか表れる可能性のある行動と関係づけて評価するようになってきました。

い、線が細い、覇気がない、元気がない、あいさつや最低限の会話が下手ということが指摘されています。

まったく同感！　わが官庁においても、面接試験後の合格判定会議や人事と面接官との懇談で同じような意見が出ています。どうです？　こんな人間ばっかりだと、組織の将来は、ひいては日本の将来はどうなってしまうんだー！　という、人事や面接官の危機感、心の叫びが聞こえてきませんか？

また、同調査では、「攻め」の姿勢があって、夢に向かって努力をし、説明会ではしっかり質問をしてキチンと理解して企業を選択している層と、「待ち」の姿勢で、自分を売り込むこともできないし、疑問があっても質問することなく抱え込んだままの層に、はっきりと二極分化が進んでいて、当然のことながら、前者のような受験者を採用したいのだけれど、このような**積極的・自発的な受験者の層はかなり限られた数しかいない**ので、各社の内定が集中して、非常に採用困難な状態になっているということです。これも、公務員試験で見られるのと同じ状況です。

みなさんは、採用試験・就職活動は採用する官公庁・企業主導の「買い手市場」だと思い込んでいらっしゃいませんか？　しかし、ここに大きな落とし穴があったわけです。成績も優秀で能力も高く、コンピテンシーがあって、コミュニケーション能力も万全という本当に必要な人材は、実はどんなご時世になってもやっぱり「売り手市場」なのです。

どのようにしてよりよい人材を採るか！　実は、採用担当者は、日々その工夫・検討を続けているのです。

とはいっても、最終面接や各府省の採用面接では、やはりこれまでと同じように熱意や本気度もシッカリ見られますので、どちらかに偏ることなく、満遍なく対策を立てる必要があります。

●新人も大変！

コミュニケーション能力に欠ける人や対人関係に問題のある人がたくさん入ってきてしまっている、ということは、これから採用されるみなさんの上司や先輩は……。みなさんには、そういう先輩たちに対応できる能力も求められているのです。

面接試験への過程

国家総合職・一般職の場合

いずれも第2次試験として、人物試験が課されています（総合職の第2次試験の場合はほかに専門試験（記述式）などもありますが）。これが一般に「**人事院面接**」といわれている個別面接です。総合職の場合は最終合格発表後に官庁訪問という流れですが、一般職の場合は人事院面接が官庁訪問と同時並行になってしまうのが厄介です。試験全体に占める人事院面接の配点比率は総合職で15分の3、一般職で9分の2。意外と少ない？　いいえ。基礎能力試験や専門試験のために費やしている勉強時間のことを考えると、結構あなどれませんよね。

面接官は3名で、真ん中が人事院の職員、両脇が他の府省の人事担当経験者という構成ですので、後ほど述べる説明会や官庁訪問で顔を合わせたことがある職員が面接官になっていてビックリ！　ということもあるようです。官庁訪問ではある府省で「第一志望」とウソをついていて、面接カードにそこを第二志望と書いて提出したら、面接試験室でその府省の人事担当者とバッタリ……という受験者もいたそうです。

この人事院面接は、試験の合否にのみ関するもので、最終合格した者を実際に各府省が採用するかどうかは、各府省の採用面接である官庁訪問にかかっています。官庁訪問は、その中身が複雑ですので後で詳しくお話しすることにしますが、単なる「訪問」「面会」ではなく**面接試験であることにはなんら変わりがない**ことだけはよく覚えておいてください。

●日程の変更ができない人事院面接

だいたいどこの試験も第1次試験にパスして面接試験の段階まで進むと、同じような日程になってしまうので、面接試験の日程が重なってしまうことがよくあります。

こういうときには、試験実施団体によっては、正直に理由を言って申し出れば、日にちや集合時刻を変更してくれる場合もありますので、ダブルブッキングが判明したら速やかに、受験案内に記載されている人事課などの連絡先にお願いしてみてください。

ほかの試験と重なっているというだけでは日程変更に応じてくれないのが、人事院面接です。でも、どうしても、というときには、受験会場の変更を申し出るという裏ワザもあります（ただし、変更の理由は、納得できるものにしておかないと認めてくれません）。

その他の国家公務員試験や地方自治体の試験の場合

これらの試験の場合も、第1次試験として筆記試験があり、第2次試験、第3次試験に面接試験が課せられています。まだ人数の多い第2次試験では、集団面接や集団討論（グループディスカッション）、プレゼンテーションなどが実施されることが多くなってきました。また、特殊な試験によっては、専門的知識を問う口頭試問が行われることもあります。第2次試験を2回に分けて、これらの試験と個別面接を行うようなところもあります。

そして、第3次試験でじっくり個別面接、というのが、だいたいの流れです。ただし、個別面接といっても、面接官が3人ぐらいのところもあれば、10人近くの面接官に取り囲まれるようなところもあり、各試験実施団体、自治体によって特徴はさまざまです。

この本では、だいたい標準的なところでお話ししていきますので、ご自分のお受けになる試験がどのような特徴を持っているのかについては、それぞれの最新の受験案内等を参考になさって、事前に情報収集を進めておいてください。最近は国家総合職試験等をはじめとする各試験の、**特に面接試験の内容の変更が激しい**ので、常に**最新の情報に注意**しましょう。

それから、これは各官庁、試験実施団体、自治体を問わず行われるようになってきたことですが、いわゆる「試験」前に開かれる説明会で、実際上めぼしい受験生を探しておくという民間企業と同じようなリクルート活動をすることが増えてきました。こういった説明会では、単に一方的に説明をしたりビデオを流すだけではなく、集まった受験予定者に集団討論やプレゼンテーションをさせたりすることもあります。したがって、説明会に出席するときにも面接試験に臨むのと同じ心構えで臨んだほうがよいと思います。

●名称は変われど

面接試験、人物試験、口述試験などと各試験実施団体によって呼び名はさまざまですが、基本はこれから説明する面接のパターンのどれかに必ず当てはまりますので、自分の受験する試験がどのパターンに当たるのか受験案内などをよく見ておきましょう。

面接カードの書き方

どの面接試験においてもまず提出させられるのが、面接カード（訪問カード、自己紹介カード、調査票、身上書などともいう）です。面接官にとっては、この面接カードが受験者とのファーストコンタクトとなるわけです。この初対面においていい印象を持ってもらうことは非常に大事。「はじめまして」という誠意が伝わるようなものにしておきたいですね。

面接官は、限られた時間に集中して何十通何百通と目を通すわけですから、とにかく**読みやすくて内容が伝わりやすい**ことが第一条件です。ここでは、まずどのようにして書いていけばよいかを説明しましょう。

面接カードとは

面接カードとは、第1次試験合格者に対して書かせる書類で第2次試験以降の面接試験の際の資料とするものです。面接官は、初対面である受験者を評価しなければならないわけですから、面接の際の**話のきっかけ**として、また、最も基本的かつ重要な判断の手がかりとして、この面接カードを用います。

中身の量は、だいたいA4の用紙1枚程度のところが主流ですが、最近では、民間のエントリーシートのように長い文章を書かせるところや、設問の数を多くするところも出てきました。これは、最近の受験者の文章力、表現力さらには語彙力や書き取り能力が著しく落ちてきたことから、とにかく何かの文章を書かせて、その実力を見てみたいという要請があるからです。一種の作文試験の役割も担ってきているともいえましょう。

●詳しくはコチラを

面接カードの書き方の詳細については、拙著『自己PR・志望動機・提出書類の本』をご覧になってください。面接官や人事の思わぬ視点がわかりますよ！

●具体的な記入事項

（受験者の過去）
- 学生時代に打ち込んだこと
- 学業以外で力を注いだ事柄
- 卒業論文のテーマ
- 得意科目・不得意科目

（受験者の現在）
- 最近の関心事
- 趣味
- 英語等の語学力・成績

（受験者の未来）
- 志望動機
- 自己PR
- 併願先

ここに挙げたものは代表的な例ですが、ニュアンスの違いはあってもだいたいどこでも同じような質問が多いものです。

（面接カードの例）

過去に実際に使われていた面接カードの例です。ご参考になさってください。

← 某自治体の面接カード

面接カード

※このカードは人物試験の際の質問のために参考資料として使用するものです。

ふりがな 氏　名	男・女	年齢 生年月日	歳 平成　年　月　日
最終学歴	□大学 □大学院 □その他（　）	□卒業（修了）（　年　月） □在学（　年　月卒(修)見込） □中退（　年　月）	職歴 □有　職種 □無　〔　〕
受験区分			
志望動機・理由			
採用されたらしてみたい仕事			
卒論・研究テーマまたは専攻			
これまでの体験で印象深いこと（学校生活・ボランティア活動・アルバイトなどを通じて）			
最近関心を持った事柄			
最近読んで印象深かった本			
自分の性格	長所		
	短所		
趣味・特技			

国家一般職［大卒］の面接カード →

面　接　カ　ー　ド　（一般職大卒）

このカードは人物試験の際に質問の参考資料とするものです。事前にボールペン（自筆）で記入してコピーを２部とり，原本と併せて３部を人物試験当日に持参してください。（様式を変更しないでください）
なお，出身校が特定されるような記入は避けてください。（該当する□には✓を付けてください）

試験の区分	第１次試験地	受験番号	ふりがな 氏　名

［最終学歴］
□ 大学院（博士・修士・専門職）
□ 大学
□ 短大・高専・専修学校
□ その他（　）
□ 修了・卒業（　年　月）
□ 在学（　年　月 修・卒見）
□ 中退（　年　月）

［職　歴］
□ ある　□ ない
主な職種

［専攻分野］

［志望動機・受験動機］

［志望官庁等］

［これまでに取り組んだ活動や体験］達成感があったと感じたり，力を入れてきたりした経験について，簡潔に記入してください。

○ 学業や職務において

○ 社会的活動や学生生活において（ボランティア活動，サークル活動，アルバイトなど）

［関心事項］最近関心を持った社会問題や出来事，日頃興味を持って取り組んでいることなど

［趣味，特技など］

［自己ＰＲ］長所や人柄について

※いずれも受験者からの情報により作成

また、合格通知とともに郵送されてきて記入後送り返すパターンと、面接試験の当日に集合してから記入するパターンがあります。最近では、受験者がウェブサイトを見て各自ダウンロードして記入するというところも多くなっています。

面接試験会場で用紙を配られるような場合にはどうしようもないですが、事前に自宅で書くことができる場合には、直接その用紙に書き始めるのではなく、まず書き始める前の白紙のものを下書き用として何枚かコピーしておいたほうがよいと思います。

事前に準備しておくことが大事

いざ面接会場に行ってから、あるいは用紙が送られてきてから書こうと思っても、なかなかいい文章は思いつかないもの。ですから、今のうちに回答例を作っておくことをお勧めします。面接会場で書かされる場合にも、事前に回答例を作って持って行けば、それを若干アレンジして書き写せばよいわけですから、心に余裕を持つことができますよね。

十分に時間をかけて構成を練る

まずは、十分に時間をかけて、構成を練ることが大切です。この構成においては「メリハリをつける」「わかりやすく簡潔に書く」「マニュアル本等の丸写しをしない」「『その先』の部分を書く」という4つの点がポイントになります。

①メリハリをつける

文章の構成・流れは「ＰＲＥＰ（point→reason→example→point）」の順になるように常に意識しましょう。なかでもexampleすなわち具体例の部分が肝心です。「こういうことをアピールしたい、だからこの例」ということが相手にもストンと理解できるような**的確・適切な例**を選択できたか否かで大きな差がついてくるものです。特にコンピテンシー評価型面接においては、具

●面接カードのダウンロード

前もってウェブサイトから面接カードをダウンロードさせて、書き込んだものを持参させるという官公庁が増えています。事前に十分に内容を練り上げることができ、かつ、書き損じのないきれいなものを提出できる点がメリットです。逆にいうと、内容不十分、書き損じのあるものについては、今まで以上に厳しく判断されるので、ご注意あれ！

なお、メールで事前提出という官公庁もあるようですが、誤字・脱字・変換ミスや、文字のポイント（サイズ）、書体（フォント）、行間等の設定が途中で変わってしまうなどの体裁上のミスが見受けられます。事前にプリントアウトして、よく確認してから送信（提出）することにしましょう。

●受験申込み時にはもう必要！

受験申込書というと、写真をはって、住所、氏名、生年月日などを記載するというだけのものでした。しかし近年では、自

体例を挙げられないような話は論外です。また、せっかく具体例を挙げていても「この具体例はキミのいいたいことと何のつながりがあるの？」と思われてしまってはアウトです。

②わかりやすく簡潔に

1つの設問当たり長くても数百字ですから、とにかくわかりやすく簡潔な文章でなければなりません。意味のない飾った言葉を使っていないか、設問に関係のないことを冗長に書いていないかということに注意を払いましょう。

また、文章がダラダラと長くならないように、短く区切りましょう。**1つの文の長さは40字前後**が目安です。この本でいうとだいたい1行です。実際に書いてみると40字って意外と短いでしょう？　早く慣れてくださいね。

③丸写しをしない

マニュアル本、パンフレット、ウェブサイトなどに載っている言葉をそのまま丸写ししていませんか？　面接官にはこのような文章はすぐネタバレしてしまいます。

④「その先」の部分を書く

みなさんの文章でも「何をしたのか」「取り組んできたものがどういう内容だったのか」といった事実はわかるんです。でも、それだけではほかの受験者の情報とさして変わりがなく、アピール度はありません。多くのみなさんの文章では、残念ながら、その先の「個性」とか「あなたらしさ」という部分が伝わってこないのです。

ですから、「〜しました」で終わらせることなく、**「その結果、こういうことを感じました」「こういうことが大事なのだと気づきました」**というあなた自身の感想、感性をアピールするような具体的な記述を必ず付け加えましょう。

治体の中には、この申込書の中に志望動機などの記入を必要とするところが増えてきました。

なかには志望理由や自己PRでA4の用紙1枚をまるまる埋めなければならないという指定をしているところもあります。まるで、民間企業のエントリーシートのようですね！

これは、なるべく早い段階で受験者の人となりを知りたいという目的だけではなく、申込みという早い段階で、シッカリとした志望動機もないままに「とりあえず受けるだけ受けてみるか!?」的な受験者をビビらせて、安易な受験を減らすという隠れた目的もあります。

申込みの時点というと、5月頃。それまでに自分の志望動機や自己分析をキッチリ固めておく必要が出てきました。

読みやすさプラス「読ませる」文章にする

面接カードを読む面接官や人事担当者は、短期日に何十人、場合によっては何百人分もの面接カードを逐一読まなければならないのです。それも、日々の仕事をしながら！　ですから、このような読み手のことも考えて、**読もうという気を起こさせる**ような配慮が必要になります。もっと、キャッチーな文章にするのです。見出しを付けるのも有効でしょう。箇条書きという方法もあります。数行にわたる文の場合には、大事なこと、結論から書き始めましょう。ビジネス文書では最初に結論を書くのです。

なお、面接官の立場から一言いわせていただきます。面接試験の前には、必ず受験者一人ひとりの面接カードを読みながら、面接で質問したいところ、突っ込んで聞きたいところにアンダーラインを引いてチェックしていくことにしているのですが、どこにもアンダーラインが付かない受験者が6割もいます。みなさんの文章（中身、構成の両方です）には特徴がなさすぎます。キミたち、この試験に受かりたいんでしょう⁉　だったら、もっともっと、アピールしてください！

面接カードは面接の「台本」なわけですから、「○○について」という題にただ単純に答えるような文章ではダメなのです。その答えの中で「この部分を聞いてほしい！」「ここを突っ込んで！」ということを意識しながら書かないといけません。いってみれば、**面接官に「ワナ」を仕掛けておかないといけない**のです。ワナを仕掛けた以上は、予想される質問に対する答えも準備しておきましょう。ああ聞かれたらこう答えるという想定問答集を作るのです。そして、事前に、提出用の面接カードのコピーと想定問答集を見ながら、何度もイメージトレーニングをしたり、友人や先生に頼んで模擬面接をしてもらうとよいでしょう。

●ビジネス文書

読み手が最後まで読んでくれるとは限りませんし、何がいいたいのかいつになってもわからないようでは読み手が退屈してしまいます。ここが、今までみなさんが教わってきた文章の書き方と大きく違いますよね。中学生の作文のように「起承転結」と結論を最後に書くのではダメです（「起承転結」はもともと漢詩の書き方です。ビジネス文書では、いきなり「転」が出てきたらビックリします）。

●仕掛ける「ワナ」

極端に奇抜にする必要はありません。民間のエントリーシートでもそのようなものは敬遠されます。私の印象に残っているものでは、言葉で説明しづらい部分を図示したものとか、自分の活動記録を写した写真をはったりしたものがありました。適宜適切なものであれば、「なるほど！」と面接官をうならせることができます。

分量は過不足なく

各テーマについてそれぞれどの程度の分量を書くかは、枠（スペース）の大きさに合わせて決めていきます。罫線が引いてある場合と、引いてない場合がありますが、罫線の引いてない枠だけのもののほうが実はクセモノです。これは、その枠の中にどのようにレイアウトしてくるか、より自由な裁量が与えられている中でどれだけ工夫をしてくるか、というその人のセンスまで見ようとしているのです。

読みやすい大きさの文字で、文字を詰めすぎないようにしましょう。最初は大きな字でゆったりと書いていたにもかかわらず、スペースがなくなってきて、最後のほうになるとだんだん字が小さくなり、ギュウギュウ詰めで書いてしまうというのはよくありません。書き切れなくて枠からはみ出してしまうのも考えものです。一方、余白ができてしまうのもいかがなものでしょう。こういうところでも要求されている条件の下で過不足なく仕事をすることができるか、という点が見られているのです。

必ず読み直す

下書きが完成したら、もう一度読み直してみましょう。内容に関してはもちろん、空欄が多すぎないか、誤字・脱字はないか、という外形的な部分、主語・述語の関係がはっきりしているか、文章のつながりは問題ないか、という文章全体の流れについても今一度必ず見直しておいてください。

面接カードを読む面接官や人事担当者は、書き手であるみなさんのことは何も知らない人なわけです。文章を書いた本人は理解していても、他人が読むと意味が通じない、ということがよくあるものです。必ず、第三者が読んでもわかるか、という視点から読み直してみましょう。可能

志望動機など
詳しくはホームページ
をご覧ください！
http://www.suzuki
-taro....
レッツ！アクセス！
鈴木太郎
なにこれ....

であれば、友人や家族の方に読んでもらうというのも一法です。読んでもらうというよりは、聞いてもらいましょう。一度音読するのです。目で見たものと耳で聞いたものとでは感覚が違うものです。**耳で聞いてもスッと流れる文章は、目で見ても（読んでも）きれいな文章**です。たとえ一人きりの場合でも、音読してみるとよいでしょう。

記入は丁寧に

それから、文字には人の心のありようがはっきり表れてしまうものです。**たとえ下手でも心を込めて丁寧に**書きましょう。焦って乱雑に書いてはいけません。ゆったりと心を落ち着けて、1文字1文字丁寧に、を心掛けてください。

ペンまたはボールペンで書くのが常識です。よく、「黒か青のペンまたはボールペン」といいますが、青が許されるのはブルーブラックのペンだけです。鉛筆書きのものは、それだけで非常識との判断が下されます。

また、鉛筆で下書きをして、その上からペンでなぞって書いている受験者もいますが、これでは、ペンのインクがうまく乗らずにガタガタの線になってしまったり、消しゴムで下書きを消そうとしてインクがにじんでしまったり、果ては下書きを消し忘れてしまったりなど、さまざまなトラブルのもとになりますので、必ず下書きと「本番」は別の紙に書きましょう。

訂正のしかた

間違ってしまった場合の訂正のしかたの王道は、訂正部分を定規で引いた2本線できちんと消し、その上に訂正印を押す方法です（押印は1行につき1か所でかまいません）。カッターなどで薄く削るという方法もありますが、削りすぎて穴が空いてしまったり、そうでなくてもその上に書いた字がガタガタして汚くなってしまうのでお勧めできません。修正液（ホワイト）を使用

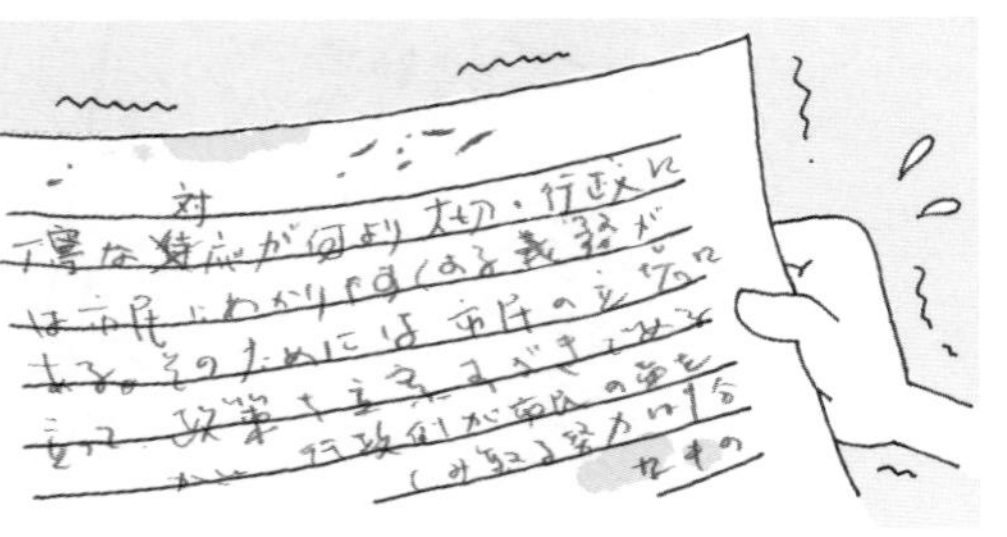

●「字」は体を表す

何年か採用担当をしていてわかったことですが、答案や受験申込書、面接カードの字を心を込めて書いていた人は、その後の仕事ぶりもしっかりしています。その一方で、字が雑で、ミミズがのたうち回って断末魔の叫びをあげているような人は、仕事をさせてみてもやっぱりダメです。「字」は体を表すのですね。

するのは、正式な訂正のしかたではありません。

なお、字句を加える場合には、横書きの場合は加える部分の上側、縦書きの場合は右側に、加える部分をはっきりさせるためにかっこを付けて書き加えます。したがって、**最初から行間はある程度空けて**おいたほうが書き加えやすいということになります。行間が狭いとき、書き加える文章が長いときには、行間に小さな字でゴチョゴチョ書くよりは欄外に書いたほうがいいと思います。ただし、何行にもわたる大幅な加筆・訂正は、望ましくありません。

訂正や加筆の方法は以上のようにあることはありますが、やはり、本来は、先ほどお話ししたとおり原本のコピーを取っておいて、書き間違いのないものを提出すべきです。社会人としての常識と心配りの有無が見られているのです。

提出の際の注意

締切りに遅れないように、ゆとりを持って提出しましょう。ギリギリになって焦って書くと誤字・脱字をしてしまう危険性があります。字も殴り書きになってしまうでしょう。そういうことは避けたいものです。郵送では間に合わなそうになってしまったら、あきらめるのではなく、直接持参するぐらいの誠意が必要です。

また、**提出前に必ずコピー**を取っておきましょう。面接官は、面接カードに書いてある内容に沿って質問をすることが多いものです。面接カードの記載と違った答えをすると突っ込まれるもととなってしまいます。また、面接会場には必ずこれを持って行って、控室で読み直しておきましょう。

なお、間違ってコピーのほうを提出しないでくださいね。これも毎年必ず何人かいるものです。それから、提出する紙はしわくちゃにしないように。

●習うより慣れろ

実際にさまざまな質問項目に当たってみて、その回答を作ってみるのが最善のトレーニングですから、実際に出す出さないは別として、いろいろな民間企業のウェブサイトからエントリーシートを入手して、答えを作ってみましょう。

北宋の文学者欧陽修も文章上達の秘訣として「多くの本を読む」「多くの文を作る」「多く工夫し推敲する」といっていますよ(なお、彼は文章作りに最適なのは「馬上、枕上、厠上」であるとしています。今なら、電車の中などがちょうどいいということでしょうか)。

答え方の例は、実際に面接試験でこれをそのまま聞かれる可能性が高いものですから、後ほど面接試験のポイントと一緒に説明します。

個別面接の極意

試験方法別の対処方法

面接試験といっても、個別面接、集団面接、集団討論などなどいろいろな方法があります。面接試験では、自分の「素」を出し切れば、合格できます。とはいっても、きちんと考えたうえで正直な自分をぶつけることが「素の勝負」なのであって、なんの準備もせず、丸腰のままで向かっていくのではただのアホウです。そこで、次に、試験の方法別に対処方法を見ていきましょう。

個別面接とは

すべての面接試験の基本が、この個別面接です。というわけで、先ほどまでのお話も、この個別面接を例にして説明してきました。

受験者1人に対して、面接官は3人程度ですが、もっと多い場合もありますし、書記のような人が付いている場合もあります。下手に3人だと思い込んでいて、試験会場に入ってみて面接官のあまりの人数の多さに「エッ、エーッ！」とたじろいでしまうと、その後の応対に影響が出てしまいますので、あまり面接官の人数は気にしないほうがよいでしょう。受験者1人当たりのおよその面接時間の目安は、**15分～20分程度**です。面接官が1人ずつ質問をしていく形式が多いようですが、そう思い込んでいて違っていると動揺するものですよ。

まず、受験者の緊張を解きほぐすような質問がなされ、次に、志望動機、やってみたい仕事、

●「素」を出しすぎるのも

面接試験のときにはスーツで臨むのが普通ですが、兵庫県西宮市では第1次面接に限ってスーツ不可としたそうです。その理由は、受験者も面接官も普段着とすることで、リラックスした空間を演出し、「素」を出してもらおうとのこと。いつものTシャツ・ジーパンでもいいのですが、相手の戦略に乗ってしまって「～だよね」「～でさあ」とやってしまうと一発でアウトになってしまうので、ご注意あれ。

併願状況の確認などが行われます。その後は、面接カードに沿った形で、自己PRや学業以外で力を注いだ事柄などが順に聞かれます。また、時事的な問題についても聞かれることがあります。面接官としては、ほかの受験者との比較をしなければなりませんので、どの受験者に対してもなるべく同じような質問をすることになりますが、質問の順番が変わることはありますし、何日も面接試験が続く場合には、情報が漏れて後の日の受験者が有利となることがないように一部の質問を差し替えて行うような配慮がなされます。

一般的な評価項目としては、社会人としてだれにでも求められている適性と、当該組織・職務との適合性があります。

社会人としての適性としては、「コミュニケーション能力」「バランス感覚」「責任感」「態度」「表現力」「社会性・協調性」「積極性」「堅実性・緻密性」などがあります。これらの事項は、社会人として組織の一員となって働く者に等しく求められているものです。また、「一般常識」的な部分も見られることがあります。

当該組織・職務との適合性という面では、どの組織にも共通するものとしては**「幅広い視野」「柔軟性」「相手の立場に立てる」「行動力」**などがあります。このほかにも、職務の特殊性に応じて「この職場で勤務をすることが適当な人物か」という独自の観点からの質問がなされます。たとえば、公安系の職種では「規律の維持を重視できるか」「守秘義務を守れるか」ということが試されますし、調査をメインとする職場では「分析力」「調査力」を評価項目に入れています。

特に、将来の幹部候補生、組織のリーダーとなることを期待されている総合職や上級職員については、このほかに「リーダーシップ」「指導力」「企画力」「調整力」が求められます。キャリ

●調整力

各府省の組織図を見るとわかると思いますが、「調整」という名称を付けている部署のほうが「調査」という名称を付けている部署よりも必ず上位に位置づけられています。

アの世界では、各府省との折衝、国会議員への説明（説得）など、自分と同格以上の人たちと互角に渡り合い、意見をまとめていく能力が必要とされますので、「調整力」ということが非常に重視されています。「ソフトに話しつつ相手を説得できる能力」と言い換えてもいいと思うのですが、キャリアのみなさんとお話ししていると、いつもそのように感じます。さすがですよね。

個別面接の極意

個別面接への対処法が、官庁訪問を含むその他すべての面接試験の対処法になりますから、この部分は特に詳しく説明しておきます。

【其の一】第一印象をよくせよ

「人間の印象の90パーセントは、**出会って4分以内**に定着するし、身体的な魅力の評価にはものの10秒もかからない」（アラン・ピーズ『嘘つき男と泣き虫女』主婦の友社）そうです。面接試験では、その人の持つ潜在能力やコンピテンシー、背景や人柄、雰囲気なども含めて、総合的に受験者を判断します。とはいっても、面接官もやはり人間。第一印象で「コイツを採りたいか」ということのほとんどの部分を決めてしまいます。こんな短い間に、実は、あなたの運命が左右されてしまうのですから、ここで大きく失点しないことが肝心です。

●目力（めぢから）をつけよ

人と初めて会ったとき、あなたなら、何を見ますか？　服装、表情、姿勢、態度などなど、いろいろあるでしょう。こういうところで第一印象って決まりますよね。

その中でも特に、相手の「目」に関心が行きませんか？　目ばっかり見ているなどということはありませんが、目がキラキラしているとなんだか希望に燃えている人のように感じますし、伏

●キーワードは「清潔感」

「第一印象」の話をすると、服装や身だしなみのことについて気にしている方も多いのではないでしょうか。スーツの色や形、ネクタイの柄、スカートにしようかパンツにしようか、などといろいろ悩みますよね。

しかし、面接官としては、常識を疑われない、ごくごく一般的な服装でかまわないのです。仕事をするのにふさわしい格好でありさえすればいいのです。三つボタンでも二つボタンでも、あまり関係はありません。

ただ、「清潔感」という部分については、細かく見ていますよ。靴や襟元が汚れていたり、ズボンの折り目がなくなっていたり、爪が伸びていたり寝癖がついていたりしたら、速攻でチェックします。

「われわれはさっぱりした服装をしていなければならない。あまり儀式張ったり、あまり美しいものはいけない。だらしなさを避ければ十分である」（ローマの政治家キケロ）

その詳細は、後ほど第5章で詳しく説明しましょう。

し目がちの人を見るとなんだかこちらまで落ち込んでしまいそうな気がします。オドオドして、まともにこちらを見てくれない目だと何かウソついているんじゃないか？　と思います。そう、「目は心の窓」ともいいますよね。

面接官が真っ先に見るポイントも、やはり受験者の「目」なのです。言葉はどんなに飾ったりごまかしたりできても、**目はウソをつけません**。そこを見るのです。また、「目力」の有無はその人のパワーやバイタリティの強弱を感じさせます。目を見開くことが勝敗を分けます。気力を集中させましょう。

明治時代に流行った言葉に「京の三条の糸屋の娘　妹十八、姉二十　諸国大名は弓矢で殺す糸屋の娘は目で殺す」というのがありますが、みなさんも面接官を目で殺してください。

●姿勢と態度に熱意が表れる

「目」の次に第一印象を左右する要素は、「姿勢・態度」です。背筋が丸まっていたり、肩が下がっていたり、力なく頭が前に傾いていたりすると、それだけで「自分に自信がない人」「陰うつな人」「疎外感を感じている人」などと思われてしまいます。ですから、立っているときも座っているときも**背筋をきっちり伸ばす**のです。頭のてっぺんの髪の毛を真上から引っ張られている感じです。そしてあごを引きましょう。この基本姿勢を保っていれば、堂々と見え、相手に自信と安定、安心、好意、高い意識などを印象づけることができ、かつ元気さをアピールすることもできます。

次に、どうやって姿勢・態度から熱意を示すかです。まず、自然な微笑み（スマイル）を出しましょう。ニタニタではないですよ。スマイルしている人にはエネルギーと落ち着きを感じ、その場の雰囲気を和らげます。それだけではなく、発音もはっきりし、声のトーンまで明るくなる

●昔から変わらない

ギリシアの雄弁家デモステネスは、雄弁家とは何かと聞かれて「一にも態度、二にも態度、三にも態度」と答えたそうです。

●「心」を変えよう！

「心が変われば、態度が変わる。態度が変われば、習慣が変わる。習慣が変われば、人格が変わる。人格が変われば、人生が変わる」（「アミエルの日記」）

ので、聞いている人の印象がよくなります。

さらに、いすにやや浅めに腰掛け、背筋を伸ばして、背もたれにもたれかかることなく、**ほんの少し前傾姿勢**になってみてください。この姿勢で、なおかつ相手から視線をそらさないようにすれば、相手の話に耳をそばだてているように見え、話に関心を持ち、集中しているように感じさせます。そして積極的でエネルギッシュな人柄と、力強さを演出できます。

それから、よく女性の受験者で、話の途中で髪をかき上げたりする人がいますが、いったんいすに座ったら、顔や髪の毛に手を触れてはいけません。集中がとぎれてしまったと思われてしまいます。

●アイコンタクトに注意せよ

またまた目に話が戻ってしまいましたが、このアイコンタクトも熱意を感じさせるうえで非常に重要です。アイコンタクトとは、相手の目だけを見なければならないということではなく、相手の両まゆと鼻を頂点とした三角形のスペースに目を向けることです。

面接中ですから、当然、複数の面接官のうち、質問をしている面接官のほうに顔を向けて受け答えをしますよね。その時、面接官の顔を見ているはずです。その視線のうち大体7割程度をこの両まゆと鼻を頂点とした三角形のスペースに集めればいいのです。ずっと同じところばかり見られていると相手は逆に不安に感じますから、ときどきは視線を外して（でも、面接官の顔から外してはいけません）、**特に強調したい話のときには相手の目を見て**、とアクセントを付けましょう。

【其の二】面接官とコミュニケーションを取れ

面接のポイントはコミュニケーションだ！とこの本でも何度も指摘していますし、ほかのマ

●その他の態度の注意点

- 基本的な敬語やマナーは理解しているか。
- 服装や髪型には清潔感があるか。
- 話をしていないときの態度も、案外よく見られているもの。常に意識を集中させておきましょう。

ニュアル本でも必ず指摘されています。それでもなお、みなさんはこのコミュニケーションってなんだろう？　別にヒッキー（引きこもり）でもないのに、コミュニケーション力がないといわれるのはどうしてだろう？　と思っていませんか？

●面接官とのコミュニケーションは、「異文化コミュニケーション」だ

みなさんの第一の誤解は、普段自分の周りにいる友人たちとコミュニケーションを取るのと同じように話していれば面接官に通じると思い込んでいることです。「友達コミュニケーション」は、自分と共通の価値観、似たような生活経験をした人との間でだけ通じるコミュニケーションです。これでは、違った価値観・世界観を持った人とのコミュニケーションは取れません。

でも、たとえば外国人とだったら、うまく工夫して、コミュニケーションを取れますよね。それは、最初っから、普通に会話していたのでは相手に通じない、という心構えがあるからです。これに対して、面接官などオジサン世代と話すときには、下手に日本語が通じるので、「話せばわかってもらえるのではないか」と思い込んでしまっている、甘えているのです。でも、**みなさんとオジサン世代（面接官）はその価値観も世界観も違っている**のです。

最近のみなさんには、小さい頃から、この年長者とのコミュニケーションの経験自体が少ないようです。ですから、うまくコミュニケーションが取れないのでしょう。

面接試験に臨む際は、初めて出会う外国人と話すのと同じだと思って、異文化コミュニケーションだと割り切りましょう。目上の人と接しているんだという意識を持ち、言ってはいけないこと、やってはいけないことといった基本的なマナーを理解しておきましょう。特に注意すべきは、無意識のうちに、友達と話すような学生言葉を使ってしまうことです。こういったことに細心の注意を払っていれば、ジェネレーションギャップも超えられるはずです。

●常識はコミュニケーション以前の問題

「常識」という言葉で面接官となるオジサン職員がまずイメージするのは、「あいさつ」と「ホウレンソウ」です。このうちホウレンソウとは、「報告・連絡・相談」のこと。この4つは社会人の基礎中の基礎です。1つでも欠けると、「最近の若いヤツは……！」と集中砲火を浴びてしまいますので（浴びてもしかたありません。これがきちんとできないと職場のコミュニケーションがとれないのですから）、実際に働くこととなった暁には忘れないようにしておいてください。

また、これから国家公務員として働こうとされているみなさんなのに、国会の「衆議院」を「衆議員」と書く方も非常にたくさんいます。学歴や総合職・一般職に関係なく。マークシートの試験やパソコンのせいで字を書かなくなったからでしょうか？

なお、面接官の視点については第3章で詳しくお話しします。

●説明はわかりやすく

面接では、いろいろなことを質問され、それに答えなければなりませんが、その答えの中身の是非、当否を判断しているわけではありません。自分が伝えたい話題を、初めて聞いた人や知識のない人にもわかりやすく説明できるか、という「説明力」が見られているのです。なぜなら、社会人になると、国民（住民）・議員・ほかの官庁に対して説得したり調整したり、はたまたプレゼンテーションしたりなどといった場面が多く、わかりやすい説明力・説得力が大いに求められるからです。

そこで、まず、**簡潔に話す**ことを心掛けましょう。ダラダラ話をしている人は、途中で何を言っているのか自分でもわからなくなり、最後は支離滅裂になってしまいます。大事なことだけを述べ、長引かせないほうが自分も混乱しなくていいのです。

次に、話す順番に注意しましょう。何か質問されたら、冒頭で「ハイ。私は……と思います」と**結論から答える**のです。最後まで聞かないと結論や答えがわからないという話し方ではいけません。そのうえで、「なぜなら……」「たとえばこんなことがありました。……」と具体的な事実・例をもとに話を膨らませ、よりリアルに自分が伝わるように会話を展開させていくのです。ちょうど、木と同じです。まず「幹」をしっかりさせて、それから「枝葉」を広げていきましょう。

ここで1つ注意しておきます。後ほど改めてお話ししますが、回答するときには、具体例、エピソードが大事です。しかし、単にエピソードの羅列で終わってしまうと、どんなにたくさん話しても肝心なことは伝わりません。1つの話題に対する答えでは、**結論に最も適合するエピソードを1つ**としましょう。

●その他の説明方法の注意点

- 面接カードの要領と同じく、構成は「PREP（point→reason→example→point）」の順になるように常に意識する。
- 聞かれた質問の意図をくみ取り、的確に答えようとしているか。
- 丁寧さを保ちながらも、普段と同じ自然な話し方ができているか。
- どんな質問にも、自分なりに考え、誠実に答えようという姿勢があるか。
- 飾り立てた言葉、不つり合いに大げさな言葉、インパクトのある表現を安易に使っていないか。「信言は美ならず、美言は信ならず」（老子）といいますよ。

説明するときの声のトーンにも注意しましょう。緊張すると、声のトーンが高くなり、裏返ってしまい、また早口になってしまうものです。逆にいうと、**低い声でゆっくり話す**ことによって、相手に安心感を与え、暖かみや落ち着きと人間味のある人柄を演出することができます。

話し方にアクセントを付けることも有効です。アメリカの大統領リンカーンは、自分が強調したいと思っている言葉の後に、ちょっと間を置いたそうです。なぜなら、こうすることで、その言葉を聞き手の心に深く刻み込むことができたからということです。あるいは強調したいところだけ、ほんの少し声を大きくするということでもいいかもしれません。

● 相手（面接官）の話を聞け

面接といえども、あくまでも「会話」です。このことを忘れないようにしなければなりません。面接官は、会話を重ねて、自然体のその人を知りたいと思っているのです。会話はキャッチボールです。ですから、受験者が一方的に球を投げるばかりではいけませんよね。受験者の側も、面接官から球を受け取らなければ、成立しません。球を受け取ること、すなわち、自分の話をするだけでなく人の話を聞こうとする姿勢があるかどうかが大事なのです。

面接では、どうしても「話す」ことに意識が行ってしまいがちですが、**コミュニケーションで一番大切なのは相手の話を「聞く」力**なのです。面接官の質問をよく聞き、的確に答えるように心掛けましょう。また、答えているときの面接官の表情にも注意を払い、きちんと理解されているかどうか、長すぎて飽きていないかどうかなどにも、気を配りたいものです。

【其の三】面接官を好きになれ

心理学用語で「好意の返報性」と呼ばれる現象があります。自分に対して好意を示したり、高

● 聞く・聴く
「聞く」というのは「聴く」とも書きますよね。「聴く」には、聴く側に「十四」の「心」のゆとりがなければできないといわれています。

い評価をしたりする人物には、好意を持つようになりますが、逆に、自分のことを嫌ったり低く評価したりする人物には、嫌悪感を持つようになるというものです。

面接試験室に入って、面接官を見ます。そのとき、あなたの面接官の第一印象はどうでしたか？　あなたが感じたとおり、逆に面接官もあなたを見てしまうのです。あなたが面接官を見て「怖そ～」「さえないオッチャンやな」と思うと、面接官もあなたを見て「なんだかおじけづいているな」「パッとしない兄ちゃんやな」と思ってしまうのです。

ですから、面接試験室に入る前の段階から、「今日の面接官とは馬が合う。話が弾みそうだ」と**自分に暗示をかけましょう**。また、面接の最中も多少のことがあっても、ずっとこの気持ちを持ち続けるのです。あなたのほうで期待していると話し方にその気持ちが反映されるので、相手方（面接官）もその期待に沿うように応対してくれるようになるものなのです。

【其の四】吹っ切れろ

面接というと、どうしても自分をよく見せたい、と思いますよね。よく見せないと、ほかの受験者と差がつかないいんじゃないかと。でも、必要以上に言葉を飾ったり、慣れないことをしてしまうと、自分の本当にいい部分が理解されなくなってしまいます。

面接では、自分の持ち味を出すことに徹すればいいんです。「しょせん、自分はこういう人なんだから」と開き直って、素の自分を見せようと思った瞬間に、意外と120％できちゃったりするものです。こちらが力んでいると、相手にも力みが伝わり、評価が厳しくなるのは道理。こちら（受験者）の**力みがうまい具合に取れたときに、評価も高まる**のです。吉本興業の芸人の木村祐一氏も「舞台も『こう見せたい』と考えるとアカンねん。『好きなようにみてくれたらエエ』って、僕もホンマここ数年で思えるようになったんやけど、そうやって力が

●オジサンはハキハキと素直がお好き?!

受験者にあって面接官にないもの……それは、若者らしい初々しさとあふれんばかりの元気。ホント、うらやましい！　ですから、これを十二分にアピールしましょう。元気ハツラツぅ!?

●あなたがあなたであることが大切

冬菊のまとふはおのがひかりのみ（水原秋桜子）

A rose is a rose is a rose.

バラはバラであるときにバラとして光り輝く（ゲシュタルトセラピーの創始者フリッツ・パールズ）

抜けると舞台もますますオモロいもんな」と言っています。この境地ですね。

逆に、面接で失敗が続いている人に欠けているのは、前向きさ。たくさん落ちているからこそ、ここで受からなければならないんですよね。それなのに、面接試験室に入った瞬間から「もう、どうでもいいんだ」「オレって、どうせダメなんでしょ」という投げやりオーラが感じられます。先ほどから口を酸っぱくして言ってきましたが、第一印象が肝心。常に前向きな気持ちを持ち続けてください。

【其の五】とにかく慣れろ

ともかく、面接試験では、ある程度の慣れが必要です。まったくの初回、ぶっつけ本番では、言いたいことも言えず、何がなんだかわからないうちに終わってしまいます。

ですから、たとえ公務員が第一志望であっても、公務員試験（第1次試験）の合間を縫って、**民間の就職活動をしてみては**いかがでしょうか？ 民間の就職活動をしてみれば、面接カード・身上書の記入や面接に慣れることができます。面接カード・身上書も面接もテクニックが必要な部分がありますので、訓練と回数がものをいうのです。何回も経験すれば、入退室やあいさつの仕方などが体に染み付き、その動作が、あのラグビーで注目されたルーティンになり、自然と心が落ち着くことにもつながります。また、民間企業を受けるに従って、自分がなぜ公務員になりたいかが確かなものとなってくるというメリットもあります。さらに、民間の内定を持っていたら「できるヤツ」と思う面接官がいるかもしれないというおまけ付きです。やらなきゃ、損！

●リラックスが肝心！
筆記試験や官庁訪問、面接ではプレッシャーがかかりますよね。そんなときには温かいウーロン茶やミルクココアがオススメ。プレッシャーに効くそうですよ！ また、柑橘系の香りはストレス緩和、脳活性化、集中力アップの効果があるそうですから、ポケットに柑橘系のキャンディやガムを忍ばせておくといいかも。

●こんなヤツはイラン！
面接官が最も嫌うのは、質問の内容を理解せずに、用意してきた答えを丸暗記でペラペラ話す受験者です。事前に用意しておくのは当たり前ですが、必ず面接官の質問を聞いて、その答えとなるように、一度アタマの中で加工してから答えないと「自分の言葉」になりません。

なお、ちょっとしたテクですが、質問が終わってすぐではなく、一瞬の「間」（ほんの0コンマ何秒）を置いてから答えるようにすると、「コイツは自分のアタマで考えているぞ！」と思わせることができます。

ウェブ面接の極意

新型コロナ以降増えたウェブ面接

コロナ禍がきっかけで、オンライン（リモート）で面接や官庁訪問を行うところが急激に増えました。ところによっては、今までの集団討論に替えてウェブ面接を導入する動きもあったようです。

ウェブ面接（オンライン面接）に使われるウェブ会議のツールはいくつもありますが、公務員の世界では**ＷｅｂｅｘやＺｏｏｍが多く使われています。**なかでも採用面接では受験者の皆さんが使い慣れているということでＺｏｏｍを使うところが多いようですので、ここでもＺｏｏｍに沿って説明しますが、ほかのツールでも基本的にやることは同じです。

まず通信環境の整ったカメラ・マイク付きパソコン、タブレット、スマホの準備が必要ですが、そのいずれでも有利不利はありません。次に指定されたツールをダウンロードしておきましょう。当日は、指定された時刻の5～10分前には入室（すべての準備を整えてカメラの前に座っていること）完了していなければなりません。「ミーティングに参加」をクリックし、事前にメール等で通知されたミーティングＩＤを入力し、その下の名前記入欄（機種番号等が書かれてある）をご自分の「氏名」あるいは「受験番号・氏名」等、指定の様式に書き換え、「参加」をクリックし、画面が切り替わったら指定されたパスコードを入力し、ＯＫをクリックして待機します。画面が切り替わって面接官が現れたら面接がスタートです。

●ウェブ面接、その他の注意点

●机の上には何も置かない

目の前の机には、カンニングペーパー（カンペ）はおろか、手を置いてもいけません。テレビで見るニュースキャスターのようにしてはダメということです。あくまでも、目の前にある机はないものと考えてください。受験票以外、何も置いてはいけません。

●目線に注意

直接相手が目の前にいないの

ウェブ面接の極意

【其の一】意外と事前準備が肝心

大丈夫だと思っていても意外と通信状況が悪かったりしますので、まず、面接の行われる時間帯に、ちゃんと接続されるかどうか確認しておくことが必要です。先方が接続テストの機会を作ってくれるようならば、ぜひ参加しましょう。

オンラインのときにも、面接や官庁訪問に行くときと同じ**ちゃんとした服装**で対応しましょう。上半身はちゃんとしてても、下半身はスウェットのままなんていうのはダメです。

注意しておかないといけないのは背景。基本的にバーチャル背景の利用は認められません。自室で行う場合、壁にアイドルのポスターが張ったままだったり、机の脇に乱雑に本やノートが積み上げられているのが写り込んでしまう人がいます。極力無地の背景ができるような場所を作っておきましょう。カメラの自撮り機能を使って、あらかじめ自分がどう写っているか、回りに何が見えるかを確認しておくと安全です。

なお、当然のことながら、部屋の中にいられるのは自分1人だけです。また、面接官から「机の上に受験票以外の物を置いていないか確認しますので、カメラで机の上や周囲を映して見せてください」と言われることもありますので注意してください。

【其の二】中身は個別面接とまったく同じと心得よ

面接自体は、普通の個別面接と同じです。ウェブ面接だからといって、特に変わったことをする必要はありません。ただし、オンラインではリアル以上に「早く本題に入ってほしい」と思われる傾向がありますので、要約して話す力が問われます。

で、パソコン・スマホの先にカンペを置いてもわからないだろう、と思うかもしれませんが、相手にはわかってしまうものです。カメラの部分を相手の顔だと思って、応対しましょう。

●**動作は大げさに**

相手の話に同意を示すときには、いつも以上に大きく上下にうなずくのがベストです。

●**部屋は明るく!**

皆さんも動画を撮ってみて気付いていると思いますが、画像になると、実際に見ている以上に暗くなります。デスクライトを使うなどして部屋の明かりをいつもより明るくしておかないと、暗い印象を与えてしまいます。なお、逆光にも注意してください。

●**動画ではブタになる法則**

画像になると太って見えてしまう、ということがあります。ポチャ系の人は、いつも以上にスッキリ見せる工夫が必要になってきます。

●**「礼」を忘れずに**

面接終了後は、きちんと礼をしてから「退出」してください。

集団討論(グループディスカッション)の極意

集団討論(グループディスカッション)とは

受験者5～10人程度を1つのグループとし、最初に1つのテーマを与えて討論させ、その討論の中での行動や発言を通じて、それぞれの受験者の社会性や指導性、ものの考え方などを総合的に評価しようというものです。集団討論だけで最終合格を出すということはなく、個別面接と併用されます。なぜこの集団討論を行うかというと、集団討論は**職場会議のシミュレーション**になり、集団討論における受験者の態度から、仮に採用した場合の職場での態度やキャラクターを推測できるからです。

まず、面接官からテーマと討論の進め方についての説明があります。テーマは社会的なトピックとなっている事項が多いようです。口頭でテーマが伝えられることもあれば、文書のこともあります。場合によっては、図表やグラフ、関係論文などの資料が配られることもあります。筆記用具の使用が許されている場合には、注意点をチェックしたり、**自分の持っていきたい討論のストーリー展開をメモしておく**などするとよいでしょう。だいたい1グループ当たり1時間程度の時間が割り当てられますが、最初の10分から15分程度は、自分の意見をまとめる時間になります。

その後のやり方は官公庁によって異なっていますが、だいたいにおいて、まずは1人ずつ意見を言ってから、その後はフリートーキングといった形が多いようです。この最初の意見表明の時

●集団「討論」と集団「面接」の違い

集団面接は、個別面接の変形です。受験者5～8人程度を1班として、この1班に対して面接官が3人程度、時間は50分くらいで行われます。個別面接では時間当たり面接可能な受験者数が限られてしまうので、なるべく多くの受験者に会いたいときに用いられます。

質問は、面接官が「○○について、どうお考えになりますか？ それでは△番の方から順にお答えください」という形式がとられます。いつも同じ受験者から答えるようだと、最初のほうの人は考える時間がないし、最後のほうの人は言いたいことを前の人に言われてしまった、ということになるので「今度は右端の方からどうぞ」などと順番を替えるようにします。

個別面接と注意すべきポイントは基本的に同じですが、集団

間は、1人何分と限定されます。特にだれかを議事進行役にするようなことはありません。1人または複数の面接官が、黙って討論の様子を聞きながら採点していきます。複数の部屋で同時進行で集団討論を行う場合には、各部屋間の採点の公平を期すため、面接官がおのおの時間を区切って全部の部屋を回れるようにしていることもあります。

集団討論では、個別面接と同じ点が評価の対象となることはもちろんですが、それ以外に、**ほかの受験者とのコミュニケーションが取れているか**という点が評価の大きな対象となります。課題解決に向けてどれだけ寄与したかという「貢献度」、ほかの仲間とうまく会話できたかという「社会性」、議論を引っ張っていく「リーダーシップ」なども見られています。

集団討論は、メリットも大きいがデメリットも大きい試験であるといわれています。ほかの受験者とのコミュニケーションが取れているかということを見ることができる点で大きなメリットがある一方、1人が暴走して話を独占してしまったりすると、そのグループ全体の議論にまとまりがなくなって、その暴走した犯人だけでなくグループ全員が、ほかのまとまりがよかったグループよりも低い評価を受けてしまう、というデメリットがあるのです。暴走した受験者のために自分の評価まで沈没してしまうというのは嫌ですよね。

このように一長一短ですから、第2次試験は集団討論、第3次試験は個別面接、と分けてしまうのは危険だということで、同じ第2次試験なら第2次試験の中で、集団討論と個別面接を同時に行うというところが多いようです。

集団討論（グループディスカッション）の極意

あえて個人ではなく「集団」で「討論」させているわけですから、そこで最も肝心なのは

討論ではありませんから、①前の人が何を言っても焦らない、②何度も言えないので一言でキメる工夫をする、③自分が話していないときにも態度・姿勢をチェックされているという点に気をつけましょう。

●集団討論の出題例

- 最近増えている引きこもりについて、その背景と考えられる方策を述べなさい
- 「ゆとり教育」と今後の教育のあり方について
- 雇用のミスマッチについて、その背景・現状を述べたうえで、緩和策を考えなさい
- 「食」の安全確保について
- ごみ減量化の方法
- 行政に民意を反映させる意義と課題、方策
- これからの本県の公共事業のあり方について
- 魅力ある○○県を作るための方策

などです。

いずれも、原因・背景の究明→解決策という流れで論を進めるものになっています。

チームワークです。

【其の一】まずは「段取り」を確認せよ

試験室で与えられた考える時間、あるいはその前の控室の段階でメンバーがわかっている場合にはその時に、大体の段取りを全員で確認しておきましょう。

ここでいう段取りとは、**だれが司会をするのか、**そのほかの役割分担を決めなければならないときはそれをだれが受け持つか、話す順番はどうするのか、大体これぐらいの時間で討議して、最後の何分ぐらいでまとめに入るといったおおよその時間配分などです。

この段取りをせずに、いきなり討論に入ってしまうと、議論の収拾がつかなくなってしまい、チーム（班）全体が沈没してしまいます。だれも段取りを付けようとしない場合には、これだけはあなたが積極的にまとめましょう。

【其の二】目的地のない航海はない

集団討論では、必ずしもほかのチーム（班）より優れた結論・アイデアを出さなければならないということはありません。成果物のコンテストではないからです。しかし、その与えられた時間内で、なんらかの結論を出せないと、まとまりのないチームだったと思われてしまいます。

ですから、最初に、目的地（結論）の方向性を決めて討論を始めるべきです。いきなり各論から入るのではなく、まず第一に、**テーマそれ自体について、じっくり議論**しましょう。また、重要な言葉・項目については、チーム全員で定義を確認し、共通認識を持つようにしましょう。

【其の三】場の流れを読め

集団討論では、1人で話し続けるわけではないのですから、場の流れを読み、自分らしさを生

●官庁訪問の一環

国家総合職・一般職の官庁訪問の中で、原課面談のほかに集団討論・GDを導入するのが一般的となってきました。その官庁のトピック的な政策が討論の課題となることが多いですので、日頃から新聞・ニュースでチェックしておきましょう。

かせる「役割」を自覚的に果たしつつチームに貢献することが大切です。場の流れを読むとは、メンバー一人ひとりが「今、どの段階の議論を行っているのか」ということを常に自覚して発言するということです。こうしないと、議論が前に進みません。ですから、**自分だけ目立とうとする言動は厳禁**です。

メンバー一人ひとりがうまく機能すれば意見の「足し算」ではなく「かけ算」で大きな成果を生み出せます。そのためにも自分の力や自分らしさを生かせる「役割」をつかみ、それを自覚して果たすことが大切なのです。その日のチームの顔ぶれや場の流れによって、果たすべき役割は変化することもあります。周りの話をよく聞き、柔軟にかつ意識的に参画・貢献できるかどうかが一番のポイントになります。

もう一つ、場の流れを読めない悪い例として、討論に集中するのではなく、周りが気になって、チラチラと面接官の様子をうかがっている受験者もいます。こういう態度は印象がよくありません。

【其の四】ここでも聞く力は重要だ

個別面接のところでも、「聞く力」が重要だという話をしましたが、集団討論でも「聞く力」は非常に重要です。メンバーそれぞれが「自分の意見を言おう!」ということだけに気合いを入れすぎると、話がどんどん間違った方向にそれていってしまいます。**前に発言したメンバーの意見をよく聞いておき、さらに議論を積み上げる**、建設的な方向性の発言をすることにしましょう。

フリートーキングですから、確かに話す回数が多いほど評価される場面が出てくるわけですけれども、人の話を横取りしたり、話を独占してしまうようでは、逆に協調性に欠けると評価され

●フレキシブルに
たとえ役割を決めても、その人に任せきりにはしないで、足りないところがあったらお互いに積極的にフォローし合いましょう。これもチームワークの一つです。

●状況判断
アメリカの鉄道の踏切には「止まれ。見よ。聞け」という標識が立っているそうですが、まさにコレです。

●政策課題討議試験
国家総合職(院卒者、教養)、経験者試験では政策課題討議試験が導入されましたが、これも集団討論の一種です。6人1組のグループとなり、与えられた課題に対して、レジュメ作成→個別発表→グループ討議→討議を踏まえて考えたことを個別発表という流れで行われます。単に集団討論を行うだけでなく、個別発表の機会を設けることによって個人のプレゼンテーション能力も同時に見るというところがミソです。

てしまいます。しゃべりすぎがいけないのは当然ですが、しゃべらなすぎも評価できません。たとえば5人だったら5回に1回の割合ではなく、もうちょっとしゃべったほうがいいですよ。3～4回に1回はしゃべるようにしましょう。しゃべる時間と聞いている時間のバランスが大切なのです。

ちょっとあざとい感じはしますが、この「聞く力」をアピールする方法もあります。それは、だれかほかのメンバーがいい意見を言ったときに「その意見、とても参考になりますね」とか「なるほど」と相づちを打てば聞いている姿勢は伝えられますし、自分の意見に「○○さんが言ったように……」という枕詞をつければ、さらに印象がアップします。

【其の五】協調性が重要だ

集団討論では、どれだけ目立つかではなく、いかにみんなと協調しながら、自分の特徴を発揮できるかが重要といわれます。「それはわかるんだけど、一体、どこを見て判断しているの?」とよく受験者から聞かれますが、これは、場の流れを読んで、人の話をよく聞いているかどうか、でわかるものです。そうはいっても、受験者にはわかりづらいですよね。そこで、受験者自身で注意できるポイントを指摘しておきます。

●「みんなが使える」形で意見を発表せよ

思いつきをポンポン口にするだけではいけません。これでは、あなたの意見をどう扱ってよいのか、ほかのメンバーがとまどってしまいます。必ず、なぜそう考えたのか、理由や根拠を具体的かつ簡潔に提示することが大事なのです。そうすれば、次の人は、あなたが提示した理由や根拠を巡ってさらに議論を深めていけるからです。

集団討論の形式

●グループワーク

民間企業では、集団討論の発展型としてグループワークを実施しているところもあります。これは、集団討論をさせた後、そのまとまった成果物をパソコンやボードを使わせてプレゼン

●仕切るな

次に、なんでもかんでも仕切りたがる、という人は敬遠されます。サークルなどでも、そういうこと、経験したことありませんか? みなさんの多くは、「仕切る＝リーダーシップ」と勘違いしているようです。官庁は議論をリードする人だけを求めているわけではありません。仕事の現場にはリーダーシップをとる人ばかりではなく、分析する人、実行する人、調整する人など、さまざまな役割を担う人が必要なのです。

では、「適度に仕切る」にはどうすればいいのでしょう? その秘策が「あまりしゃべっていない人に話を振ってあげる」ことです。だんだん予定時間が押し詰まってきますよね、そうすると、よく話す人と黙り込んでしまう人が必ず出てくるわけです。そんなとき、あまりしゃべることができなかった人に、さりげなく「〜について私はこう考えているんだけど、○○さんはどうお考えになりますか?」と振ってあげるのです。そうすると、「この受験者は、自分のことだけではなく、周りの受験者の状況もよく把握しているな」と面接官も思ってくれるのです。

【其の六】「討論」と「闘論」は違う

最後に、集団討論を「ディベート」と勘違いしてはいけません。最近は、学校でもディベートをする機会が多くなってきましたので、これに慣れてしまい、集団討論でもディベート風に相手を打ち負かそうとする人がいますが、これはマイナスです。冒頭にも話しましたが、集団討論は職場会議のシミュレーションなわけですから、みんなで1つのものを作り上げようという方向性の議論にしていかなければいけません。

テーションさせるものです。どのように討論を進めるか、パソコン等のツールを使うときの手際はどうか、発表は上手か、各作業段階での役割分担はどうかなどを総合的に評価するのです。

●集団討論で目立つポイント

- 話の流れをつかみ、他人の発言をよく聞く（うなずくとよい）。
- 自分と同じ考えの人、反対の人をチェック（論点をメモしておくとよい）。
- 発言するタイミングを計る。
- 発言は要領よく簡潔にまとめる。
- 発言をするときには大きな声ではっきり話す。
- 目線をみんなと合わせる（特に自分の発言中）。
- 反対意見を出すときは、反対の理由を明確に話す。
- 反対意見を出したら、必ず対抗するアイデアも話す（単に反対するだけではダメ）。
- すでに結論が出たことは蒸し返さない。

プレゼンテーションの極意

プレゼンテーション試験とは

プレゼンテーション試験とは、課題に対して資料等を調査・検討させ、その成果を発表させるもので、**調査・分析能力と説明能力の両方を見る**ものです。試験前に課題が与えられていて試験では発表（と質疑応答）だけをする場合と、その場で課題が与えられ考えるところから発表するまでのすべてを見られる場合があります。また、受験者1人ずつ行う場合もありますし、数名で班を作って行うところもあります。

国家総合職（教養区分）で行われる企画提案試験は、1人ずつ行う方法で、第Ⅰ部で課題と資料に基づいて解決策を提案する小論文を作成させ、第Ⅱ部で小論文の内容について試験官に説明（プレゼンテーション）し、質疑応答するというもので、小論文試験とプレゼンテーション試験をドッキングさせたものです。

プレゼンテーション試験の極意

【其の一】事前提出のプレゼンテーション・シートはレイアウトを工夫せよ

事前に概要をまとめたシートを提出しなければならない場合には、見た目が勝負です。自分の発表したい中身を踏まえ、論点（問題点）と結論を箇条書きにする、見やすい図を書いてみるなどレイアウトを工夫しましょう。

●プレゼンテーション出題例

ここでは、各府省が説明会の一環として行っているプレゼンテーション・ディスカッションの出題例を挙げておきますので、参考にしてください。

○総務省
- 国・地方を通じた税制改革
- 地方分権の推進（市町村合併・道州制）
- 行政評価の現状と課題
- IT政策〜インターネットの悪用防止策〜

○外務省
- 経済連携（EPA・FTA戦略）
- ODA

○経済産業省
- 日本経済再生
- 企業再生
- 地球温暖化対策
- 情報セキュリティ政策

【其の二】複数のときは役割分担を早めに決める

複数の受験者が班を作って行う場合で、あらかじめ役割分担（進行役・書記・発表者など）が決められていないときには、まず、役割分担を決めてしまいましょう。本題に入る前の段階で時間を食ってしまっては大損です。それから、使用可能な情報ツールが与えられている場合には、最大限利用しましょう（時間が短いので、与えられていない場合も多いです）。

【其の三】結論とその理由付けをハッキリさせる

プレゼンテーションのポイントは、①何があなたの結論か、②その結論を導くに至った理由付けは何か、をハッキリさせ、この順番に述べることです。何が結論だか、どれが理由だかわからないダラダラした「お話」をしていても点数にはなりません。まず、結論は何であるか、明確に言いましょう。次に、その結論を導くに至った理由を指摘します。この**理由付けは必ず2つ以上、できれば3つ挙げる**ようにします。特に奇をてらった結論・発表にする必要はありません。常識どおりの結論になってしまってもかまいません。ただし、その結論に至る過程に論の飛躍がないように、いくつもの視点から検討された結論であるかに注意しましょう。

【其の四】制限時間内に発表を終える練習をする

発表する時間と質疑応答の時間はキッチリ分けられています。終わっていなくても制限時間で発表は打ち切られ、質疑応答に移ってしまいます。そうなると、精神的にも動揺してしまいますし、面接官のほうも有効な質疑ができなくていい点数を付けられなくなってしまいます。ですから、与えられた発表時間の中で効率的に結論と理由付けをしゃべるトレーニングをしておく必要があります。

●班別で行う場合の注意点

複数人で行う場合には、必ず議論をまとめる方向の発言をすることが大事です。班として一つのプレゼンテーションという作品を作り上げていけるかが見られていますので、各人は意見の言いっぱなしではなく、みんなでそれを調整していかなければならないのです。

複数人での試験の場合には、その発表内容の出来不出来だけではなく、班としてのまとまりに貢献したか、手際のよさとチームワークという点についても採点されますので注意しましょう（なお、役割分担によって有利不利が出ないようにしていますので、ご心配なく）。

「政策論」の極意

政策課題討議試験・企画提案試験

国家公務員の採用試験で行われるようになった政策課題討議試験・企画提案試験ですが、政策課題討議試験は集団討論（グループディスカッション）、企画提案試験はプレゼンテーションの一類型です。ただし、質問の中身が「政策論」に関するものである点が、特徴的です。基本的な部分の極意は、それぞれの項目をご覧になってください。ここでは「政策論」への対処法に特化してお話しましょう。

「政策論」への対処法の極意

【其の一】資料を読んで、出題の意図を探れ！ 資料の中に必ずヒントがある

急に、自分が今まで感心もなかった問題について出題されても、困っちゃいますよね。でも、出題された以上、とにかく、何らかの方向で自分の意見をまとめる（作り上げる、でっち上げる）ことが必要です。そのときに、最も有効なのが、課題の提示とともに提供された資料です。関係のない資料を渡すわけはありませんから、出題者は、当然、その資料を使って答えてほしいと思っているのです。資料の中身だけでなく、その並べ方・順番も見れば、出題者がどの方向に議論を進めてほしいと思っているのか、どういう結論を導き出してほしいと考えているのかもわかります。

●政策論に強くなるには

日頃から、いろいろな社会問題に関心を持っていないと、なかなか答えられません。逆にいうと、何か1つでも社会的な問題に関心を持つようになると、それ以外の問題に対してもなんらかの答えを導き出しやすくなります。そこで、一番いいトレーニング方法は、新聞やネットの記事を読んで官公庁研究ノートを作ることです。その効用と具体的な作成方法は『自己PR・志望動機・提出書類の本』をご覧になってください。

ですから、提供された資料以外の自分の持っている知識を使ってももちろんかまいませんが、基本、大筋は提供された資料にのっとって、その流れに沿った回答を導き出すことが肝心です。

【其の二】対策を語れ！ 感想、感情論、理想論になってはいけない！

「政策論」のキモは、与えられた条件、資料を的確に分析し、利害得失や配慮すべき点などを洗い出し、国民・住民・社会にとって最も有効な問題解決方法＝「対策」を提示する、ということにあります。ですから、現実的、かつ実現可能な、実効性のある方法を、できるだけ客観的に、かつ多角的な視点から分析した、ということが大切なのです。

「～と思いました」「～のほうがいいと感じます」というように個人的な感想や感情を並べ立てても、また、根拠もなく（あるいは薄い理由だけで）「こうあるべきなんです」といわれても困ります。特に新奇な、人と違った結論を無理して考え出す必要はありません。常識的な結論でよいのですが、ただし、必ず、**根拠・理由を複数指摘**し、そういう理由ならば、自分だけではなく、だれが考えてもこうなるだろう、という結論を導き出してください。それこそが「対策」になるのですから。

【其の三】自分の結論に対する反論への反論（＝再反論）を考えておけ

一方的な見方をしていないか、思い込みだけで仕事をしてはいないか、という部分を面接官は見たいのですから、面接では、あなたの結論に対して、あえて反論をぶつけ、どういう回答が返ってくるかを見ます。よって、あなたのほうとしては、自分の出した結論に対して、どういう反論が出てくるか、いくつか想定しておき、それに対する再反論を準備しておくべきです。こうすれば、面接官も、いろいろ考えて結論を出したんだな、違う意見の人にも十分配慮しているな、と評価してくれます。

●理由は必ず複数

行政マンの採用試験ですから、突飛な着想や、思いつきのよしあしを求められているわけではなく、大多数が納得できる着実な結論を導き出すことが求められているわけです。このへんが、天才や芸術家との大きな違いです。独自性や独創性という部分をアピールするのではなく、自分の考えを「なるほど、だれが考えてもそうなるよね」と相手方に納得させ、説得する能力が求められているのです。ですから、できるだけ利害得失を多面的に検討し、複数の理由付けをしておくことが必要です。

口頭試問・口述試験の極意

口頭試問・口述試験とは

司法試験の口述試験のように各科目の基本論点について問われるものを、個別面接と区別して口頭試問・口述試験といっていることが多いようです。

ただし、質問項目を純然たる各科目だけに限っている場合もあれば、実際には、個別面接と同じような質問がなされるところもあります。また、形式についても、個別面接と同様、数人の面接官に対して受験者1人という場合もありますし、個別面接と集団討論を合わせて全体で「口述試験」と銘打っているところもあるようです。いろいろなパターンがありますので、そのうちのどのパターンであるかは、事前に十分確認しておきましょう。

ここでは、これらのうちの各科目の基本論点を問う形式の口頭試問についてお話しします。このような形態の口頭試問は、衆議院・参議院の法制局のように特殊性のある職場や研究職の場合に課せられています。

口頭試問・口述試験の極意

【其の一】超基本論点を押さえよ

口頭試問・口述試験対策の勉強法は、論文式試験対策の延長でよいと思います。ただし、論文式試験のようにある一定時間内に構想を練り、解答を導くという能力を見ているわけではありま

●判例と多数説のどちらに立つか

司法試験の場合は、必ず判例・多数説に触れ、対立説を明示したうえで、自説をとる理由を示さなければ点数になりづらいものですが、公務員試験の場合には、だいたいにおいて判例・多数説の側（判例と多数説が分かれていれば判例側）に立って、論旨明快に答えていれば、必ずしも対立説に触れていなくてもよいようです。

せん。口頭試問では、各科目の超基本的論点や事例について、即時に的確な答えを導き出せるかどうかが見られているのです。したがって、あまりテクニック的な細かい論点は出ないと思っていてよいでしょう。基本論点を満遍なく押さえておいてください。法律関係の質問の場合、判例と通説が対立していても両方を答える必要はありません。判例を押さえておけばよいのです。

【其の二】余計なことは答えない

たとえば判例の年月日など、聞かれてもいないことを答えようとして間違ってしまえば、それはそれで減点対象になってしまいます。したがって、必要最小限の「幹」の部分だけ答えればよいのです。あまり「枝葉」にこだわるのは禁物です。

それからもう一つのポイントは「あなたの意見は？」と聞かれているのか「一般的にどういわれているか」を聞かれているのかを取り違えないことです。一般的な学説を聞かれているのにもかかわらず、聞かれてもいない自分の意見・見解をとうとうとまくし立ててはいけません。大きな減点になってしまいます。

【其の三】過去問などの情報を分析すれば出題傾向や予想論点が読める

近年、論文式試験の問題などは公表されるようになってきましたが、面接試験やこの口頭試問の内容は公表されていません。しかし、どんなに情報が漏れていなくても、出題する側としては、昨年と同じ分野とか、まったく同じ論点というのは出しづらいもの。また、その官公庁によって、たとえば訴訟法系は出ないとか、憲法は何問という決まりごとがあったりします。ですから、いろんなつてを頼って、どんな形式でどんな出題がされたかなどの情報収集をしておくことが大切です。

●勉強する時間がないとき

なお、もう試験までに時間がないっ！というときには、10ぐらいの予想論点の解答例を作って丸暗記するという方法もあります。かくいう私も、論文式試験の行政法はこれでした。しかも解答例を自分で作ったのではなく、友人に作ってもらって丸暗記しました。それでも、そのうちのいくつかがヒットしましたので、無事に合格は果たせました。

口頭試問の場合も、いざとなったらこの方法で！

官庁訪問には新しい動きが！

官庁訪問とは

官庁訪問とは、人事院が実施する国家総合職・一般職試験の場合に行われているもので、文字どおり受験者が各官庁を直接訪問して、人事担当者から仕事内容の説明や採用についての情報を得るものです。とはいうものの、実際には単なる情報収集活動ではありません。

国家総合職・一般職試験では、人事院が行う試験は最終合格まで。最終合格したからといって即採用されるわけではありません。各府省の採用面接を受ける資格を得ただけですから、それから志望する府省に行って採用面接を受けなければなりません。

各府省では、殺到する希望者全員に採用面接を受けてもらうことは物理的に不可能なので、業務説明をして理解を深めてもらう……といいつつ、この段階からふるいにかけて、人数を絞っていくのです。このような過程全体が「官庁訪問」と呼び習わされているだけです。業務説明といおうがなんと銘を打とうが**すべてが採用面接**なのです。気が抜けませんよね。

官庁訪問の日程については、毎年各府省の間で打ち合わせていますが、各府省内でのやり方は、各採用担当者の工夫のしどころとなっています。最近のコミュニケーション能力重視の流れの中で、どのようにしてわが省（庁）にとって有益な人材を確保するか？　ということでしのぎを削っているわけです。

●ホンネとタテマエ

限られた日程の中で、ほかの府省に先駆けて、いかに優秀な人材を確保するか。各府省の人事にとっては、熾烈な競争です。

ですから、公表されているタテマエの範囲内でいろいろなことが行われています。

試験前に開かれる業務説明会で、有望な受験者がいれば、チェックするでしょう。有望者だけ呼んだ説明会を別個に開いているという府省もあるようです。

官庁側もいろいろ工夫しているようですから、受験者のほうも公表された日程だけをうのみにするのではなく、機会をとらえて積極的に各府省の人事と接触を取りましょう。

官庁訪問でもウェブ面接を積極導入

令和2年のコロナ禍以降、官庁訪問は劇的に変化しました！　お役所の世界にも遅まきながらDX（デジタルトランスフォーメーション）の波が押し寄せ、情報収集も白書やホームページだけでなくメーリングリスト、SNS（フェイスブック、X等）でできるようになったり、今まで紙での提出や電話対応だったことが電子メールやウェブシステムで対応可能になったり、面接も直接出向いて面会形式で行うのではなく、オンラインでもできるようになったりしています。

面倒な書類を書く必要もなくなり、わざわざ何時間もかけて、場合によっては泊まりがけで官庁訪問しなくて済むようになったり、受験者としては便利になりましたよね。ですが、メールといっても書いたものは文書と同じ。誤字脱字・変換ミスは減点対象です！　ウェブ面接（オンライン面接）といっても中身は実際の面会形式の場合と同じ。目の前に面接官がいないから「このぐらい、いいよね」とちょっとした気の緩みが起きがち！　でも、面接官はそこを見逃さず、容赦なくバッサリということになりかねません。形式は大きく変わったように見えますが、根本のところ、面接官の評価基準は今までと変わっていません！　よくよく注意してくださいね。

それからそれから。学生時代の感覚で、役所は9時～18時の間だけしか働いていないと勘違いしている受験者もいますが、これは大違いです。官庁訪問中は24時間いつ役所の側からアプローチがあるかわかりません。日が変わった途端、午前零時にメールが来た、電話がかかってきたなんていうことは、日常茶飯事です。これでメールに返信しなかったら、電話に出なかったら次の人に回ってしまう、という**夜討ち朝駆けなんでもありの世界**なんです。

●**ウェブ面接の注意点**
詳細は「ウェブ面接の極意」の項を参照ください。

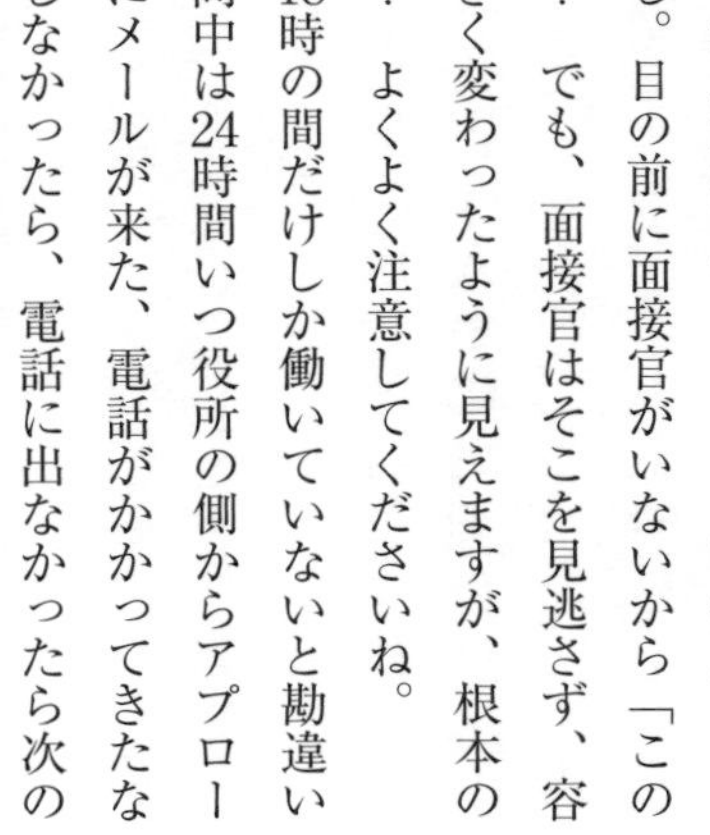

国家総合職の官庁訪問

国家総合職の官庁訪問の実態

国家総合職受験者の最大の関心事は、いつ頃から官庁訪問を始めればいいのかということでしょう。これについては、かつて、就職協定を逸脱して非常に早い時期から訪問を受け付けた官庁やフライングをする官庁があったため、毎年2月頃に**「各省庁人事担当課長会議申合せ」**というものが発表され、その年の方針が示されるようになりました。毎年、ちょっとずつ詳細が変わっていますので、この時期になったら最新の情報を手に入れるように心掛けましょう。

大まかな流れを言いますと、第2次試験が終わった次の日から電子メール、ウェブシステム等での事前予約を受け付けます。予約は1日1省庁限定です。第1クールは3日間ですので、計3省庁だけ事前予約できるということになります。この第1クールは「オンライン面接を積極的に活用すること」とされていますので、実際に各省庁の建物に行く必要はありません。第2クール以降は各省庁に実際に足を運ぶこととなりますが、その後第5クールで最終的に内々定をもらうまで、ほぼ2週間、濃密な時間を過ごすことになります。

事前予約は1日1省庁ですが、この1省庁だけで満足してしまってはいけません。時間はたっぷりあるんです。「予約がない者の訪問については、各省庁の判断により、柔軟に受付」とあります。これをウラ読みすると、予約をしていない省庁に「今からオンライン面接を受けたいんです」「今から直接伺ってもいいですか?」と電話やメールをしてもOKということ。しかも霞ヶ

●事前準備でNNT回避を

試験合格者の増加により、官庁訪問が激戦化しています。事前計画を綿密に立て、効率的に回らないと、NNT（無い内定）の恐怖が現実のものとなってしまいます！　以下を参考にジックリ計画を立ててください。あとは勇気と思い切りです。頑張って！

●2024年度総合職官庁訪問（各省庁人事担当課長会議申合せ）

1 日程

訪問開始：6月12日午前8時30分
第1クール：6月12日～14日
第2クール：6月17日～19日
第3クール：6月20日～21日
第4クール：6月24日
内々定解禁：6月24日17時以降

2 クール制・リセット・事前予約制

関は不夜城。夜の8時、9時でも対応してくれるかもしれません。

官庁訪問の方法ですが、集合場所に集合すると、まず**面接カード・身上書のようなものを書かされます**。ここまではだいたい同じですが、そこから先の内容は府省等によって多少異なります。私が経験したパターンを説明しますね。ちょっと古い話ですので参考までに。

一つは、まず、控室に集合し、受付順に順番が割り振られ、自分の順番になると、担当者から「○○局○○課の○○さんの所に行ってください」と言われるわけです（このお会いした方の肩書き、名前は必ず覚えておきましょう。後で聞かれることがあります）。面接カードを持って1人で応対してくれる職員の方の自席のところまで行って、席の脇や課内の応接セットのようなところで雑談（実は面接）するわけです。だいたい長くて30分程度でしょうか。質問は面接カードに沿って進められますが、職員の方が自分の今している仕事の内容や、職場のいいところややりがいの説明などもしてくれます。また、その府省の所掌している分野に限らず広くわが国のあり方などについての政策論を聞かれますので、その府省の政策に限らず時事問題についてはひととおり対策を練っておくべきです。なお、受験者の側から質問をすることも認めてくれます。疑問に思っていることはなんでも聞いてみましょう。熱意と積極性をアピールするチャンスです。そして、終わったら控室に戻るわけです。

受験者は、次の呼び出しがあるまでずっと待機しているわけですが、その間に、面談した職員から採用担当者に評価結果が戻されて、採用すべきかどうかが判断されていくわけです。ということなので、なかなか次の呼び出しがありません。受験者が**1日当たり面会できる職員はせいぜい2人〜3人**、場合によっては1人ということもあります。しかも、朝集合したら、**夜遅くまで拘束される**ということもあります。ですから、**1日にせいぜい**

---

(1) クール制：①第1・第2クール（6日間）同一省庁への訪問は3日に1回（翌日・翌々日の訪問不可）、②第3クール（2日間）同一省庁への訪問は2日に1回（翌日の訪問不可）

(2) リセット：第3クール、第4クールの各初日は、任意の省庁に訪問可能。

(3) 内々定解禁：6月24日17時以降。内々定解禁までの間は、受験者に対し、内定、内々定に類似するような言動は一切行わない。

(4) 土曜日・日曜日の対応：土曜日・日曜日は、次回の訪問予約に関するメールでの一方向の事務連絡を除き、受験者とは電話、メールを含め接触しない。

(5) 事前予約制：6月3日午前9時から6月11日午後5時までの、各省庁が定める期間中に、メール、ウェブシステム等の多数の受験者が同時に申し込むことが可能な方法に限り、開始日の午前8時30分以降の官庁訪問の予約を受付。原則として受験者の希望どおりに受付。ただし、受験者が特定の日に集中

回っても2つぐらいの府省でしょうか。あっちもこっちもは行けません。行きたい府省を絞りましょう。

このような面談（実際上の個別面接）を、最初は係員級の若い職員、次に係長級、課長補佐級とだんだん地位の高い職員と繰り返すことになります。面談終了後、各府省のほうで、はっきりと「あなたは見込みがあるので、先ほどより上の職員と面会してもらいます」とか「残念ながら採用の見込みはありません」と言ってくれることもあります。また、ある程度回が進んできた場合には、「評価の高い受験者は必ずこの人に会う」というキーパーソンのような職員を作っている官庁もありますし、あるいは、評価が高い場合には官庁側から「○日○時には必ず来てくださいね」という電話が入る場合もあります。

しかし、各府省の申合せとの関係から、このようにはっきり言ってくれることのほうが少ないようです。実際には、**いつまでたっても面談の相手が係員級だったら採用の見込みはなし**、さっきよりも明らかに格が上の人に会うことができたら話が進んでいる、と受験者の側で察しなければいけないようになっています。また、見込みがない場合には、予約をしようとしても**「何かあったらこちらからご連絡します」と遠回しに断られてしまう**こともあるようです。

だいたい、2回目の訪問のあたりから、評価の高い受験者は、ほかの受験者とは別の部屋に囲い込まれるようになります。ですから、この辺で自分の置かれている状況を冷静に判断しなければなりません。志望官庁にこだわる気持ちはわかるのですが、いつまでたっても同じクラスの人にしか会えないようであれば、官庁訪問の期間は限られているわけですから、思い切ってあきらめてほかの官庁に行かないと、ほかの官庁も締め切られてしまっていて、結局どこにも決まらな

して十分な選考活動を行えなくなる場合には、各省庁の判断で他の日程を提示することも可能。受験者に対し、予約は1日1省庁に限ることを徹底。官庁訪問の予約がない者の訪問については、各省庁の判断により、これを柔軟に受付し、予約がないことのみを理由に不利益な取扱いは行わない。

3 訪問時間・方法

（1）訪問開始時刻：午前9時以降（第1クールについては午前8時30分以降）

（2）終了時刻：受験者を早期に帰宅させるよう最大限配慮する（可能な限り午後8時までとし、午後10時以降は禁止）

（3）その他

○民間企業の面接等がある受験者の行動を過度に制限することのないよう配慮する。

○授業、試験、留学、教育実習等学生の事情を十分に勘案して面接等を行う。

○受験者から学事日程等に関する申出があった場合、面接時間等を配慮するとともに、面接機会の付与を含め、当該申出があったことをもって不利益な取

かったということになってしまいます。

課長補佐級まで進んだら、人事課長（秘書課長）の最終面接を受けて、これにパスすれば、晴れて採用内々定になるわけです。ただし、まだ内々定者のうちから、辞退者が出るかもしれませんよね。そこで、内々定者の次に、補欠の第2軍、第3軍（最終合格発表前に内々定を出していた時代は、府省によっては第4軍以降まであったそうです）まで指定されるわけです。この内々定者と補欠組まで選抜されると、周りの受験者（つまり将来の同期になるであろう仲間たち）と雑談したり、テレビやパソコンを見たりして、朝から晩までその官庁の一室で過ごすわけです。昼食や晩御飯も、お弁当が出たりします。

私の経験したほかの方法としては、人事の入口面接、原課面接、戻ってきて人事の面接、原課面接、戻ってきて人事の面接、集団討論、最後に人事の出口面接で次回の予約という流れのところや、原課面接が職員の自席ではなく、会議室でのブース形式だったところなどもありました。そのほか、同じ官庁でも分野・職種によって受付を分けているところ、早い段階から評価の高い人の控室を分けるところ、1軍2軍の入れ替えが激しいところなどもあるようです。

集団討論やプレゼンテーション、作文など新たな手法の導入の動きが！

最近の国家総合職官庁訪問の最大の特徴は、従来の原課面接や人事面接といった個別面接の繰り返しに加えて、集団討論（グループディスカッション）やプレゼンテーションを導入するようになってきたことです。作文や小論文を書かせる省も出てきました。なぜ各府省の採用担当者がこのような工夫を積極的に導入するようになってきたかというと、

● 合格者の増大によって以前より大人数の受験者が官庁訪問に訪れるようになったため、1人

扱いは行わない。

○官庁訪問においては、遠隔地から訪問する受験者等の交通事情等を十分に勘案するとともに、受験者間の公平性を配慮した上で、オンライン面接を積極的に活用する。特に、第1クールにおいては、受験者の選択を尊重し、オンライン面接を希望する受験者には必ずオンラインで対応できるようにする。なお、各省庁の判断により、対面は実施せずオンライン面接のみとすることも可能。

○地方在住受験者、民間企業併願者等への対応に当たり、訪問開始時期が遅れたことを理由に不利益な取扱いはしないことを徹底する。

○受験者の都合に合わせて面接方法を選択できるよう、「初日に来なければ採用しない」等の言動を行わない。

○受験者間の公平性を担保するため、オンライン面接等や対面による面接といった面接方法の違いにより、学生の評価に差をつけないよう留意。

○内定、内々定の解禁までの間は、内定、内々定に類似する言

ずつ応対していたのでは、短期日で選考することが困難になってきた。

●最近の学生は、チームで仕事をするということに慣れていない。チームワークができるかどうかを見てみたい。

●最近の学生は、自分で問題点を見つけ出すことができない。与えられた課題について、何が問題点となっているのかを分析・抽出する力を見てみたい。

●最近の学生は、コツコツと調べる能力が不足している。短時間にどれだけ調査できるかを見てみたい。

●最近の学生は、人前で話すことができないなど、対人適応性の低い人が多い。どれだけ自分の意見を表現し、説明できるかを見てみたい。

●最近の学生は、文章表現力が落ちている。文章を書かせてみれば基本的な素養の程度もわかるし、その人の人となりもわかる。

というところにあるようです。各府省の選考基準が、受験者個人個人の人柄ということだけではなく、チームワーク、協調性と実際の作業能力を重視するという方向に変化してきているということを示しているのでしょう。

集団討論やプレゼンテーションについてはすでにお話ししましたので、作文・小論文について触れておきます。官庁訪問の待機時間中に30分ないし1時間で書くとか、次回訪問時に提出させるなどいろいろな方法があり、字数も８００~１２００字程度で、テーマもその官庁のトピック的話題や10年後の自分などさまざまです。短時間で仕上げなければなりませんので、ともかく、論旨が通っていることと誤字脱字には注意しましょう。

動は厳に慎むとともに、受験者が他省庁を訪問する可能性を閉ざすような言動は行わない。

4 官庁訪問開始までの広報活動等

官庁訪問開始（6月12日午前8時30分）までの広報活動においては、各省庁は以下の事項を遵守する。

○説明会を開催する場合は、人事院の実施する第2次試験日（面接等）、学事日程等、学生等の都合を考慮し参加機会を確保するため、必ず同種の内容、同様の趣旨・テーマの説明会を複数の日程で行う。また、可能な限りオンライン会議ツールも併用する。（参考：人事院が主催する業務説明会）4月7日~4月10日（オンライン開催）

○最終合格者発表日から官庁訪問開始までの間は、各省庁は、対面により実施する広報活動等は一切行わない。

○最終合格者発表日から官庁訪問開始日の前日までの期間においては、説明会の開催に加えて、説明会に引き続く相談会や座談会の開催が可能（原則2人以上の受験者が参加する形で開

（国家総合職官庁訪問の例）

国家Ⅰ種時代も含め、過去数年間に実際に官庁訪問をされた方がどのように行動されたかを表にしてみました。ご参考になさってください。

総合職（院卒・大卒）		事務	技術
合格発表日	第1次試験日から訪問開始日の前日までは接触禁止期間		・指導教授と相談が必要な場合がある
訪問開始日 第1クール 隔日訪問① （3日1回）	1日目	・すでに1軍部屋ができるところもある ・初日切りもある ・1日で複数官庁訪問する人もいる	・ほぼ事務系と同じだが、まずはHPからの訪問予約の場合も多い ・事務系ほど競争は激しくない ・官庁側から「訪問しないか」との連絡がある場合もある
	2日目	・2日目、3日目から回りはじめた人でも内定者は結構いる ・第2クール目、第3クール目で切られてしまったときのために、いくつもの官庁と積極的に顔つなぎする必要がある	
	3日目		
第2クール 隔日訪問② （3日1回）	1日目	・面談する相手のランクが上がる ・集団討論・GDなども実施される ・絞り込みが強まる ・場合によっては1軍2軍の入れ替えもある	・ほぼ事務系と同じ ・地方事務所を訪問するよう指示がある官庁もある
	2日目		
	3日目		
第3クール 隔日訪問③ （2日1回）	1日目	・集団討論・GDなども実施される ・場合によっては1軍2軍の入れ替えもある ・有望者には企画官級、課長級の面接がある ・事実上の内々定が出る可能性もある	・ほぼ事務系と同じ
	2日目		
第4クール 隔日訪問 （1回）		・集団討論・GDなども実施される ・場合によっては1軍2軍の入れ替えもある ・ここまで大量に抱え込んでいて、一斉に切る官庁もある ・有望者には企画官級、課長級の面接がある ・事実上の内々定が出る可能性もある	・ほぼ事務系と同じ
第5クール 隔日訪問 （1回）		・ほぼ囲い込み（庁内見学、映画鑑賞等）	・事実上の内々定が出ても、囲い込みをするところは少ない
内々定 解禁日		・最終的な面接の後、内々定 ・祝賀会等 ・この日に初めて回って一発逆転のまれな例もある	・最終的な面接の後、内々定、祝賀会等 ・電話で内々定を通知するだけの官庁も多い
その他		・有望者には、官庁側から電話・メールでの連絡があることもある（24時間いつあるかわからない） ・内々定解禁日以降に採用活動が続くことはほぼない	・その後も引き続き官庁訪問を受け付け内々定が出る場合もある

院卒（法務区分）	
合格発表日	第1次試験日から訪問開始日の前日までは接触禁止期間
訪問開始日	1日目
	2日目
	3日目
内定 解禁日	

※連日訪問禁止の制限なし

大卒（教養区分）	
合格発表日	第1次試験日から訪問開始日の前日までは接触禁止期間
訪問開始日	1日目
	2日目
	3日目
	4日目
内定 解禁日	

※連日訪問禁止の制限なし

※2024年度は第5クールなし

※この間の土日・祝日は、受験者との接触は禁止

催し、その方法はオンラインにて実施可とする）。

○官庁訪問開始までは、面接等の選考活動は一切行わない。官庁訪問開始前の選考活動は厳禁とし、広報活動等の趣旨を逸脱し、外形的に選考活動と判断される行為は一切行わない。

○各省庁の開催する説明会との重複を理由に、人事院の実施する第２次試験（面接等）の日程を変更することは不可とする。

○受験者からの申し出や相談には公平に対応することとし、一部の学生にのみ特別な対応をとることのないよう徹底する。

○短期間に繰り返し連絡する、深夜や長時間に及ぶ電話をかける、意に反して長時間拘束するといった受験者の自由な就職活動を妨げることは禁止する。

●原局、原課

人事や会計など、どの府省にもある総務的な業務を行っている部門を官房といっています。

これに対し、その省本来のそれぞれの業務を行う局とか課を原局、原課と呼び習わしています。

国家総合職の官庁訪問必勝の極意

【其の一】説明会を利用せよ

最近は、官庁訪問前の説明会の段階から実質上の選考が始まっているのではないかといわれています。官庁訪問の志望動機でも「説明会に参加して……」と一言加えると印象がいいものです。説明会は「ウラ面接」といえるほど重要度が高まっていますので、その概要を下欄に示しておくことにしましょう。

【其の二】事前に本命、対抗、穴の3か所に絞れ

官庁訪問は短期決戦です。ついついイメージ優先で人気府省を訪問してしまい、そこに落とされてしまった頃には、自分に合っていて似つかわしい（と後から自分で気が付いた）府省はすでに締め切られてしまって、結局どこからも内定がもらえず1年を棒に振ってしまったという失敗談をよく聞きます。そこで、最終合格発表前に、ぜひ、訪問したい官庁を絞っておきましょう。

この本でも何度も指摘してきましたが、あなたは本当に、どんな仕事をしたいんですか？　それは、どの官庁で所掌していますか？　その官庁はほかにどんな仕事をしているのでしょう？　パンフレットは見ましたか？　ウェブサイトはどうですか？　その官庁に関する最近の新聞報道ではどんなことがありましたか？　説明会には行きましたか？　OB・OG訪問はしてみましたか？　そのとき、どんな印象でしたか？　その府省のカラーは自分に合いそうでしたか？

さて、こんなふうに考えていくと、自分にとって興味のある府省がいくつかに絞られてきたのではないでしょうか。さて、ここからがシビアな品定めです。

まず、あなたの性格はどんなタイプですか？　この自己分析については、また後ほど詳しく話

●推薦枠制

某官庁の技術系では、特定の大学の指導教授の推薦制を採り、他の受験者とは別枠で官庁訪問を行っているようです。合格発表後直ちに指導教授に連絡を取り、教授が官庁側と相談して官庁訪問の日時等を決めることになっていますので、指導教授と進路について事前によく相談しておく必要があります。

●人脈もモノをいう！

「当官庁に知り合いはいますか？　いるのなら、その職員と会っていただきますが」と人事の側から聞かれることもあります。どうせ原課の人に会うのなら、まったく知らない人に会って緊張するより、知っている人のほうがいくぶん気が楽ですよね。というわけで、ゼミやサークルの先輩などといった「人脈」が役に立つ場合があります。

もしその志望の官庁に知り合いがいないのなら、学校の就職部に行けばOB・OGを紹介してくれることもあります。官庁訪問の季節よりも前にOB・OB訪問をして、知り合いになっ

しますが、**いわゆる政策型官庁は外向的な性格の人、調整型官庁はテキパキと事務をこなすタイプの人を好む**傾向にあります。みなさんは、ご自分をそのどちらのタイプと分析しますか？

次に、その官庁の最近5か年の採用数はどうでしょう？　これは各府省のウェブサイトや各種の受験雑誌で調べることができます。受験した職種からの採用はありますか？　府省によって、同じ事務系でも院卒者からの採用が少なかったり、「法律」と「経済」の比率が毎年決まっているなどの特色がありますよ。また、採用者の男女比についても押さえておきましょう。

採用予定数が多い官庁をねらえば内定がもらいやすいというのは間違いです。そういう官庁は訪問する受験者も多いものです。その逆に採用予定数が少ない官庁は志望動機のしっかりした受験者が多いものですから、これまた大変です。

その府省の過去の採用者の出身大学（学部）には、なんらかの傾向がありましたか？

いまだに学閥・学部閥の強いと思われる府省もあります（もちろんそういうところでも、優秀な人材は学校・学部にかかわらず採用されていますが）。

さて、あなたは、その府省に、これまでどれだけアクションを起こしてきましたか？　説明会には何回参加されましたか？　そのとき、説明者や人事から何か声をかけられたということはありましたか？　声をかけられたり、電話がかかってきたりということがあれば、その官庁はあなたになんらかのプラスの感情を持っていると思ってもよいでしょう。

以上の検討で、自分の採用可能性が薄いと判断した場合には、思い切って、その官庁は検討の対象から外しましょう。さて、**最近の官庁訪問は回れても3か所**です。ここまでで、3か所に絞り切れましたか？　そうしたら、これを本命、対抗、穴に分けます。

ておくだけでも違います。こういう細かい努力の積み重ねが、本番で生きてくるのです。

●採用の単位とその後

総合職は省単位で採用するのが原則ですが、財務省は本省採用とは別に国税庁採用、財務局採用、税関採用を行っています。また法務省は省単位の採用はせずにすべて局単位の採用です。

財務省では、本省採用の方のほうが庁・局採用の総合職の方よりも相対的によい処遇となっているようです。また、法務省の場合は、検察官出身の方が幹部・要職に就かれている率が高いようです。

●法務区分、教養区分の官庁訪問

やり方は基本、通常の官庁訪問と変わりがありません。ただし、そもそも受験者も採用予定数も少ないですし、（連日訪問禁止という制限のない）短期決戦です。初日の訪問でほぼ決まってしまう可能性もありますので、どこを、どういう順番で回るか慎重に決めましょう。

あなたの最終の成績順位はどうでしたか？　あなたの成績が2ケタの前半であれば、最も自分の行きたいところを本命に、その次を対抗、第3順位を穴にしましょう。あなたの成績が中位であれば、最も行きたいところを対抗に、採用可能性の最も高いところを本命に、変えてください。そして穴は、この府省までであれば自分も納得できるという押さえの府省にしましょう。現実的な戦略に転換するのです。

残念ながら、成績が下位の場合は、採用予定数の2.5倍の最終合格者を出している現実からすると、よほど人柄がいいとか、有力大学出身者であるとかということがないと、苦戦を強いられる可能性がありますので、より現実的な対応が望まれます。どうしても国家総合職で働きたいというのであれば、冷静に判断して採用可能性の高い順に本命、対抗とし、どうしても夢を捨てきれない府省を穴にします。

【其の三】初日に勝負せよ

さて、行きたい府省を3か所に絞りました。この中で、**本命を初日の朝イチに**回ってください。実際はもっと早い時間に並んでいる人もいます。この「初日」の「最初」が肝心です。無言の「熱意」のアピールです。

どこの府省の人事も、2番目に回されるのはイヤ。だって、そうですよね。みなさんだって、彼女や彼氏に「あなたは2番目に好き」と言われたらショックでしょう。ですから、1日目の最初に来た人と2日目に来た人では、それだけで印象が大きく異なるのです。特に、人気官庁と自負している府省の人事担当者は、そう思っています。

ですから、最初の3日間は、初日に本命、2日目に対抗、3日目に穴と想定して日程を組んでおくべきです。なお、特に遠くに住んでいる人、仕事を持っている人については、事前に人事担

●新型コロナで変貌！ ウェブ面談も導入

府省によっては、オンラインで「官庁訪問」を実施したところも出てきました。詳細は「ウェブ面接の極意」を参照ください。

●地方出身者の救世主 ユースホステル

地方出身者の場合は、官庁訪問中の宿泊先探しに苦労します。その救世主が飯田橋にある東京セントラルユースホステル（http://www.jyh.gr.jp/tcyh/index.php 連絡先03-3235-1107 tcyh@jyh.gr.jp）です。人事院のウェブサイトにも所在地・連絡先が掲載されています。

最終合格発表と同時に予約者が殺到しますので、電話は2時間ぐらいかけまくるのを覚悟してください。というよりも、最近では初日の朝イチで各官庁に駆け込むのが通例なので、地方出身者も合否にかかわらず前日までには東京に来ている方が多いでしょうから、その前からの予約も多いことと思います。

当者にその事情を告げて計画的に効率よく訪問してください。

【其の四】人事も原課もすべてが面接だ

原課面接重視のところと人事面接重視のところという違いはありますが、この原課面接、人事面接を繰り返しているうちに、いつの間にか、人数が絞られていきます。この間に、あなたはいろいろな方面から、評価され、ふるいにかけられているのです！

たとえば、朝、官庁に出頭すると、まず、人事の若い担当者から面接方法について指示されたり、面接シートを書いたりしますよね。このときのあなたの反応がキビキビしているか、手際がよいかというところから見られています。

原課に行くと、仕事の合間にちょっとお話、という感じで話が進んでいきますが、ここでもちゃんと評価され、結果はすぐに人事に回収されます。ですから、議論にヒートアップして、若手官僚に論戦を挑むのはリスキーですので禁物です（逆に、骨があってイイと評価される場合もありますが）。

原課から戻ってきたとき。そのときの表情も当然見られています。控室に採用2～3年目の若手職員がいて、雑談してくれたりしませんか？　こういう職員も、当然、みなさんを見ているのです。

特に**人事担当者は、若くても要注意**。各府省ともホープをそろえているものですし、直接評価に加わらなくても、上司から「あの子どうだった？」と聞かれたときに答えた「ええ。控室では、場を盛り上げて積極的にみんなをリードしてましたよ」などの一言が、大きく評価に影響を及ぼすこともあります。「将を射んとすれば、まず馬を射よ」若手人事は侮るなかれです。

ここでは、官庁訪問仲間と同じところに宿泊するので、相談・情報交換ができ、友人も多くできるというメリットがあります。その一方、その日の訪問先の評価などが帰宅時間で容易に想像がつくなど、プライバシーの面で問題も……。

●集合時刻で分けられる

官庁訪問の最終段階である採用面接。ここまでお呼びがかかればしめたものですが、何時に呼ばれるかが問題です。評価の高い人ほど早い時刻に集合がかけられるようです。評価の高い人から面接して、OKだったらすぐに内々定の声をかけ、順々に採用予定人数を固めてしまおうと思っているのです。

●原課では政策論

原課では、その府省の抱えている課題や今後の「この国の在り方」など幅広い分野について若手職員と政策論を戦わせることになります。生半可な知識では「コイツ、モノにならんな！」と思われてしまいます。ですから、訪問する府省の課題はもち

【其の五】官庁研究と志望動機には十分時間をかけろ

みなさん、本当のところ、どれだけ官庁研究と志望動機の研究をしてきましたか？「ウチの業務、ほんとに知っているのかなぁ？」「何がやりたくて（官庁訪問に）来ているの？」と感じることがしばしばです。「ローマは一日にしてならず」、官庁研究や志望動機を固めるのにもそれなりの時間が必要です。むしろ、受験勉強を始める前に、これを始めておきたいぐらいです。

まず、官庁研究ですが、最も効果的なのは、興味のある**官庁ごとに研究ノート**を作ってみることです。そして、新聞を毎日読んで、その興味のある官庁に関する記事を切り抜き、貼っていくのです。特に気になる記事については、それに対する自分の考えを書き込んでおきましょう。同様に、新聞だけではなく、インターネットを見て、各報道機関のサイト、その官庁のサイトから、やはり興味のある記事をプリントアウトしておきましょう。

この研究ノートは、官庁訪問直前に読み返すべきですし、官庁訪問当日も持って行って、控室で読んでおくとよいでしょう。

この研究ノートを作る、特にその時々の自分の思いを書きとめておくことは、思考の訓練にもなりますし、パンフレットから拾ってきたようなステレオタイプの志望動機にならずに済みます。

志望動機を固める際には、なぜ公務員？なぜその官庁？のレベルで終わらず、**自分の問題意識はなんなのか？**そのためにその官庁に入って何をしたいのか？というレベルまで十分に詰めておきましょう。「ほかの志望官庁と当省（庁）の違いを明確化してください」という質問に答えられるくらいに、「どうしてこの官庁か」を言えるようにしておくことが肝心です。

また、それぞれの府省の人事は、プライドもありますから、「受験者の方から切られることだけは何がなんでも避けたい」と思っています。ですから、両天秤にかけているような素振りが少しでもあると、「…」

ろん時事問題全般についても、ある程度突っ込んだ質問に対しても切り返せるよう十分な準備をしておくことが必要です。

●「何か質問は？」

原課面接等では「何か質問はありますか？」と聞かれることが多いので、その官庁に関する質問事項を最低でも4～5つは事前に考えておきましょう。

●デパ地下ならぬ「役地下」

官庁訪問中、お腹が空いたなとか、ちょっと文房具を買いたいなと思ったら、まずは役所の地下へ行ってみましょう。食堂や売店、コンビニが必ずあります。

その官庁ならではのグッズも売っていて、財務省のコンビニのお札ゴーフルは特に有名。官庁訪問みやげを探してみては？

●志望動機の練り方

詳細は、拙著『自己PR・志望動機・提出書類の本』をご覧になってください。

しでも見えれば早々に落とされてしまいます。この素振りが一番見えやすいのが、志望動機。特に、みなさんは第二志望以下の府省についての志望動機には気が回っていないようです。ここで一瞬でも「ウッ」と詰まってしまうと「ハイ、さようなら」となってしまいます。

つまり、志望を本命、対抗、穴の3つに絞るわけですから、官庁研究ノートと志望動機もその3つの府省ごとに作り分けておくべきです。そして、志望動機は、必ず、友人、家族、就職部の人でもだれでもいいですから、複数の人に見てもらい、添削を受けてください。「自分にしか語れないこと」が大事ではあっても、自分勝手な内容では相手に受け入れられません。事前に客観的な評価をしてもらい、修正することが必要なのです。

【其の六】どんなときも最後までネバーギブアップ！

何度もいいますが、総合職の官庁訪問は短期決戦です。各府省のほうも1日目から、ずいぶん絞り込んでいます。ですから、ここはダメそうだ、と思ったら、スパッと気持ちを切り替え、次の対抗、穴の府省に全力を注ぎましょう。いわゆる人気官庁でも、2日目、3日目の訪問者からも（わずかではありますが）ちゃんと内定者が出ています。

訪問期間中は、ちょっとした時間も惜しいですから、**少しでも時間があれば、どこか次の府省に**顔を出してみてください（昼御飯を理由に抜け出して、ちゃっかりほかの府省の予約を取ってくる猛者もいます）。霞が関は不夜城ですから、夜の8時、9時に訪問しても受け付けてもらえます（そういう意味では、一般常識は通じません）。2日目の朝よりは、1日目の夜のほうが、というふうに少しでも早いほうが、人事の印象はよいものです。もしその日に受け付けてもらえなくても、翌日のエントリーをしてもらえます。こうすれば、3か所以上の官庁訪問もできるわけです。

●チャンスを逃すな！

官庁訪問期間中は、早朝でも深夜でも、どんな時間に電話やメールがあってもすぐに連絡がつくようにしておいてください。人事の側も優秀な人材を確実に確保したいので、一刻も早く連絡を取りたいと思っているのです。何度連絡しても応答がない場合は、次の受験者にチャンスが回ってしまいます。

「バイト中だったので、電話に出られなくて……」と後で泣きを入れてくる受験者もいますが、それこそ「後の祭り」です。どんな状態でもすぐに電話に出られるようにしておくべきですし、また、万一連絡が取れない場合の連絡先（実家など）を人事に伝えておくことも大切です。

国家一般職の官庁訪問

国家一般職の官庁訪問の極意

国家一般職の場合、行政区分では、申し込んだ地域ごとに合否が決まりますが、その地域内の各府省地方支分部局だけでなく、（東京の霞が関にある）**本府省も官庁訪問することが可能**です。したがって、地元が近畿だからということで近畿地域で出願した場合にも、近畿にある各府省の局や事務所だけではなく、本府省を官庁訪問することもできます。ただし、本府省については全国各地からどっと受験者が集まりますし、解禁後数日で内々定が決まってしまうので、非常に激戦です。その一方で、地元地域でも有力官庁では解禁後直ちに官庁訪問が始まってしまうので、本府省を回ってしまうと出遅れてしまうことになりかねません。どちらを優先して考えるか、自分で決めておかなければなりません。

なお、技術系の試験区分の場合には、そもそも地域区分がありませんので、本府省でもその他全国どこにある地方支分部局でも、採用予定があれば採用されます。

【其の一】本府省採用をねらうなら早めに勝負！

国家一般職の霞が関での本府省採用の場合は、国家総合職のように府省ごとの採用となるのとは大きく異なり、各府省内の局ごとの採用となります。したがって、同じ省の中でも、いくつかの局を別々に官庁訪問することができる点が特徴です。自分の好きな府省を何回も官庁訪問できるという意味ではオイシイのですが、それぞれの局ごとの仕事内容の違いを事前によく把握し

て、志望動機もそれぞれ別々に作っておかなければならないというのが頭痛のタネです。

本府省採用を希望する場合には、とにかく早め早めが鉄則で、前年秋・冬の頃から説明会に参加したり、OB・OG訪問をするなど、積極的なアプローチが必要です。また、第1次試験の合格発表直前に行われる業務説明会では、名前や言動がチェックされているようですので、かなりキーポイントになっているようです。

第1次試験合格発表日の午前9時から**事前予約**を受け付けます。電子メール、ウェブシステム等での申し込みになります。なお総合職のように1日1省庁という限定はありません。志望する官庁がどの方式を採っているかを事前によく確認しておき、この省庁はウェブ面接、ここは実際に訪問、と使い分け、予約の時間が重ならないように工夫すれば、複数の省庁を効率よく回ることが可能になります。そのほかの官庁訪問のやり方自体については、総合職の場合とほぼ同様ですので、総合職の項を参考になさってください。

深夜まで拘束されることもありますので、1日に回れる官庁は多くても2つでしょう。総合職のような連日訪問禁止の申合せがないので、同じ官庁に2日ないしは1週間連日訪問しなければ内々定がもらえません。土曜日、日曜日も関係なく訪問を受け付けているところもあります。解禁から1週間でほぼすべての官庁で内々定が出そろう超短期の決戦です。

【其の二】地方採用では粘り強さとスケジュールの組み方が勝負！

地方支分部局・出先機関での採用をめざされる方も事前予約の方法は同じです。ただし、省庁によっては、その後すぐに官庁訪問が始まるわけではなく、本府省の結果が出た後ぐらいのタイミングから最終合格発表日までの長期戦になりますので、予約が取れた日がずいぶん先になるようなことがあっても焦る必要はありません。また、一般職の場合、官庁の所在地があちこちに

●2024年度国家一般職［大卒］官庁訪問ルール（概要）

1 日程

○官庁訪問期間：7月2日午前9時以降
（7月10日から7月28日までは官庁訪問禁止）

2 事前予約制について

○6月26日午前9時以降各省庁が定める期間中に、メール、ウェブシステム等の多数の受験者が同時に申し込むことが可能な方法に限り、訪問開始日の午前9時以降の官庁訪問の予約を受付。

原則として受験者の希望どおりに受付。ただし、受験者が特定の日に集中して十分な選考活動を行えなくなる場合には、各省庁の判断で他の日程を提示することも可能。予約制をとった場合においても、官庁訪問の予約がない者の訪問については、各省庁の判断により、これを柔軟に受付し、予約がないことのみを理由に不利益な取扱いは行わない。

3 内々定について

○内々定解禁：8月13日午前9

あって、交通費も時間もかかるというのが頭痛の種でしたが、「ウェブ面接等を積極的に活用する」ということになりましたので、少なくとも最初の1回目はウェブ面接を利用していろいろな省庁を回ることができるようになりました。

そして、2回目以降についてですが、すぐに会ってくれる官庁もある一方、なかなか会ってくれない官庁もあります（なお、「2回目の訪問は受け付けません。最終合格発表後に改めてお問い合わせください」といっておきながら実は有望者と接触している場合もあったようです）。

第1次試験の合格発表の翌日以後に行われる**官庁業務合同説明会**では、それぞれの官庁の個別相談コーナーごとに受付があり（地域によってはその前に全体説明があります）、人気官庁は長蛇の列になります。各官庁のパンフレットなども置いてありますので、なるべくたくさんもらっておきましょう（数に限りがあるようですよ）。個別相談コーナーでは、各官庁の担当者から詳しい説明を受けることができ、また、質疑応答も受け付けてくれます。また、この個別相談コーナーに来たかどうかを面接の際の参考資料としている官庁もあるようですし、この場で官庁訪問の予約受付や簡単な面談を行っている場合もあるので、注意してください。

地方支分部局や出先機関での官庁訪問のやり方として特徴的なものは、**質問会、見学会**というものです。質問会というのは、受験者4～5人に対して職員1人が応対し、受験者が順番に質問をしていくものです。だいたい3～4問の質問を事前に考えておいたほうがよいと思います。質問の内容は、仕事の内容ややりがいといったものにすべきです。超過勤務や休暇など勤務条件に関する質問はタブーです。質問会といっても、ここで実際は評価されています。集団面接に臨むのと同じ心構えでいるべきです。また、見学会は、実際の職場を見せてもらえるものですが、ここでのあなたの言動もすべて評価対象とされています。

時以降

上記内々定解禁日時までの間、各省庁は、受験者に対し、その時点での評価の伝達を超えた内定、内々定に類似する言動は厳に慎むとともに、受験者が他省庁を訪問する可能性を閉ざすような言動を行わないことを徹底する。

4　接触禁止期間について

○官庁訪問開始日（7月2日）の午前9時までは、面接等の選考活動は一切行わない。

○人事院が主催する説明会は、第一次試験合格発表後、7月1日までに開催することで検討。各府省が実施する業務説明会等については、学事日程に配慮して行う。

○官庁訪問開始日から最終合格者発表日までの期間の土曜日、日曜日および祝日は、次回の訪問予約に関するメールでの各省庁からの一方向の事務的連絡を除き、受験者とは電話、メールを含め接触しない。

5　その他

○官庁訪問においては、遠隔地から訪問する受験者等の交通事情等を十分に勘案するととも最終段階は、幹部クラスの職員による採用面接を受験することになりますが、最終合格発表後に行う官庁もあれば、8月中旬に終えてしまう官庁もあります。

地方支分部局・出先機関の採用の場合、88ページの表をご覧になってもおわかりのように、7月中旬の第1次試験の合格発表から9月上旬まで1か月半にもわたる**非常に長期戦**の官庁訪問になります。それに、その間に地方自治体の面接試験まで重なってきます。しかも夏の最も暑い盛りに！ そこで一番重要になるのが、実は体力と精神力なのです。今までのダラダラした夏休みに慣れきってしまった学生諸君にはあまりに厳しい夏になります。ともかくまずは体力と気力で乗り切れるようにココロの準備をしておきましょう。

さらに、官庁訪問先の所在地が必ずしも中心都市にあるわけではなく**各所に分散**されています。電車に乗っても1日がかりというところもかなりあります。何度も官庁訪問をするとなると交通費もばかになりません。というわけで、長いようで短いこの1か月半をどのように効率的に、体力も消耗せずに回るかということも成功の鍵となります。

また、地方支分部局採用の場合、最初に内定をもらっても、より希望に合った官庁を探して引き続き官庁訪問を続ける受験者もいます。その一方で、9月上旬を過ぎても1か所も内定をもらえない受験者も出てきます。しかし**粘り強くアプローチを続けて**いれば、年が明けてから内定をつかみ取れる可能性もありますので、あきらめないで官庁へアプローチし続けましょう（第6章参照）。

に、受験者間の公平性を配慮したうえで、オンライン面接等を積極的に活用する。
○受験者間の公平性を担保するため、オンライン面接等や対面による面接といった面接方法の違いにより、学生の評価に差をつけないよう留意。

●履歴書の提出
最後の採用面接を受験する際に、市販の履歴書を提出するように求められることもあります。履歴書の書き方については、『自己PR・志望動機・提出書類の本』をご参考になさってください。

違いを知ってからでないと後悔する

「総合職と一般職を併願してるんだけど、どっちをメインにしようかな?」「本府省採用と地方採用、どっちがいいんだろう?」「○○省といっても、どの局にしようかな?」などと悩んでいる受験者もいますよね。こんな場合は、それぞれの違いをよーく分析して、その差を知ってからでないと、就職後に後悔します。特に、**処遇と勤務環境に大きな違い**が出てきますよ!

総合職は幹部候補生として海外留学などの特別の教育・育成をされ、本府省の課長級以上の役職に就くことが期待されていますが、その一方、ほぼ毎日午前様という過酷な勤務環境、原則2年という超短期の異動、出向と全国転勤、早期退職の慣行などを覚悟しなければなりません。

本府省採用の一般職も、総合職に準じた激務は覚悟です。局ごとの採用なので他局に異動したり出向したりということはあまりありませんが、全国規模での転勤もあります。仕事内容は、局の中でもある特定の分野に精通することが求められ、1か所の勤務期間も長くなります。昇進スピードや処遇は、同じ府省内でも局ごとに違います。また、最終的に本府省内で管理職になることは少なく、地方支分部局の中堅管理職に就くことが期待されています。

一方、地方支分部局採用の場合は、本省から依頼された事務の処理や統計調査、管理や現場監督といった仕事が主となってきますので、地域の企業・業者などとの折衝の機会も増えてきますし、窓口業務もあります。地方採用といっても地域内での転勤はありえます。本府省採用の場合よりも若干昇進スピードは遅く、最終的な役職も違いが出てきてしまいます。

ザザッと見てきましたが、こんな違いをよく知ったうえで、一体どの職種・官庁を選べばよいのか、どういうライフスタイルにしたいのか、よく見極めておきましょう。

●「公務員になりたい人へ」の本

各職種の業務の違い、処遇等の違いについて詳しくお知りになりたい方は、拙著『公務員になりたい人への本』をご参照ください。

常に最新情報を仕入れ、対策を練る

官庁訪問では、「申合せ」で取り決めた日程以外の内容については各府省が独自に組み立てることができるので、バラエティーに富んでいます。また、同じ官庁でも、その年によって内容がガラッと変わったりします。これは、総合職・一般職を問いません。したがって、自分の志望する官庁が今年はどのような官庁訪問をするのか、常に最新の情報を仕入れ、出遅れないように心掛けましょう。1日の出遅れが成否を分けることになりかねません。

志望する各府省のウェブサイトを少なくとも週に1回はチェックしておきたいものです。また、就職部の情報やウェブサイトでの発表を待っているだけという受け身の姿勢ではなく、こちらから積極的に情報を仕入れるべきです。説明会に出席した際にでも今年はどうなるのかと質問をしてみましょう。また、あまり何度も、というのは考えものですが、ときにはOB・OGや人事課を訪問したり電話をしてみて直接情報を仕入れるようにしましょう。

また、官庁訪問期間中の情報交換も非常に重要です。官庁訪問期間中に知り合った仲間と電話番号やメールアドレスを交換し合って情報を共有するということも大切です。また、受験サークルによっては、官庁訪問期間中、毎日必ず霞が関近辺の同じ喫茶店にみんなで集合して情報を交換し合うというところもあるようです。

パソコンや携帯電話からSNSやネットの掲示板を見ている受験者もいるようです。ただし、このような掲示板などの匿名の情報源では、信憑性にかなり疑いのあるものや、あえて不安をあおるためのガセネタも横行しています。必ず複数の情報を仕入れて、瞬時に判断をし、的確に素早く行動をすることが官庁訪問でも必要です。

●一般職から総合職へ

一般職から総合職への変更(「任用替」といいます)もできるのかとよく聞かれますが、総合職試験に合格し通常どおり官庁訪問・面接にパスすれば可能です。採用面接の際に「すでに一般職で働いているから」ということで不利に扱われることはありません。ただし、当然のことながらこれまでの勤務成績が判定に加味されることにはなるでしょう。任用替された場合、以後その任用替された年次の総合職と同期として扱われることになります。

（国家一般職［大卒］官庁訪問の例）

国家Ⅱ種時代も含め、過去数年間に実際に官庁訪問をされた方がどのように行動されたかを表にしてみました。ご参考になさってください。

<table>
<tr><th>月</th><th>日程</th><th colspan="2"></th></tr>
<tr><td>6月下旬
1次合格発表日</td><td>予約受付開始</td><td colspan="2">・9：00事前予約開始（事前予約を受け付けない官庁もある）</td></tr>
<tr><td>1次合格発表日
翌日</td><td>官庁訪問開始</td><td colspan="2">・9：00訪問開始
・本府省はほぼ1週間以内に事実上の内々定が出そろう
・地方でも有力官庁ではほぼ1週間で事実上の内々定が出そろうところも
・1度の訪問でよいところもあれば、5、6度も訪問しなければならないところもある</td></tr>
<tr><td>1次合格発表日
翌日～</td><td>官庁合同業務
説明会</td><td>・説明会開催日については、主催する地方事務局（所）管轄区域内にある機関には接触禁止（面接はしない）</td><td rowspan="3">官庁ごとの個別説明会実施
・官庁ごとに発表されるので、ホームページなどを要チェック
・電話（メール）予約が必要な場合もあるので注意
・説明会の中で、実質的な面接カードの記入をさせるところや、次回の説明会予約を取るところも多い
・事前チェックされている可能性大</td></tr>
<tr><td>7月中旬～
7月下旬</td><td>第2次試験
（人事院面接）</td><td>・接触禁止（面接はしない）</td></tr>
<tr><td>8月中旬</td><td>最終合格
発表日</td><td>・内々定解禁
・内々定者に改めて形式的な採用面接を行う官庁もあるし、何も行わない官庁もある
・採用面接時に作文を書かせる官庁もある
・官庁側から採用面接受験の誘いの連絡があることもある</td></tr>
<tr><td></td><td></td><td colspan="2">・その後も（年が明けても）官庁側から採用面接受験の誘いの連絡があることもある</td></tr>
</table>

●官庁訪問の際の必須アイテム

●（特に「クールビズでもOK」といわれない限りは）リクルートスーツが常識

●学生証などの身分証明書

●筆記用具（鉛筆とペンの両方）

●訪問予定の官庁の「官公庁研究ノート」

●自分で作っておいた面接カード・身上書用の想定問答集

●写真（縦4センチ横3センチのものが多い。官庁によっては面接カードに貼らされます）

●メモ帳かノート（これは面会した先輩の名前等のチェック、話の中身のメモに使います）

●その官庁のパンフレットや白書など、参考になるもの

●携帯電話（他府省を回っているときに別の官庁から電話がかかってくることもあります。24時間常に電源を入れておきましょう。ただし訪問中はマナーモードにしておくことは忘れずに）

●食べ物・飲み物（拘束されると買いに出られない場合もあります）

●その他、210ページも参照

第3章

面接試験ウラの裏

―面接官の気持ちを知れば、試験のウラが見えてくる……面接対策上級編―

相手の気持ちがわかれば、「なーんだ。こういうことだったのか！」ということ、ありますよね？　面接試験も同じこと。人事や面接官のココロがわかれば、対策も練りやすい!?

ちょっと拝見！ 面接官マニュアル

面接官もトレーニングのたまもの

職員として日々の仕事の中で研鑽していくうちに、その官公庁の職員としてのあるべき姿、必要とされる能力というものが自然と身に染み付いてくるものです。人事としては、個々の職員の能力・業績を評価する中で、「これぞわが官庁の代表！」という職員に白羽の矢を立てて、面接官に指名します。

いずれも第一線で働いているとりわけ優秀な職員ですから、当該職場でも「その人がいないと仕事にならない！」という、なかなか離したがらない人ばかりです。そんな職員に一定期間本来業務から離れて面接にかかりきりになってもらうためには、当該職場のトップとハイレベル交渉をして了承を得なければなりません（汗）。また、メンバーも、第2次試験や官庁訪問初日の面接官は、受験者が採用されたらすぐに上司となる年長係員か係長クラス、次の面接官は企画官・補佐クラス、第3次試験や最終面接では課長級以上のクラスと取りそろえます。

業務に関してはいずれ劣らぬバリバリの職員とはいっても、面接官としては初心者です。そこで、人事はなり立てホヤホヤの面接官にさまざまな研修を受けてもらうことにしています。その面接官が研修の際に使用する各種のマニュアル、指導書があるのですが、その中で、受験者のみなさんにも参考になるサワリの部分だけちょっと見ていくこととしましょう。

●面接官10か条

面接官になる職員には、必ず以下のことを注意してもらうようにしています。特に、⑨がよくわかっている、人のココロに通じた職員にお願いするようにしています。

①職務の内容、職務に適する人物像を知悉していること
②受験者世代の物の見方・考え方を十分理解していること
③さまざまなタイプの人間が存在していることをよく理解していること
④落ち着いて面接すること
⑤受験者にできるだけ多く話させ（面接官は話しすぎない）、受験者の話に傾聴すること
⑥受験者の人格、自尊心を傷つけないよう配慮すること
⑦偏見なくかつ柔軟な見方で客観的に評価すること
⑧受験者の一面の印象だけでなく、多面的に把握し、評価す

面接試験とはなんぞや？

欠員が出ている部署の管理職が来て、受験者にちょっと会ってみて、「あ、あの子イイ！」「この子にしよう！」ってフィーリングで採っちゃう……実は、公務員試験でも、ン十年前は、こんな感じの面接試験が多かったんです。この時代の面接試験では、面接官の行き当たりばったりの質問で、趣味とか卒論のテーマとか、家族構成（今では考えられない！）とかそんなことチャチャって聞いて判定していたようです。

公務員の面接試験がこの原始時代を脱して急激にシステマティックになってきたのは、平成になってからのようです。今では、面接試験の目的も、「受験者の人柄、意欲、対人関係能力について評定し、採用予定職務への職務遂行能力の適否を判断すること」と明確に定義づけられるようになりました。具体的に評価する際の着眼点としては、

①人柄を見る 受験者の人柄、性格、態度が採用しようとする職務にふさわしいかどうか。

②意欲を見る 受験者の職務に対する意欲や組織への参加意欲がどの程度か。

③対人関係能力を見る 受験者が組織内や対外接触の場面などでの対人関係を円滑に進める能力をどの程度持っているか。

が挙げられており、何を重点的に観察するかについては、その組織の求める人材像、採用予定職務の内容によって異なってくるので、面接試験の始まる前に人事と面接官の間でよく協議しておくこととされています。

ること

⑨人が人を評価することの難しさを十分わきまえること

⑩面接試験の場は組織の窓口である（逆に、受験者はこの窓口を通して組織を評価している）ことを理解していること

●これを逆手に取る!?

本文では面接官のためのトレーニングの要点を指摘しましたが、逆に、受験者としても、これに対して忠実に対応すれば、面接官の心をグッ！と引き寄せることができるはずです！

●コンピテンシー導入で更なる進化&深化

本文に書いてある面接手法は、基本中の基本手法です。さらに、現在では、後ほど詳細にお話ししますコンピテンシー評価型面接の手法によって、より詳細に受験者の人物像を探る方法が採られています。

受験者と打ち解けた雰囲気を作ろう

面接官がまず最初に身に付けなければならない能力とは、試験会場という特殊な環境の中でも、受験者が緊張を解き、自然な、打ち解けた感じで本心を語ってくれるようにする状況を作り出すことにあります。そもそも、面接官にとっても、初顔合わせの相手（受験者）と話すということは、いかに相手が年下で、かつ立場の違いがあるとはいえ、緊張するものですから、面接官自身もゆったりとした気持ちになって話さなければ、いい評価はできません。

このように面接官と受験者の心が通じ合い、理解し合える親密な関係のことをラポート（rapport）といっています。このラポートを形成するためのテクニックには、次のようなものがあります。

①受験者は、面接官の第一印象に強く影響を受ける。よって、面接官は受験者に過度の**威圧感を与えない**ように、態度、表情、言葉遣いなどにも十分配慮する。

②面接の最初に、導入質問として受験者にとって身近な話題を取り上げ、**緊張を解きほぐす**ようにする。

③面接官側も受験者に対して**アイコンタクト、相づち、うなずき**を行う。

④受験者の年齢層の興味事項などにも日頃から関心を持つ。

以上に注意しつつ、受験者個々人の反応を見ながら工夫し、**最初の数分で**親密かつ信頼できる関係を作り上げることが必要だと指摘されています。面接官と受験者との間にラポートが形成できたか否かは面接試験のよしあしを左右する重要な事項ですから、熟練を要するものです。

●**人の性（さが）**

面接官が注意し、かつ意識しておかなければならないことは、「人はウソをつく」ということです。志望動機にしても志望順位にしても、受験者はかなり事前に準備をしてきて、場合によってはウソをつくものです。ですが、ラポートがうまく形成されれば、受験者もウソをつきづらくなるものです。ハラを割って話せる環境を作れるか、面接官の度量も試されているのです。

●**ラポートが形成されるための条件**

①常に温かい気持ちを持つこと
②誠実な態度で相手に接すること
③面接に入ったら、できる限り早くラポート形成に努力すること
④相手の動作や言葉に対して善悪の判断を瞬時に下さないこと
⑤感情を顔や言葉に出したりしないこと

……これって、受験者側にもいえることですね！

面接官が最も頭を悩ませる「質問のしかた」と「評価の偏り」

質問の大きな柱、共通質問の内容については、人事と面接官の合同会議で示されますが、実際に面接をどう進行させるかは、面接官の「腕」にかかっています。

①複数の面接官が、**バラバラでまとまりのない質問、意味のない質問をしない**よう、事前に面接官どうしで質問項目、役割分担、質問の展開等、十分に打ち合わせる。

②受験者の緊張を解きほぐすよう、すぐに答えられるような導入の質問を設けたり、面接官のほうが堅苦しい態度をとらないようにする。

③話題の数を抑え、1つ1つの話題について、受験者の**回答内容に応じて質問を発展させ、深く突っ込んだ質問をする。**

④特に、受験者の「過去の事実」を正確に語らせるような質問をする。

⑤「ハイ」「いいえ」で答えられるような質問、誘導質問（例：「○○なのは△△だったからですね？」）は避け、**受験者に多く話させるような質問のしかたをする。**

このように注意して質問をしたとしても、①個人的好き嫌い・相性に左右されてしまう、②自分を基準にして判断してしまう（潔癖性の面接官が普通の受験者を「だらしない」と観てしまうとか）、③峻別できずにみんなCにしてしまう、④質問時間全体を評価せずに特に印象に残ったところだけで判断してしまう、⑤先入観で判断してしまう（スポーツマンは責任感が強いとか）などという問題がありますので、評価が偏らないように必ず複数の面接官で面接することにしています。

●**ボス面のひとりごと**

長年、面接官をやってきたセンパイ職員は「人は『今からこんなに頑張ります！』と未来に対しては大風呂敷を広げられても、『過去にこういうことをやりました』という事実にウソはつけないんだよね。仮に多少脚色して話したとしても、深く突っ込んで質問すれば、すぐにバレバレになっちゃう。どんなことに『達成感』を感じるヤツなのか、どんな能力を持ってるのかは、質問を重ねればわかるよね」と言っていました。これって、今のコンピテンシー面接そっくりですよね。昔っから、やってる人はそうやってたんですね！

そういえば。「過去と他人は変えられないが、未来と自分は変えられる」っていうだれかの言葉もありましたよね。

面接官のホンネ

こいつと仕事したいか

面接官も人間ですから、自分が採用という仕事に携わる以上、「面接官の目が節穴だったんじゃないの?」「こんな使えないヤツを採るなんて、何を見てたんだろうね?」などということは絶対に言われたくありません。こう言われてしまう元凶であるようなダメ職員、迷惑職員、お荷物職員となる危険性のある人物は採らないようにするのです。

それをどうやって判定しているかというと、究極のところ、面接官が見ているのは、**「こいつと仕事したいか」**ということに尽きるのではないかと思います。この「こいつと仕事したいか」というのは、その人が「いい人か悪い人か」ということとは違います。「その人がこの組織で働くことによって、その組織が活性化され、その機能を十分に発揮できるようになるのか」さらにいうと、「この人物がこの組織で働くことによって、国民・住民のみなさんがより一層幸せになることができるのか」といった観点から見ているのです。

ですから、よく試験に落ちたことによって「全人格を否定された」と悲観して、落ち込んでしまう方がいますが、そんなに思い詰める必要はありません。「恋人にしたい」「結婚したい」で選んでいるわけではないのです。たまたま、その組織の考え方、風土には合わなかったということにすぎないのです。

うーん、一緒に
仕事をしたいとは
思わないけど…

●組織によって人は作られる

人間は、環境、経験、教育という3Kが軸になって人格が形成されていくといいます。英語だと3E（Environment、

組織によって採用基準が違う

その官公庁、その職種によって、選ぶ人材が違うということをよく念頭に置いておいてください。たとえば、極端な例をいいますと、将来の幹部候補生を選ぶ総合職・上級試験では、企画力、調整力、発想力を重視しますが、その一方で、上意下達で指示が全員に速やかに行き渡らなければならない警察官・消防官のような組織では、このような能力よりもいかに従順に指示に従うか、命令を的確に実行できるかということを重視します。

以前、さまざまな職種の採用担当者を集めた研修会に参加したことがありました。その研修では、何パターンもの受験者が出てくるビデオを見ながら、採点・評価をしていくという実験をしたのですが、非常におもしろい結果が出ました。というのは、事務の大卒職種の採用担当者が「はっきりしない」「言っていることがわからない」「人の意見に流されそうだ」という評価でD判定を下した受験者に対し、ある公安系の職種の採用担当者は「従順そうである」「命令に従いそうだ」「人の和を大切にする」という高い評価をしてB判定を下したのです。同じ受験者を見ていても、それぞれ職種、持ち場によって、いろいろな考え、感じ方があるのですね。こんなにも意見の違いが出てきたということに、改めてビックリしました。

そこで、本来、就職先を選ぶにおいては「自分が何をしたいか」を最優先にすべきであることは重々承知のうえで、あえて、面接試験の攻略法としては、**「(他人から見た)自分の性格に合っている仕事は何か」**ということを知るということも大事だと指摘しておきましょう。ですから、あなたをよく知っている友人・知人、ご両親、ご兄弟などに、自分はどのような仕事、職種が向くと思うか、聞いてみることも必要だと思います。

Experience、Education）ですね。

つまり、その人がどこの組織に入ったか、どんな仕事をしてきたか、どういう育てられ方をしてきたかによって、その人の人格、品格が変わってくるわけです。ですから、自分がどのような人になりたいかを十分考え、この組織に入ったらどんな仕事をしてどんな人になるのだろうかということを想像して、それから受験したい官公庁を選ぶということが大切になってくるのです。

●人事と面接官、どっちがコワイ!?

受験生にとっては、どちらもコワイ存在でしょう。ただ、面接官は、面接試験のときだけしか、あなたと会いませんが、人事は、その前の筆記試験や、説明会のときからあなたと会っています。そのとき、好印象を持っていれば、窮地に立ったあなたに助け舟を出してくれるかもしれません。人事を味方に付けることは、意外と大事です。

どういうところで見ているのか

では、面接官はどういうところで、「こいつと仕事したいか」を見ているのでしょうか。いろいろな本に評価項目が載っていると思いますので、ここではあえてそれらと違った見方、すなわち、面接官＝先輩職員は日頃どう思っているかというところから迫ってみましょう。

きちんとあいさつができるか

これは、**社会人として最低限の基本**です。どんなに優秀でも、世の中1人で生きているわけではないのですから、相手と会話ができること、コミュニケーション能力は大切です。あいさつはその基礎中の基礎ですから、これがきちんとできない人、ぞんざいな人は不適格だと思います。あいさつで受ける第一印象、これは社会生活ではことのほか大事ですよ。

「会話」ができるか

これも当たり前のようでいて、結構難しいものです。人見知りが激しくて、人前ではしゃべれない、というのでは、サービス業である公務員には不向きです。また、ベラベラしゃべるんだけれど、人の話は一向に聞かない、というのも不向きです。**相手**（国民・住民だったり、上司や同僚や部下だったり）**が何を要求しているのかをきちんと聞き分けて、適切に応対できる**必要があります。

基礎的な社会常識をわきまえているか

公務員は、いろんな方とお会いする中で仕事をしていくものです。ですから、基礎的な社会常識をわきまえていないと、相手とのコミュニケーションが取れません。ここでいう「社会常識」には、「基礎的な学問」と「躾（しつけ）」の2種類があると思います。

●**しつけ**
骨董商の専門用語に「羽口のいい」道具というい方があります。これは、清潔感にあふれ質のいい道具・商品のことをいうのですが、人物としても「羽口のいい」人になりたいなと私自身思いますし、「羽口のいい」仕事をしたいなと思っています。

まず、基礎的な学問というのは、中学、高校レベルで勉強してきたような各教科の基本的部分、こういうところは押さえておきたいということです。たとえば、「○○県でこういう事態があった」という報告を受けたとき、「それってどこですか？東北？関東？」などということでは困るわけです。「県庁所在地は△△だったよね。すぐに連絡を取ろう」「主要産業は□□だったけど、どういう影響が出るかな？」「気候はこうだったよね」「川の下流の××県には影響は出ないかな？」こういう判断が瞬時に連鎖的にできないと、「企画立案が得意だ」などと大言壮語しても実際には何もできないということになってしまうわけです。基礎的な社会常識は、創造性の源になるのですよ（「あっ、あそこの名産○○だったよね。出張で行くなら買ってきてー」というのも知識のうちですが）。

その一方で、あることに関しては知識量がものすごくても、それ以外のことにはまったく関心を示さない、いわゆる「オタク」であっても困るわけです。幅広い知識は、幅広い対応の源泉になるのです。とにかく**「引き出し」の多い人間**が欲しいと思うのです。

それから「躾（しつけ）」や礼儀正しさという部分も大事です。そもそも相手（国民・住民）に不快感を与えてしまっては、サービス業である公務は成り立たないわけです。それから、非常に抽象的ないい方ですが、躾ができていない人には「品・品格」がなく、品のない人の起案した案にはやはり品がないのです。それがどうした？　といわれるでしょうが、そういうものなのですよ。品のない政策は長続きしないものです。

頭がよく、身体的にも精神的にもタフな人間か

「頭がいい」というのは有名学校を出ているとか、学校で専門的な勉強をしてきたということではありません。素直さ、知性、飲み込みの早さということです。仕事で必要なスキルは、入っ

●専門的な勉強

「大学で勉強してきた専門知識を生かしたい」という受験者がよくいますが、大学の学部卒程度では専門知識だなんてとてもいえません。社会人に必要とされる専門知識はもっと奥が深いのです。必要とされるのは、そのような専門知識を社会人になってからも覚えていけるキャパ（キャパシティー）の有無です。実際、財政問題を扱っている財務省のキャリアも法律区分採用のほうが多いのです。ただし、ある程度のリーガルマインドは必要。そういう意味で法学部生が有利という現実はあるのでしょうね。

てから磨いていけるもの。大切なのは、自ら成長しようとする意欲なのです。

仕事をするって、結構体力だな、って改めて思います。今までの学生時代のように、ちょっと寝坊したから休むとか、夏休みも1か月あるなんてわけではない世界に、いきなり放り込まれるわけです。しかも、毎日残業！　これに耐えるには、まず、体力です。知力・体力ではなく、**体力・知力、この順番がモノをいいます**。

それから、つらい仕事に負けない精神的な強さ、頑張り抜ける力も重要なポイント。「つらい仕事」といいましたが、そもそも仕事に「おもしろい」ものなど、あるわけがありません。「普通」の仕事は「普通」にストレスのかかる仕事なのです。ぺーぺーで入ると、「なんでこんな仕事をしなきゃいけないのか？」「もっとやりようがあるのではないか？」と思っても、自分の力で直すことなどできないことばかりです。

最近どこの官公庁でもメンタル面に問題を抱える職員が急激に増えていることが人事担当者で密かに問題となっています。これに対処する方策をいろいろ検討しているわけですが、一番の特効薬は、少なくとも採用に当たっては、精神的にもタフな人材を確保することです。ですから、採用担当者は、精神力の強さを見ています。

行動力・責任感はあるか

友人の議員秘書から聞いたのですが、ある代議士の事務所の標語で**「走れ、声出せ、言い訳するな」**というのがあるそうです。正直これは、すごいな！　と思いました。

まさに社会人ってそうですよ。テキパキとフットワークは軽いほうがいいと思います。軽佻浮薄になれといっているわけではありません。なかなか重い腰を上げない「役人根性」を捨てよということです。いいと思ったら、やってみる。その行動力と実行力が必要です。

●代議士

「代議士」とは衆議院議員のことをいいます。参議院議員は代議士とはいいません。念のため。

●後藤田五訓

後藤田正晴官房長官（当時）が行った有名な訓示です。①出身がどの省庁であれ、省益を忘れ、国益を想え、②悪い本当の事実を報告せよ、③勇気をもって意見具申せよ、④自分の仕事でないと言うなかれ、⑤決定が下ったら従い、命令は実行せよ。みなさんも肝に銘じてください。

次に、「声出していこうぜー!」だと思います。不思議なもので、声が出てくると体も動きます。体が動いてくると、心も動いてくるのです。いつも沈滞しているようでは、瞬時の判断が要求される公務には不向きです。瞬時の判断ができなかったり、瞬時の判断を誤ったりしていたのでは、国民・住民のみなさんに多大な損害を与えてしまうわけですから。そういった意味では、公務は体育会系なのかもしれません。

「言い訳するな」というのは、「開き直れ」とか「ふてぶてしくなれ」といっているわけではありません。こんな公務員はゴロゴロいますよね。そういうことではありません。言い訳しなければならないような仕事のしかたはするな、自分のした仕事には責任を持て、ということです。そして「責任を持ってゴメンなさい」ではなく、そもそも謝ったり言い訳したりしなければならないような仕事をしてはいけない、それだけ信頼性のある人物にならなければならないということです。**正確に、期日までに仕事をする**、これは社会人の基本です。

「伸び」は期待できるか

伸び切ったゴムのような人、すなわち「ゆとり」とか「(ハンドルの)あそび」の部分がない人は、多様性のある仕事に柔軟に対応できませんよ、ということ。言い方を変えれば、**できあがった人間よりもこれから育つ人間**のほうが望ましいということです。

たとえば、ゴムを伸ばしますよね、50センチまで伸ばすとしましょうか。そうすると、Aというゴムは、ゆうゆう50センチまで伸びて、さらに伸ばそうとすれば、1メートルでも1メートル半でも伸びたとします。その一方、Bというゴムは、やっとこさ50センチまで伸びたけれど、もう限界だとします。同じ50センチ伸びるAとBのどっちのゴムがいいか、ということです。やはりAのほうがいいですよね。

●言い訳するな

古人の言葉を例に挙げておきますので、これをかみしめておいてくださいね。

- 過(あやま)たば、すなわち改むるに憚ることなかれ(『論語』学而)
- 過ちて改めず。これを過ちという(『論語』衛霊公)
- 子夏曰く、小人の過つや、必ず文(かざ)る(言い訳する)(『論語』子張)
- 君子はこれ(責任)を己に求め、小人はこれを[他]人に求む(『論語』衛霊公)

●ゴムの伸び具合

公務員の採用試験というのは非常にたくさんの方が受験してくるわけですから、どうしても択一試験や筆記試験などをやって、面接することが可能な人数まで絞っていかなければいけないわけです。でも、こういった択一試験や筆記試験では、この潜在能力とか可能性という部分はどうしてもわからない、判定同じように、公務員試験の受験者にも、このたとえのAタイプとBタイプがいるわけです。当然、採用する側としては、まだまだ伸びるAタイプ、ポテンシャルの高い人材が欲しいわけです(もしかしたら、ここが民間と公務員の採用の大きな違いかもしれません。民間は、より即戦力を求めていますが、公務員の場合には、潜在能力の面も見ています)。私の経験則上、Bタイプは、世間一般で「優秀」といわれている大学の卒業生に多い傾向だと思います。頑張って、頑張って、大学に入ったのでしょうね。でも、もう、そこが限界。これでは、それから何十年も続く社会人生活には適応できませんよね。

そういったことからすると、学歴(どこの大学を出ているか)は、仕事をするうえでは関係ありません。人事に何年間かいて、最も感じたことは、学歴ほど当てにならないものはない、ということです。学歴が高くてもそれ以外の能力に欠けている人、学歴は世間一般的にいって大したことはなくても仕事をすれば優秀な人、いろいろいるわけです。その中で、人事として、やっぱり貴重な人材は、仕事をする人なのです。

「気働き」はあるか

「気働き」って言葉、聞いたことありますか? いろいろなことに気配りをしていて、事に応じてすぐに対処できることをいいます。これは、仕事をしていくうえで、本当に必要なことだと思います。

「その店がいい店であるところの最大の条件は、従業員の感じがいいかわるいかにかかっている。従業員の目が客に対して、いかに行き届いているか。……ある人はこれをキバタラキと言う」(『礼儀作法入門』山口瞳　集英社文庫)

英語にも、「**Treat others as you want to be treated yourself.**(自分がし

できないものなのですね。ですから、本当は、第1次試験に落ちてしまった方の中にとんでもなくいいダイヤモンドが紛れ込んでいたのかもしれない。それがわからないのが、採用担当者の悩みです。

●学歴は関係ない

元ハーバード大学教授ロバート・アンダーソン氏も、「いかなる優れた大学でも、そこで習得する知識は、その後の人生において学ぶものに較べたら1割にも満たない」といっています。たとえば、同じ総合職の試験を受かっているのであれば、後は、「ゴムの伸び具合」です。そこを見ずにある特定の大学の卒業生で固めようとする官庁があるのであれば、その真意を疑います。

てほしいことをほかの人にもしなさい）ということわざがありますよ。気働きはグローバルスタンダードなのですね。みなさんも、気働きのある社会人に、ぜひなってください。

自分で意思決定できるか

あっちこっちに気を配ったうえで、最終的には自分自身で意思を決定できることが大切です。江戸末期の薩摩藩主・島津斉彬も「勇断なき人は事を為すこと能わず」といっていますし、吉本興業社長（当時）の中邨秀雄氏も「意思決定のできる人間をどれだけ抱えるかが会社の浮沈を左右する」といっています。ただし、自分で意思決定できるといっても、自分勝手に決めてしまうということではありませんよ。

特に、国際化が進み、価値観も多様化し、社会システムが複雑化・混迷化している現在では、国・自治体が積極的に政策展開をしていかなければならない場面が増えてきつつあります。そこでは、挑戦的な課題に真正面から立ち向かう意欲と、そして、次々と起こり来る困難な課題に対し、忍耐強く、1つとしてくじけずに、次々と、**自らの力で解決していくことができる能力**が必要だと思います。

「そもそも何も決められない」こんな無能な職員は言わずもがなですが、「だれかが決めないと動かない」そんな指示待ち・日和見・無責任な職員では困ります。

器の大きい人間か

全体としてほどよくまとまった小粒な人材が多いというのが、最近の優等生から受ける印象です。また、学力以前の問題として、人間としての成熟性に欠けるということも感じます。もっと荒削りでも、人間的な器の大きさを感じさせる人物が魅力的です。ここでいう「荒削り」とは、「知識不足」とか「仕事が粗雑」とか「飲んでて楽しい5時から男」をいうのではないですよ。

●相手の身になって考える
「気働き」の要諦は、自分勝手ではなく相手の身になって、相手側だったらどう思いどう考えるかということを常に心がけ、気遣うというところにあります。

幅広い教養と高邁な精神に支えられ、豪放磊落でも仕事は緻密、常に天下国家の将来を見据えて議論することのできる人間のことです。

リーダーシップがあるか

受験者であるみなさんと私たち採用側が考える「リーダーシップ」には違いがあるように思います。みなさんは、先頭に立ってみんなを引っ張っていくことをリーダーシップだと思っていませんか？　しかし、**相手を受け入れながらもみんなをまとめ上げていく力**というのもリーダーシップなのです。そして、社会人として求められているリーダーシップは、実はこの後者のほうなのです。

このようなリーダーシップは、別に天性の素質によるものではありません。「学生時代に生徒会長とか経験したことないからオレはダメだぁ」とあきらめる必要はないのです。どんな方でも、仕事の中でもまれ、たたき上げられていくうちに自然と身につけていけるものですし、身につけていくことのできるであろう人物こそ求められているのです。「調整力」という言葉で表されているものも、実は、この後者の意味でのリーダーシップにほかなりません。

以上、私たち先輩職員の思いという面からお話ししてきましたが、面接官はこのようなことを考えながら面接に臨んでいるのです。そして、これはすでに採用されて働き始めたみなさんへのメッセージでもありますし、自分自身にも常々「忘れちゃいけないよ」と言い聞かせながら働いていることなのです。

●船頭多くして船山に上る

面接試験となると多くの受験者が「サークルの幹事をやりました」などという例を引き合いに出してアピールしますよね。でも、組織はみんながリーダーでは成り立ちません。それではむしろ協調性のない組織になってしまいます。サブリーダーに回る人、中堅を固める人、専門分野で活躍する人などさまざまな個性・多様な人材が織りなしてこそ、よい組織というのは成り立っていくのです。ですから、無理してリーダーシップをアピールする必要はありません。

●リーダーの能力

立教大学の豊原教授（当時）が世界の経済学者の意見をまとめて作成したリーダーの能力表によると、最も主要なリーダーの能力は、組織調整力だったそうです。大きくいえば、長期計画と短期計画の調整、小さくみれば、よいチームワークができるようにメンバーの役割や行動を調整することがこれに当たるのでしょうか。

ダメな人ほど優しく帰す

さて、面接官の本音として、もう一つ「ダメな人ほど優しく帰す」ということがあります。

これはどういうことかというと、面接していて**「採用にはほど遠いな」と思った人には優しく接する**ということです。なぜなら、きついこと・つらいことを言われて落とされたとしたら、きっとその人はその官公庁に対していい感情はわかないですよね。悪意を持つかもしれません。周りのだれかがその官公庁を受験しようということになっても「あそこはやめておいたほうがいいよ」ってアドバイスされてしまうかもしれません。それよりは、「ああ、あそこはいいところだよね。私も入りたかったんだけど、あと一歩だったんだよねぇ」と言ってくれたほうがいいわけです。そうすれば、その人の周りにいる有望な人が次に受けてくれるかもしれません。話が次へと続いていく、広がっていくのです。

一方、本当に採用したい人、絶対来てほしい人には面接官はつらく当たります。圧迫面接もするでしょう。とにかく、本当に仕事をしてもダウンしない強靱な精神力があるか、面接という特殊な場においてさらにプレッシャーをかけることによってその能力を見るのです。受験者に「地」を出させるまで徹底的にたたいてみる（物理的にではないですよ）ということもあるでしょう。それでへこたれる、音を上げるような人だったらいらない！　それぐらい真剣に見るのです。実際の仕事は甘いもんじゃない、それができる人物かどうかを試すのです。

それに、「そういう面接のしかたをしてもだいじょうぶだな」とこちらに感じさせるような人は、たとえ残念ながら採用には至らなかったとしても、こちらの真剣さもわかってくれるので、決して「あそこはひどかった」とは言わないものです。

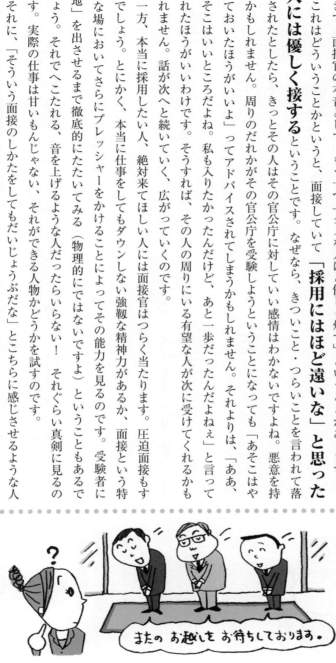

?
またの お越しを お待ちしております。

定番化したコンピテンシー面接とは？

相手の気持ちを察する

どうですか？　みなさんも将来、実際に面接官になることがあったら、こんな面接官の気持ちもわかってくれるのではないかと思います。

というわけで、個別の質問対策をお話しする前に、この章をあえて置いた理由がおわかりいただけたでしょうか？　タダひたすらに、やみくもに面接対策を練っていてもしょうがないのです。どういう質問がされて、どうそれに答えたらいいかばかりウンウン考えるよりも前に、まずは、人事や面接官がどんな考えを持って、どういう意識を持って面接をしていて、どういうふうに評価をしているかを知ってから対策を練ることが肝心なのではないでしょうか。

だって、そうですよね！　お客さんがどんなことを望んでいて、それにキチンと応えるにはどうすればいいか、ってことがサービス業の基本じゃないですか！　そして、何度もお話ししましたが、公務って、そのサービス業ですものね！

それでは次に、今現在、人事や面接官はどういう工夫をしているか、どういうふうに面接を改良してきたのかを見ていくことにしましょう。これがわかれば、鬼に金棒！　十分に相手（＝人事や面接官）の気持ちと工夫のしどころがわかれば、より一層、対策も万全になりますものね。

●個別の質問対策
具体的にどんな質問が出されて、それにどう答えるべきかについては、後ほど第４章で詳しくお話しすることにします。

コンピテンシー評価型の面接手法ってどんなもの？

面接の方法で大きく改良が加えられたのが、国家総合職試験の第2次試験で行われる人物試験です。信頼性（客観性）と妥当性を高めるため、やり方、方法が変更されました。

当初は試行錯誤が続きましたが、現在ではかなり効率的に運用されています。

その第1点目がコンピテンシー評価型の面接手法です。なんじゃこれ？って思われるかもしれませんが、簡単にいいますと、これまでの面接のように受験者の人柄や性向（性質、気立て）を中心に聞いてきた質問方法を改め、「これまでに力を入れてきたことは何ですか？」とか「達成感があったと感じたのはどんなことですか？」というふうに受験者の**実際の経験を聞く**質問方法に改めようというものです。

もうひとつは、これまでの面接のように受験者の応対を見たり、そのときの面接官の気持ち・考え方でいろいろな質問をするという方式を若干改めて、この質問をしたら次はこの質問、というように**質問の中身やその展開方法・順序をあらかじめ決める**ことにしたという点です。また、これと同時に、**採点方法や評価基準を標準化**することにしました。すなわち、こう答えたら何点、ああいう態度だったらここの点数を下げる、というふうに、採点や評価をできるだけ均一化・平準化するようにしたのです。

当初は国家総合職の人物試験のみでの導入でしたが、国家一般職や各国家専門職の人物試験でも、このコンピテンシー評価型の面接手法と構造化が導入されるようになってきました。また、国家を見習って、各地方自治体でも、このような動きが広がってきています。ぜひぜひ、準備を怠らないようにしておきましょう。

●コンピテンシーとは？

聞き慣れない用語ですが、コンピテンシー（competency）とは、一般には「高業績者の行動特性」と訳されています。

国家Ⅰ種（現在の国家総合職）試験の人物試験の方法を改めるもととなった人事院の人物試験技法研究会報告書（「人物試験におけるコンピテンシーと『構造化』の導入」平成17年8月）では、コンピテンシーとは「行動に表れる能力、特性」とか「結果や成果と結びつく能力、特性」であると定義づけされています。

●経験者採用試験での活用

同研究会報告書では「経験者の採用試験については、職務での経験や行動が評価に当たっての重要な情報となることから、むしろ総合職試験以上にコンピテンシー評価型面接の有効活用が期待される」としています。

人物試験技法研究会報告書の概要

— 人物試験におけるコンピテンシーと「構造化」の導入 —

人物試験は、Ⅰ種試験合格者に求められる能力、資質のうち、責任感や対人関係能力等の人物面での評価を行うものとして重要であるが、評価に試験官の主観が関与することから、評価の信頼性、妥当性が問題にされることが少なくない。そこで、人物試験について試験としての信頼性、妥当性の向上を図るため、コンピテンシーと「構造化」の導入を行うことが望まれる。

1 コンピテンシー評価型面接

(1) 潜在的能力の評価から顕在化しうる能力の評価へ

職務遂行能力は、課題に取り組み何らかの成果を出しうる再現性のある能力であり、モチベーションや意欲という面を含むものである。このように実際の行動との関係で能力をとらえることは、コンピテンシーの考え方につながるものである。人物試験では、コンピテンシーを、「行動に表れる能力、特性」ととらえ、職務遂行能力について、内に秘められた潜在的なものとしてではなく、外に表れた又は表れうる行動と関係づけて評価することにより、評価の妥当性の向上を図ることとした。

コンピテンシーとは：行動に表れる能力、特性
結果や成果と結びつく能力、特性

(2) 過去の行動に焦点を当てた質問事項の重点化

コンピテンシーの考え方を取り入れた面接方法に共通しているのは、「その時にどういうことに取り組んだのか」、「問題に出会ったときにどういうことをしたのか」という具体的な過去の行動に焦点を当てた質問、評価方法を用いる点である。質問の中心は「どう思うか」ではなく、「どう行動したか」という受験者の過去の行動、経験にあり、特に職務遂行能力の発揮との関係から、「学業や職務において力を入れてきたこと」、「達成感があったと感じていること」についての質問が重要である。

また、過去の行動についての質問に対しては、実体験を抜きにした不正確な応答や偽りの応答によってとりつくろうことは困難である。

質問及び面接カードの中心事項
○ 学業や職務において力を入れてきたこと
○ 達成感があったと感じていること
→ 「どう思うか」などの感想を聞くのではなく「どう行動したか」を具体的に聞く

(3) 経験学習力(コンピテンシーラーニング能力)を検証する意義

採用後に様々な状況や課題に対して効果的な解決策を求められるということを考えると、状況の変化に対応できる能力、環境に適応しながらそこで必要な行動や特性を習得することができる能力は、重要なコンピテンシーの一つである。これは、経験を振り返り、整理し、体系づけて、そこから将来に向けての学習ができているかということである。また、経験には自己の経験だけではなく、他者の経験も含まれる。

※人事院の記者発表資料より（なお、Ⅰ種とは現在の総合職のこと）

（4）人物試験で検証するコンピテンシーを表す評定項目

職務遂行上求められるコンピテンシーについて、①課題に取り組むこと、②取り組んだ課題の解決に向けてのプロセス、③最後まで取り組んで結果を出したか、④その課題での経験を次に生かせるか、という時系列的な場面に分けて考え、次の６つの評定項目を設定した。（評定項目別の着眼点については128～131ページを参照）

① 積極性（意欲、行動力）　② 社会性（他者理解、関係構築力）
③ 信頼感（責任感、達成力）　④ 経験学習力（課題の認識、経験の適用）
⑤ 自己統制（情緒安定性、統制力）　⑥ コミュニケーション力（表現力、説得力）

〈課題解決のプロセスを想定した６つの評定項目〉

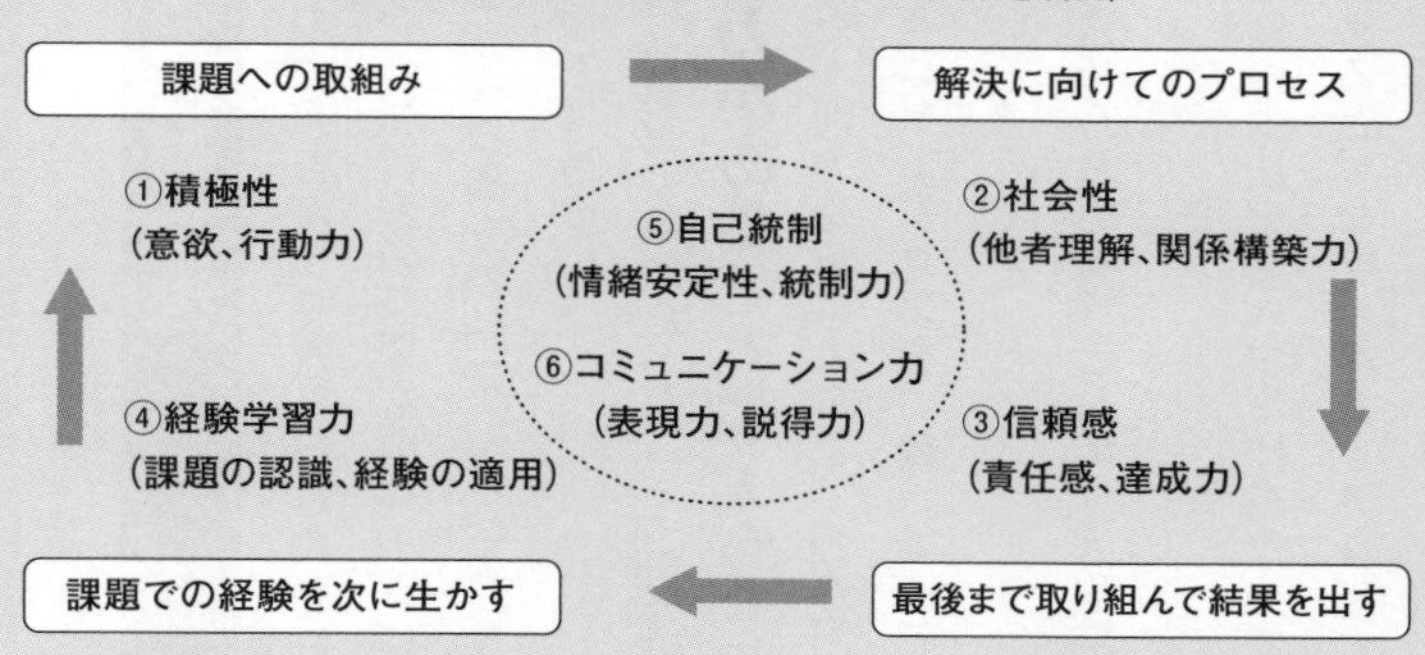

課題への取組み → 解決に向けてのプロセス

①積極性
（意欲、行動力）

②社会性
（他者理解、関係構築力）

⑤自己統制
（情緒安定性、統制力）

⑥コミュニケーション力
（表現力、説得力）

④経験学習力
（課題の認識、経験の適用）

③信頼感
（責任感、達成力）

課題での経験を次に生かす ← 最後まで取り組んで結果を出す

２コンピテンシー評価型面接に必要とされる人物試験の「構造化」

（1）人物試験の「構造化」の意義

面接の構造化は、より効果的に受験者から情報を引き出し、引き出された情報の適切な評価と評価基準の統一化を図るため、質問の共通化と標準的な質問展開の設定、質問と評価要素との対提示に加え、評価要素及びそれについての具体的な評価尺度の明示を行うものである。

（2）面接の進め方の標準化

面接の進め方の標準化を促進するため、面接カードを参考にし、過去の行動に焦点を当てて「これまでに力を入れてきたこと」、「達成感があったと感じていること」を中心に質問を行う標準的な質問展開方法を設定する。

（3）評価基準の標準化

試験官の評価の観点、評価基準の標準化を促進するため、質問と評価要素との関係の提示（質問の意図の明確化）、各評価要素について評価段階別に想定される受験者の行動の例示を行う。

構造化　○　過去の行動に焦点を当てた質問展開方法の標準化
　　　　○　評価段階と行動例の提示による評価基準の標準化

求められるコンピテンシーとは？

公務員に求められる行動特性

というわけで、コンピテンシーの考え方が採り入れられたわけ、事情は大体おわかりになったと思います。また、人事院の研究会の報告書の概要も前ページに掲げておきました。

ところで、これまでの官民さまざまな調査の結果、社会人に共通して求められるコンピテンシーとしてはどんなものがあるのでしょうか。

ある欧米の調査によると、どんな職種や職務においても**達成力がある、対人理解力が優れている、人脈構築力がある、**という人たちこそが成果を上げているということがわかったということです。また、別の資料によると、わが国の企業が新卒の応募者に求めている行動特性として、9割がコミュニケーションを、続いて達成思考、顧客志向、適応力、分析的思考、リーダーシップを求めているそうです。

それでは、わが公務員の世界で求められる特性として、人事院や官公庁、そして人事や面接官はどんなことを考えているのでしょう？

今回のコンピテンシー評価型面接の手法を導入するに当たって、わが官庁でも人事と面接官が改めて会議を開きました。それによると、まず、ダメダメな点として、近年その増加が非常に問題となっているケースですが、筆記試験では高得点を得ていても、

● 対人関係がうまく築けない

●アイマイから具体へ

今までのデフレ不況下で、民間企業も採用厳選主義でしたが、厳選といっても「いい人を採りたい」という曖昧な表現に陥りがちで、明確な基準がはっきりしていませんでした。

そこで、この反省に立って、何をもって「いい人」とするのか、「優れた特性」「秀でた能力」とみなすのかということを、事前に会社としてキチンと明確にしてから採用活動に臨もうという民間企業が増えてきています。コンピテンシーが喧伝されるようになってきたのは、このためのツールとして有効ではないかと考えられたからです。

現在は、かつてのバブル時代のように、学生だったらだれでもなんでもいいという時代ではなくなってきているのです。

●組織や社会の中での自己の生き方が十分認識できていない
●公務員としての適格性に疑問がある

こんな受験者は即刻アウト。

それじゃあ、今の時代の公務員に求められる能力、資質は何かというと、

●国民全体の奉仕者としての強い自覚と公務に対する使命感・志
●積極的に問題に取り組んでいく責任感
●幅広い視野と教養に裏打ちされた思考力や判断力
●自らの組織のメンバーはもとより相手方とも十分な意思の疎通ができる対人関係能力
●自分の立場や意見を的確に主張できること
●口先だけでなく自ら率先して行う実践行動力

などが挙げられました。

人事院の報告書では、これらのことをぜーんぶひっくるめて「職務遂行能力」といっているようです。そして、報告書では、この職務遂行能力というのは「課題に取り組み何らかの成果を出しうる再現性のある能力」なので、**面接試験で過去の行動を聞けば、その受験者のコンピテンシーがわかる**としています。つまり、過去によい成果を上げた経験のある人は、公務員になって働いてからも、きっといい仕事をして成果を上げてくれるだろう。だから、面接試験で過去の経験・行動を聞けばわかるんだよね、ということです。

ん～。でも、これじゃあ、試験の判定基準としては、まだまだイマイチ抽象的な表現ですよね。具体的な評定項目みたいなものが示されないと、今ひとつわかりづらいのではないでしょうか。

●具体的経験に結びつけた回答方法

「私は○○に興味があるので××がしたいです」と答えるよりは「私は○○ということ（経験）があったので××がしたいです」と答えた方が、グ～ンと説得力が増します。いかがですか？

これコピー取ってくれますか…
ボソ
あ、はい…
ボー
……。

6つの評定項目

そういわれると思ったのか、報告書でも、もう少しかみ砕いて、職務遂行上求められるコンピテンシーを時系列的な場面に分けて考えて、以下の6つの評定項目にしています。

課題への取組みの場面

→①積極性（意欲、行動力）を評価。

率先して事を行うことや、高い目標を掲げること、果敢に挑むことが期待されています。同じ「仕事をした」ということに中にも、「だれかに言われたからやった」「やるべきことをやった」「自ら状況判断をして考えて行動し、成果を上げた」とさまざまなレベル・段階があります。もちろん何事にも率先・果敢な人材が期待されているのです。ただし、「口先だけ」ではダメ。「多弁や外面的な快活さは必ずしも積極性そのものではない」のでだまされませんゾ。

取り組んだ課題の解決に向けてのプロセスの場面

→②社会性（他者理解、関係構築力）を評価。

課題をちゃんと理解しているか、知識・技能があるかだけではなく、他人とチームワークができるかが見られています。関係構築力には、新たに関係を構築する能力だけではなく、関係を深めることのできる能力も含まれます。

最後まで取り組んで結果を出す場面

→③信頼感（責任感、達成力）を評価。

上司として安心して仕事を任せられるか、ということです。どんな環境・シチュエーションでも安定的に成果を出すことができるということも重要です。

関係構築力？
そらもう私の
得意中の
得意分野ですわ
大臣でも首相でも
外国人でもガンガン
行きまっせー
日本外交は
私がなんとか
しますがなー

ここでも「口先男（女）」ではダメ。「口に出してうまく言えなくても、自分がやらなければという使命感を持って達成意欲を継続していけることも看過してはならない」とちゃんと指摘されています。

課題での経験を次に生かす場面

→④経験学習力（課題の認識、経験の適用）を評価。

経験学習力には、ⅰ状況や環境の認識と課題の設定という面と、ⅱその課題の解決にとって必要なコンピテンシー（効果的な行動）の探索、ⅲ具体的に取り組む行動に関する仮説設定（成果目標、シナリオの認識）、ⅳ経験から学んだものの次の行動への適用という面があります。

この中でも特にⅳが大切。つまり、次の未知なる仕事にも対応できるか、状況の変化に対応できる能力があるか、応用力があるかということです。過去の行動・経験の最終的な結果が成功、失敗のどちらであれ、その経験を振り返り、整理し、体系づけて、そこから将来に向けての学習ができているかということが、今後仕事をしていくうえでとても重要なことなんです。過去の経験は、将来の経験へとつながっているんです。

その他すべての場面

→⑤自己統制（情緒安定性、統制力）と⑥コミュニケーション力（表現力、説得力）を評価。

これらは、従来型の面接でも中心的に扱われてきたものですよね。どんな時代、どんな面接試験の方法でも変わらない、普遍の真実です。これらは、面接場面全体、あらゆる応答、態度、仕草、表情……において表れますので、面接試験会場内では常に評価されているものと思ってください。それにこれらは仕事をするときにも通じるものですものね。

●私自身の反省を込めて

どうしても期限内に作成して他府省に渡さなければならないデータがあったのですが、それを当時の係長に依頼したことがありました。まだ1か月余裕があったので、折にふれて進捗状況だけを聞いていたのですが、彼の答えはそのたびに「ハイ。やってます！」

期限の前日になっても提出する気配がないので、「どうなの？ オレが見る時間も欲しいんだけどね」って聞いてみたら、実は……ほとんど手を付けていませんでした。も～、それからは彼をしかるよりも先に、2人でなんとか不眠不休で作成し……大変な思いでした。

●各項目の着眼点

6つの評定項目の相関関係は107ページの資料の図をご覧いただければわかりやすいと思います。

また、各項目の着眼点については、124ページ以下に詳しく書かれています。

面接試験はこう変わった！

面接試験はここまで変わった

「へぇー、そんなところを見てるのかぁ」

今までお話ししてきたことで、コンピテンシー評価型面接では、面接官が受験者のどんなところを主に見ているのかが、おぼろげながらでもおわかりいただけたのではないかと思います。

「ウン。評価のしかたが変わるっていうのはわかったけどサ。でも、これって面接官のほうの話ジャン。僕らが受ける面接試験は具体的にどこがどのように変わるの？　受験者にとっては、どう対策を立てればいいかがわからないんだよね！　そっちのほうが大事だよ！」

そうですよね。それでは次に、実際の面接試験の場で、どんな変化が生じてくるのか、今までの面接試験と何が違ってくるのかを見ていきましょう。

「面接試験のやり方が変わった！」といっても、面接試験会場の机の配置が変わったりとか、面接官の人数が急に増えたりとかいうような表面的な、目に見える変化はまったくありません。でも、コンピテンシー評価型面接の導入によって面接に臨む面接官の姿勢（気持ち）や質問のしかたには微妙に変化が生じることになります。しかも、コンピテンシー評価型面接では、これまで以上に受験者の側に事前準備をしてくることを求めています。ですから、以下にお話しする変更点をシッカリ押さえたうえで、対応策を練ることが大切になってくるのです。

いつまで続けましたか？
どうしてやろうと思ったのですか？
どんな目標がありました？
自分なりの工夫した点は？
何が大変でした？
失敗したことはありましたか？
学生生活で力を入れてきたことは？いつから始めました？
周りは何と言っていますか？そこから何を得ましたか？

【其の二】具体的な過去の行動に焦点を当てた質問

受験者の人柄・性向（性質、気立て）を評価の中心とする今までの面接では、基本的な要素に沿った項目、着眼点からの質問が主でした。たとえば「志望動機は何ですか」とか「自己PRをしてみてください」という単発の質問や、仮定の事柄について「こういう場合には何をしますか」とか「こういう場合にはどう考えますか」という感想・気持ちを聞くというのが今までの面接のメインでした。

でも、面接試験のときには「やる気があります」「積極的に取り組みます」「ガンバリマス！」と答えた受験者が、実際に採用して働かせてみると、必ずしも本当に積極性を示し、意欲的であるとは限らないという現実に何度も出くわしたことのあるオジサン面接官たちは、とても疑り深いんです。みなさんだって、面接官が期待しているであろう回答を予想して答えたこと、あるでしょ？　ですから、仮定の話や感想・気持ちを聞くだけでは、実際に困難な状況に出くわしたときに、その人が本当に積極的・意欲的に行動するかどうかを確かめることにはならないんです。

そこで、コンピテンシー評価型の面接では、過去の具体的な行動・経験・体験について、２問、３問と次々突っ込んで聞くようにしました。情緒とか感想ではダメ。

たとえば、**「学生生活で力を入れてきたことは何ですか」「達成感があったと感じていることは何ですか」**という具体的な過去の行動・事実を聞かれる質問から始まって、**「具体的に何をしましたか」「そのときにどう考えましたか」「問題に出会ったときにどういうことをしましたか」**などというふうに、課題をどのように設定したかとか、解決に向けてどのように行動したか、達成するために発揮した能力、経験、工夫といったことを次々と具体例・事実を挙げて答えていかなければならないのです。

●見切らない

就職して、自分より年の若い上司のいうことを聞かなければならなくなったり、自分の昇進もこの辺までかぁと予測がついてしまったりすると、途端に仕事に対する意欲が薄れ、「この程度でいいかぁ」「そんなのはワタシの仕事じゃない」と後ろ向きになっちゃう職員がいます。特に高卒程度・初級職の職員では若いうちからこうなっちゃう人がいるんです……。

「お金がもらえればいい。それ以上積極的なことはイヤ」と見切ってしまう、それも考え方でしょうが、それじゃあ、二度と繰り返せない人生、あまりに寂しくありませんか？

●かなりの「ネットリ系」

今までの面接試験は、どちらかというとアッサリ系の質問が中心でしたが、ご覧のとおり、コンピテンシー評価型面接は…ウ〜ン、かなりのネットリ系です。

【其の二】ピストル型から機関銃型へ

コンピテンシー評価型面接は、従来の面接のように1問1答式ではありません。「なぜ?」「どのようにして?」「それでどうしたの?」と、その受験者の過去の経験が面接官の頭の中にも映像として浮かんでくるまで重ねて質問をしていきます。受験者の回答がぼんやりした内容の場合には、さらにどんどん質問を繰り返し、徹底的に掘り下げていくのです。

このように**畳みかけ、質問責めにする**のは、別に意地悪、圧迫質問をするためではないのですよ。その理由の一つは、受験者の1つのエピソード（経験・体験、過去の行動）に対していろんな角度から光を当てて、その人の人物像を浮き彫りにしようということにあります。そうすることで、その受験者がどんなコンピテンシー（行動特性）を持っているかを、具体的に知ることができるんです。また、こうすれば、受験者の側が、自分の過去の行動をいろんな角度から理解し、説明できるようなオトナのアタマの構造になっているかということもわかりますし。

2つ目の目的は、主体的な人物かどうかを判定するということにあります。人は、自分のアタマで考え行動したことはよく覚えているものです。そして、トラブルが発生したり、それを乗り越えたりすれば、さらに一層鮮明に記憶しているはずです。また、それが経験としてどんどん蓄積されていけば、状況が異なっても、その経験を生かして次の問題を解決しようとする「経験学習力」もついてきますよね。ところが、な～んにも自分では何も考えず、ただただ他人に言われたことをしただけの経験だと、ほとんど記憶に残らないものです。ですから、次々と聞いて答えられないようなことだったら、たとえ本当に経験していたのであっても、主体的に行動したのではないんだな、この人はぜ～んぶ人に頼りっきりで自分で考えることはしないんだぁということ

●聞かれたことだけに答える
コンピテンシー面接だからといって、聞かれてもいないのに

がわかってしまうのです。

そして3つ目の、最大の効用は、受験者の**ウソを見破る**ためということにあります。実際に経験したこともない生半可なウソ話を仕立て上げて回答していても、「なんで?」「具体的に?」「どう行動したの?」と細かく立て続けに尋ねられると、次第に矛盾が出てくるものですから。ウソにウソを重ねると、そのうち破綻しちゃうってこと、よくありますよね!

最近では、受験予備校などで、いわゆる「面接対策」「受験対策」をしてくる受験者が増えていますので、面接官受けする答えをつくり上げてくる人がたくさんいます。確かに、訓練が行き届いていない新米面接官だとコロッとだまされてしまうくらい巧妙なウソを仕立て上げてくる受験者もいます(だから、面接官の方も1人ではなく、ベテランと新米というふうに複数の面接官でチームを組んでいるんです)。でも、面接官が知りたいのは、その受験者の素顔、真の姿・心の内なのです。というわけで、質問をする際にも、面接官がごまかされないように、その人の本心を見抜くことができるようにと工夫しようというねらいがあるのです。

【其の三】事前準備が肝心

受験者のみなさんの側に「過剰な」面接対策があるとお話ししましたが、そうはいうものの、その一方で、コンピテンシー評価型面接では、受験者にこれまで以上に十分な受験準備をしてくることを求めています。

人事院の報告書にも「過去の経験は人物試験の直前になってから対策を講ずることができるものではなく、むしろ事前に自らの経験を振り返って整理して話せるように準備をしておけるほうが、情報量が多くなり、試験官にとっても適切な判断がしやすくなる」すなわち、受験者に十分な対策・予習をしてきなさいよ!と書かれてあります。

受験者のほうから体験談をグダグダ語り出されても困りものです。聞かれたことに簡潔に答え、「で、どんなことからそう思ったの?」と聞かれてから適切なエピソードを話すようにしましょう。

●金太郎アメ

公務員試験の受験予備校・専門学校でも、最近では面接対策に割く時間が多くなってきたようです。しかし、こうした予備校ではたくさんの受験者に同時に情報を提供しなければならないという性格上、画一的、マニュアル的な情報・指導に偏りがちで、個々の受験者の個人的な経験まで深く掘り下げるということは困難です。

ですから、これだけに頼り切ってしまうと、みんなと同じ、平均値に埋没してしまう結果となります。前にもお話ししましたようにアタマ1つ抜け出すのが面接試験のキモの部分ですから、あくまでもこれをきっかけとして自分自身の体験を見直し、自己分析を進めることが肝心です。

つまり、事前準備、面接対策といっても、ウソ話をでっち上げたり、面接のためにとってつけたような○○体験をしてきたりしてもダメということ。これはまったくの方向違いです。そうではなく、今までの**自分のしてきた行動や体験を洗い出し、見つめ直し、キチンと整理**しておいてくださいね、ということなのです。今までの面接対策でもやってきたことではありましょうが、これまで以上に、より自己分析、自分の見直しに時間をかける必要が生じてきました。

しかも、漫然と見直すだけではダメ！　後ほど改めて詳しくお話ししますが、自分の行動や体験（＝エピソード）を自分のアピールしたいポイントごとにまとめなおし、こういう質問にはこういうエピソードということをキチンと仕分けしておくことが重要になってくるのです。さらに、面接官は、その行動や体験、それ自体を知りたいのではないのです。あなたがそれを経験したことによって、どんなことを学んだか、どんな失敗をしてそれをどう克服してきたか、どう成長してきたのかということこそが知りたいのです。そこの部分をシッカリ押さえておきましょう。

【其の四】みんな同じ質問が聞かれる

今までの試験方法では、「質問項目が事前にバレちゃうと受験者に有利、不利が生じるから」という理由で、質問項目を事前には明かさないし、できれば同じ質問はしないで変えていこうというのが原則でした。面接官のほうで、受験者の回答を見つつ、次はこんな質問をしようとその時に応じて組み立てていました。

しかし、コンピテンシー評価型の面接方法では、柱の質問はあえてみんな同じものにします。同じ質問にしていても、受験者個々人の過去の経験はそれぞれみんな違うんだから、みんな同じ答えになるはずがないというのが前提なのです。機会均等・公平に、スタート地点は同じにして

公民館のイベントでボランティアのすばらしさを知ったことにしよう！
そこでおばあちゃんの担当になって…そうね名前は「遠藤ヨネ」ってことで…
92歳、好きな食べ物は豆大福っと…
ウソでもここまでシッカリ考えればバレないよね！
ほかにもっとやることあるでしょう

おいても、受験者の答えを掘り下げていけば、受験者のした行動・体験によって、受験者の個性によって答えにバラエティーが出てくるということが期待されているのです。つまり、そこから先の**質問展開、面接のストーリーは、面接官ではなく受験者本人が作っていかなければならない**ということになったわけです。

具体的には、コンピテンシー評価型面接では、面接カードの内容に沿って質問が必ず最初になされます。

- ●学業や職務において、どのような分野でどのようなことに力を入れてきたか
- ●学生生活、社会的活動、職業体験などにおいて、達成感があったと感じている経験
- ●最近関心を持った事柄（社会生活、時事問題、世界情勢など）についての考え
- ●志望動機・自己ＰＲ

は必須だということです。特に前の２つの質問については「何をしましたか」という聞き方が基本となります。そのうえで、受験者の答の中身によってその後の突っ込み方を変えていきます。ただし、この場合にも、「構造化」すなわち面接全体のバランスを取るため、柔軟性を持たせつつも展開ごとの基本的な質問はあらかじめ設定されています。

つまり、今までの面接は面接カードに書いても質問されないこともあったのが事実ですが、今後は面接カードに書いてあることは必ず聞かれるのです。それだけ、**面接カードをいかに慎重に練りに練って作成するかが重要**になってきたわけです。面接カードと面接での受け答えをどのようにリンクさせるか、特にいかに上手にワナを仕掛けておくかということが、勝敗を分ける鍵。面接試験会場に入る前に実は大きな試練が設けられたのです。ただし、ここは十分に対策を練る時間もあるわけですから、この本を読んでシッカリと対策を練っておきましょう。

●ン～、コレ！を探そう

漫然とエピソードを並べるのは最悪！自分のアピールしたいポイントにベストマッチするエピソードを探し出せるかが大事なところです（詳細は１３４ページを参照）。

●ますます重要性が高まる面接カード

面接カードの内容に沿って質問が展開されていくわけですから、そもそも、面接カードに何を、どのように書き込んでいくかが、面接成功のカギ。というわけで、『自己ＰＲ・志望動機・提出書類の本』でこの部分を掘り下げて解説してみました。

●面接カード以外の質問にも準備を怠りなく

さらに、受験者の対応を見つつ残された時間内でほかの「追加質問を用意しておくことも評価の信頼性、妥当性を高めるために必要である」としていることから、それ以外の質問についても油断なく準備をしておかなければならないのはいうまでもないことです。

面接官はどうやって採点している？

採点はシステマティック

面接を受けている最中に面接官のペンがシャカシャカと動くと、結構気になるものですよね。「何を書いてるんだろう?」「あっ、今の答え、失敗したかな?」と不安になります。

採点シートは、受験者の名前と受験番号が書いてあるのはどこの試験でも共通ですが、あとの記載事項は千差万別。実は、ここは秘中の秘ですよね。ただし、おおよその最大公約数的なところをお話しすると、先に個別面接の評価ポイントとして指摘した「コミュニケーション能力」「バランス感覚」「責任感」「態度」「表現力」「社会性・協調性」……などの各項目についてそれぞれ点数を付け、さらにこれらとは別個に総合ポイントを付けるというものです。どの項目を個別評価ポイントとするかは、その官公庁がどのような人材を採りたいかによって異なります。

面接試験を行う前には毎年必ず、人事課の採用担当者と面接官が一堂に会して面接官会議というものを開催します。そこでは、その官公庁としてはどんな人材を何人欲しいのかという基本的な事項について認識を共通にしたうえ、各評価ポイントの確認と質問事項の調整を入念に行います。こういうところから、その官公庁のカラーとか、「令和○年度採用はこんな感じの人が多いよね」ということが生じるのかもしれません。

ただし、そこから先、実際の面接でそれぞれの面接官がどう点数を付けるかは、もうその個々の面接官の判断にゆだねられています。その場で面接官どうし相談し合って点数を付けるような

●1つのカラーにこだわらない

みんな同じような感じの人材を集める官公庁もあれば、アクの強そうな人からおとなしめの人までバラエティにあふれる人材を集める官公庁もあり、これはその官公庁の採用方針によります。個人的な感想からすると、組織の活性化のためには、バラエティあふれる人材を確保したほうがよいと思いますが。

ただし、どこの役所にも共通しているのは、仕事のできなそうな人、人柄の悪そうな人は採用しない、ということです。

●採用面接で作文

最終局面の採用面接の際に作文を書かせる官庁が増えてきています。これは、文章の書けない人、論旨不明確な人が受験者

ことはしません。それだけ面接官の権限は強いわけですから、各官公庁としても、その組織を代表できる人材・信用できる人材を面接官に指名しているのです。

合格判定は総合評価によって行い、個別の評価ポイントは判定の参考にするというところが多いようです。**総合評価の付け方は、3段階か5段階**というのが一般的です。3段階なら「採用したい」「どちらでもよい」「採用したくない」、5段階なら「ぜひ採用したい」「できれば採用したい」「どちらでもよい」「どちらかというと採用したくない」「絶対採用してはいけない」ということになります。これを「ぜひ採用したい」から順にA、B、C、D、Eなどとするわけです。

最終面接となると、どの人を採用してもいいぐらいみなさん優秀な方ばかりなのですが、みんな同じ点にしてしまっては差が付きませんので、あえて心を鬼にして点数が分散するように採点します。だいたい採用予定人員と同じぐらいしかAとかBは付けられません。

また、印象欄・備考欄が設けられていて、面接官の感想やコメントがいろいろと書き込まれています。「ハキハキしている」「だらしない服装」「論旨不明確」「ぜひ採用したい」「いい人材ではあるがうちの職務には向かない」などなど。

複数の面接官がいる場合には、集計して、順位を付け、合格判定会議へという運びになります。たとえば同じAでも、課長の場合は50点、課長補佐の場合は30点という具合に、面接官の役職によって、持ち点を変えている場合もあります。いずれにしても、近年は、情報公開の波が採用試験にまで及んでいますので、これに耐えられるように厳格に判定会議が進められています。

順位の付け方は、それぞれの試験団体によって異なっていますので、面接試験の結果だけで順位を付けるもの、第1次試験や第2次試験の結果も数値化して総合点で順位を付けるものなど、

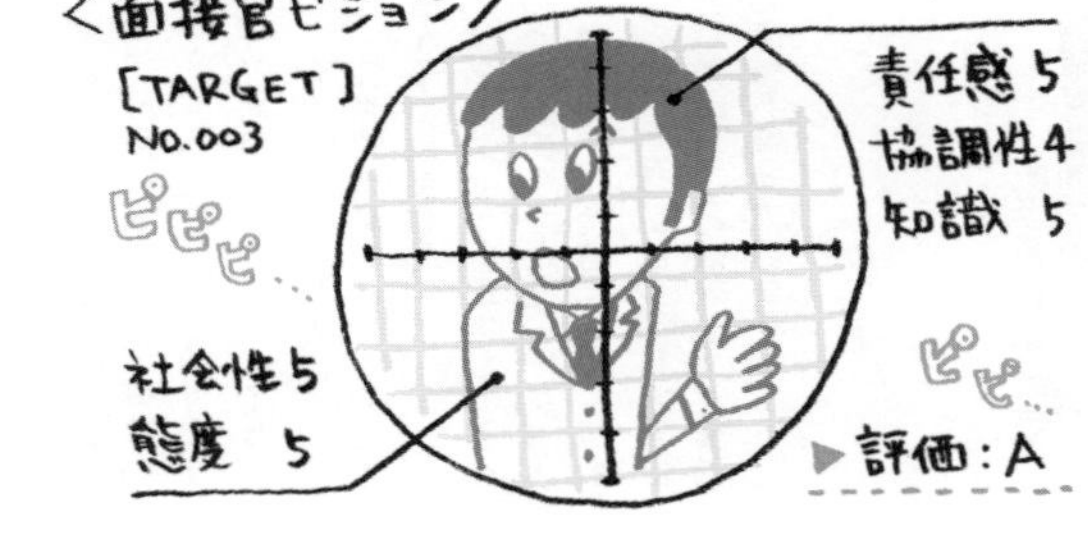

に増えているからです。面接カードのときのように事前に準備はできませんが、日頃から自己分析シートや官公庁研究ノートを作成するなどしておけば、文章を書く訓練になりますよ。

さまざまです。では、最後の最後、同じ順位に並んでいる何人かのうち、1人しか選べないというときにはどうするのでしょう？　そんなときに見られるのが印象欄・備考欄です。場合によっては、個々の面接官に印象欄に記載した事項の意味を問いただしたりして、その優劣を決めるのです。

本当にあらゆる部分が見られ、採点の対象となって、合否が決められていくということがわかってもらえたと思います。合格判定会議って、出席しているこちらも緊張するものですよ。それに、本当につらい。採用担当者としては、試験以外の面でも受験者に接していますから、最終面接まで残った受験者にはみんなそれぞれに思い入れがあるのです。みんな受からせてあげたい！　でも、できない。何十人もの方の人生がかかっているのですよね。そう思いながら、出席者は全員、厳粛な気持ちで合格判定会議に臨んでいるのです。

コンピテンシー面接では、採点もマニュアル化

今回のコンピテンシー評価型面接導入による面接方法の改善では、「構造化」がもう一つの柱となっています。この「構造化」とは、「質問の共通化と標準的な質問展開の設定、質問と評価要素の対提示に加え、評価要素及びそれについての具体的な評価尺度の明示」（ムムム、お役人コトバの言い回しはやっぱり難しいですねぇ）……簡単にいっちゃうとマニュアル化です。

その理由は3点。第1の理由は、第1次試験の合格者の増加により大量・画一処理の必要性が生じてきたことにあります。それでなくても、画一的なそれでいて均質な「処理」をしなければならないという採点作業は大変なことなのに、なにせ国家総合職試験では、従来とほとんど同じ期間内に2.5倍もの最終合格者を出すようになったのですから。「試験官が質問を展開していくこ

●コネ採用

受験者がよくするウワサに、「コネ採用があるのではないか？」というものがありますが、これはナンセンス！です。

これだけ情報公開が進んだ現在、コネで成績をごまかすことなんてできません。

「議員センセイのコネがあるんじゃないの？」と聞いてくる人がいますが、今時、そんなコネごときでお縄になってしまうほどバカげたことはない、と議員のほうも思っています。

（面接評定票の例：旧国家Ⅰ種の場合）

Y （平．改）

秘　**個別面接評定票［Ⅰ種］**　H−

第1次試験地	試験の区分	受験番号	受験者氏名
人物試験の試験地	試験室 第　室	実施年月日 平成　年　月　日	試験官氏名

［必須評定項目］ 必須評定項目の評定に当たっては、次の尺度にしたがって該当する箇所にV印をつけてください。

評定項目		着眼点	評定
積極性	意欲 行動力	○ 自らの考えを積極的に伝えようとしているか ○ 考え方が前向きで向上心があるか ○ 目標を高く設定し、率先してことに当たろうとしているか ○ 困難なことにもチャレンジしようとする姿勢が見られるか	優　普通　劣
社会性	他者理解 関係構築力	○ 相手の考えや感情に理解を示しているか ○ 異なる価値観にも理解を示しているか ○ 組織や集団のメンバーと信頼関係が築けるか ○ 組織の目的達成と活性化に貢献しているか	優　普通　劣
信頼感	責任感 達成力	○ 相手や課題を選ばずに誠実に対応しようとしているか ○ 公務に対する気構え、使命感はあるか ○ 自らの行動、決定に責任を持とうとしているか ○ 困難な課題にも最後まで取り組んで結果を出しているか	優　普通　劣
経験学習力	課題の認識 経験の適用	○ 自己の経験から学んだものを現在に適用しているか ○ 自己の組織の状況と課題を的確に認識しているか ○ 優先度や重要性を明確にして目標や活動計画を立てているか ○ 他者から学んだものを自己の行動や経験に適用しているか	優　普通　劣
自己統制	情緒安定性 統制力	○ 落ち着いており、安定感があるか ○ ストレスに前向きに対応しているか ○ 環境や状況の変化に柔軟に対応できるか ○ 自己を客観視し、場に応じて統制することができるか	優　普通　劣
コミュニケーション力	表現力 説得力	○ 相手の話の趣旨を理解し、的確に応答しているか ○ 話の内容に一貫性があり、論理的か ○ 話し方に熱意、説得力があるか ○ 話がわかりやすく、説明に工夫、根拠があるか	優　普通　劣

［プラス評定項目］ 次の評定項目について該当するものがあればその箇所にV印をつけ、プラスの評価として判定に反映させてください。

- □ 問題発見能力
- □ 企画力
- □ 決断力
- □ 危機への対応力
- □ リーダーシップ
- □ バランス感覚、視野の広さ
- □ 創造性・独創性
- □ 高い倫理性、社会的貢献への強い自覚

判定	［自由記入欄］	［対象官職への適格性］ 該当する箇所にV印をつけてください。 大いにある A／かなりある B／ある C／劣る D／ない E

【主任試験官の記入欄】

［総合判定の理由］	［総合判定］ 該当するものを○で囲んでください。 A B C D（合格）　E（不合格）

※人事院の記者発表資料より

とに要する負担を軽減し評価に集中できるという面でも有用」な手法が必要となったのです。

第2点目は、第1の理由との関連で、面接官の人数のほうも大量に確保しなければならなくなったのですが、その面接官側の質と採点結果にばらつきがあったことに対する反省もあります。人を面接してある一定の基準で評価するというのは、実は非常に熟練を要することなのです。特に、面接官個人の好き嫌いや「潜在能力がある」「やってくれそうだ」「見込みがある」「化ける」という測れない、時には主観的・恣意的になる評価を排除するということは、並大抵の訓練ではできません。また、これらを極力排したつもりでも、採点結果を持ち寄ってみると、三者三様、採点のバラツキが出てしまうのです。そこで、質問方法や評価方法をマニュアル化することによって、個々の面接官の資質に依存した選考を防ごうというのです。

そして第3点目は、第2点目との関連で、情報公開に耐えうる採点方法・採点基準をめざそうとしたのです。たとえば、採点のところなども「評定項目の評定段階は、……各評定項目の評定段階と判定とが1対1に対応しているという誤解のないように、3段階が適当であると判断した」とずいぶん慎重です。採点結果は個人情報ですから直ちに公開されるものではありませんが、万一公開されたとしても問題のないように、公平性、妥当性を一見して明らかに証明できる評価基準が求められているのです。

というわけで、面接という相手（受験者）がある場の話ですので、面接官がマニュアルにがんじがらめに縛られるというわけではありませんが、面接官の自由度を確保しつつ、可能な限り標準化・マニュアル化しようということになったわけです。

●任用係に来て最もイヤだったこと

人事課の倉庫の片隅に、任用担当の課長補佐と人事課長しか開けられない、鍵のかかった棚があります。そこにしまってあるのは、各職員の採用時の成績や勤務評定記録など。

ひょんな仕事でたまたま自分の面接評定表や成績簿を見てしまったことが……いろいろ痛いことも書いてあって、やっぱり、イヤでしたね（笑）

コンピテンシー面接での評価ポイント

コンピテンシー評価型面接でまず重要な評価ポイントは、**過去に明確な目的を持って行動した経験があるか**どうかです。次に、**課題をどのように設定し、解決に向けてどのように行動したか**が見られます。その経験の中で、仕事をしていくうえで必要となるコミュニケーション能力や問題解決能力、指導力、リーダーシップなどを発揮したかどうかも、面接での質問を通じて調べられます。その経験の始まりから終わりまでの、それぞれの過程でとった行動が評価のポイントとなります。知りたいのは、将来、その人が入省（庁）したとして、仕事をするうえで必要とされる考え方や行動をとれるかどうかということなのです。

ただし、過去の行動には、成果のあったものとして直接的に能力、特性が示されている場合もあるし、成果がなかったとしても一連の行動の中でコンピテンシーが示されている場合もあるわけですから、**成果の有無自体が評価ポイントとなるわけではありません**。成果が上がらなかったから、成功体験がないからといって「どうしよぉ～」と悩む必要はありません。

なお、今回の「標準化」に伴って、先に挙げた6つの評定項目ごとの着眼点とその着眼点別の評定段階、さらにその評定段階ごとの行動の例が公開されることになりました。スゴイですねぇ。筆記試験でいったら、問題も採点基準も解答例も公開されているようなものです。それでもなおかつ差がつくわけですから、本当に面接試験は怖いんですよ！

公開されたものを載せておきますので、ジックリ読んでから第4章以下を読んでくださいね。

なお、行動例は「普通の水準は、……合格者が有していることを期待するという意味での期待水準……を優先したため、若干普通の水準が高い」となっているようです（冷汗）。

●「オール優」なんてヤツはいない！

次ページからの資料を見て、アレもコレも優を取らなきゃ受かんないよぉ！と、めげてはいけません。そんな心配はする必要なし！　だって、全部「優」を取る人なんて、いないんですもん。欲張らず、無理せず、伸びやかに、自分のいい面を確実にアピールして、取りこぼさないようにする。これが肝心なんです。

国家公務員採用Ⅰ種試験
6つの評定項目ごとに設定された
着眼点別評定段階と行動の例
（案）

（本資料のねらい）

○　本資料は評定を円滑に行うための説明資料である。
人物試験では、６つの評定項目についてそれぞれ評定を行い、それらの評定に基づいて判定が行われる。各評定項目には、評価される能力や特性の内容を示すものとして、それぞれ４つの着眼点を設けている。

○　評定は、６つの評定項目ごとに、基本的に面接カードを参考としてなされる面接過程を通じて、具体的に表れた行動や事実を基にして、次に示す「優」、「普通」、「劣」の３段階で行われる。

優	その能力、特性が明確に行動として表れているレベル
普　通	その能力、特性に示される行動を意識しているレベル
劣	その能力、特性に示される行動を意識していないレベル

○　本資料は、評定に際して参考にするものとして、各評定項目に設けた着眼点ごとに、「評定段階」と「評定につながる行動の例」について具体的に示したものであり、事前に評定項目及び着眼点についての理解を深め、評定の標準化を図ることをねらいとするものである。

※人事院の記者発表資料より（なお、Ⅰ種とは現在の総合職のこと）

評定項目1．積極性［意欲・行動力］

○自らの考えを積極的に伝えようとしているか

評定段階		評定につながる行動の例
優	論点と意図する方向が明確であり、意欲的に伝えている。	自分の見解や主張を明確に述べている。問題を自分のものとしてとらえている。反対意見も明確に述べる。
普通	考え方がまとまっており、意欲的に伝えようとしている。	話題について自分の考えをはっきりと述べる。
劣	考え方がまとまっていない。伝えようという意欲に欠ける。	回答が単発的。回答があいまい。回答が完結しない。

○考え方が前向きで向上心があるか

評定段階		評定につながる行動の例
優	課題の解決に向けて、常に一歩上を目指して具体的提案をする。	課題や状況のよりよい解決、改善のために、自分の考えを具体的に示している。プラス思考。
普通	現状に満足することなく一段上を目指す。	どうすれば課題の解決や状況の改善が可能であるかを考えようとする。
劣	与えられた状況の中で、与えられた課題をこなすのみ。	現状維持。マイナス思考。

○目標を高く設定し、率先してことに当たろうとしているか

評定段階		評定につながる行動の例
優	挑戦的な目標を設定し、自ら取り組み実現する。	課題について自己や組織の達成可能な水準を認識している。目標達成に向けての具体的な計画を示す。成果の測定。
普通	設定された目標に自分から取り組もうとする。	課題について目標となる基準を設定して取り組もうとする。
劣	目標を意識せず、他者の様子を見てから行動する。	行動のねらいが不明確。目的や目標を意識することがない。場当たり的な対応をする。他者に追従する。

○困難なことにもチャレンジしようとする姿勢が見られるか

評定段階		評定につながる行動の例
優	困難が予想される課題であっても取り組む。	組織の課題に向けてメンバーのチャレンジ精神を鼓舞する。
普通	達成可能と思われる課題から取り組もうとする。	目標達成に向けて努力する。実現可能性を重視。
劣	容易に達成できる課題に対してのみ取り組もうとする。	他者からの評価のみが気になる。目標や課題がよく変わる。困難は回避。

評定項目2．社会性［他者理解・関係構築力］

○相手の考えや感情に理解を示しているか

評定段階		評定につながる行動の例
優	考えや感情の背景や根底にある複雑な課題を理解する。	言葉の裏にある事情を的確に理解する。深い共感を示すことができる。
普通	相手が伝えようとする考えや感情を理解する。	相手の話を聴こうとし、相手の気持ちを受け止める。
劣	表面的な言葉にとらわれて相手の感情や考えを理解できない。	自分からは相手の話を聴こうとしない。相手を攻撃し相手の心を閉じさせてしまう。

○異なる価値観にも理解を示しているか

評定段階		評定につながる行動の例
優	異なる価値観を積極的に受け止め、組織・社会の中で新たな関係を築く。	外国の歴史や文化にも理解を示し、異なる価値観を持つ人々とも対話、共生ができる。
普通	異なる価値観の理解に努め、他者への思いやりを示す。	外国の歴史や文化を学び、知ろうとする。
劣	自分の価値観にこだわり、異なる価値観の受け入れに消極的。	偏見を持っている。他者理解に欠ける。

○組織や集団のメンバーと信頼関係が築けるか

評定段階		評定につながる行動の例
優	メンバーのやる気や協力を促すように行動する。	課題解決を通して他者と信頼関係を築くことに積極的に取り組む。組織内の対立を解消し相互理解を深めようとする。
普通	メンバーからの信頼を受けることを意識して行動する。	組織の規範・インフォーマルなルールを守る。
劣	メンバーとの信頼関係を自ら築こうとしない。	組織の規範を軽視。すぐに他者を非難し、人間関係でのトラブルを起こす。

○組織の目標達成と活性化に貢献しているか

評定段階		評定につながる行動の例
優	目的達成と活性化に向けて働きかけている。	メンバーの更なる成長への働きかけ。組織を高いレベルに上げるための働きかけ。組織の構築。
普通	活動に協力的に参画し、自分の役割をこなす。	自分の持分の仕事をこなす。自分の成長と組織の向上を結び付けて考える。
劣	活動に消極的である。	自ら申し出て組織での役割を果たすことはない。組織の将来や在り方に無関心。

評定項目３．信頼感［責任感・達成力］

○相手や課題を選ばずに誠実に対応しようとしているか

評定段階		評定につながる行動の例
優	個人的好悪や利害に関わらず、一貫して誠実な対応をしている。	誠実性・倫理性を備えている。交渉相手によらず対応が一貫している。
普通	個人的好悪や利害に関わらず、誠実な対応をとろうとする。	まじめで信頼感がある。
劣	個人的好悪や利害によって、対応に差がある。	物事について安易に考える。判断や行動にムラがある。自分の立場や利益を第一に考える。

○公務に対する気構え、使命感はあるか

評定段階		評定につながる行動の例
優	社会的な仕事を担う強い決意がある。	公共的な仕事に価値を見出している。公務員に求められていることの実践意欲が高い。高い倫理観を持つ。
普通	社会的な仕事の意義を認識している。	公務員に求められていることを認識する。公共的な意識がある。
劣	社会的な仕事の意義の認識が乏しい。	倫理観が低い。公務員としての気構えはない。 公私の区別が曖昧。公共的な意識が薄い。

○自らの行動、決定に責任を持とうとしているか

評定段階		評定につながる行動の例
優	組織にも影響する責任ある決定を引き受ける。	組織の行動・決定について責任をもって説明できる。大きな責任のある仕事に取り組むことに喜びを感じる。
普通	必要と思われる自己の行動の決定を行う。	自己の行動・決定について責任をもって説明できる。
劣	決定を回避しようとする。	自らの行動・決定を説明できない。自らの行動による周囲への影響には関心がない。

○困難な課題にも最後まで取り組んで結果を出しているか

評定段階		評定につながる行動の例
優	最後まで課題の解決策を実践する。	最後の最後までベストを尽くす。粘り強く実現するまで取り組む。
普通	最後までやろうとする意欲がある。	求められた結果を出そうとして行動する。困難を克服しようという意欲がある。
劣	うまくいかない時にあきらめが早い。	仕事の結果に関心を示さない。困難な場面では他者に頼ろうとする。

評定項目４．経験学習力［課題の認識・経験の適用］

○自己の経験から学んだものを現在に適用しているか

評定段階		評定につながる行動の例
優	経験をよく振り返り、意味づけし、その後の取組みに生かしている。	自己や組織の経験をよく整理し、一般化して、生き生きと語っている。 経験から学んだことが体系化されている。
普通	経験を内省し、それから学んでいる。	経験を整理して説明している。
劣	経験について内省が見られず、それから学んでいない。	過去の経験が整理されておらず、だらだらと、断片的に語っている。

○自己や組織の状況と課題を的確に認識しているか

評定段階		評定につながる行動の例
優	組織と自分の課題をよく理解し、それらを相互に関連づけ、整理している。	組織の状況と課題を全体としてとらえ、それに貢献できるように、自分の役割や取り組む課題を見つけ、行動している。
普通	組織の課題とともに、自分の課題も理解できている。	自分の役割や課題を見つけ、行動しているが、組織や全体との結びつけは弱い。
劣	組織の状況や自己の課題を理解できていない。	目前の課題や対応に止まり、自己の役割や行動の意義づけもはっきりしない。

○優先度や重要度を明確にして目標や活動計画を立てているか

評定段階		評定につながる行動の例
優	目標や計画の優先度や重要度について判断の基準を明確に持っている。	期待される目標や要求水準を意識し、それに達するためのコスト、リスク、シナリオなどをよく整理をして語っている。
普通	目標や計画の優先度や重要度を意識している。	具体的な目標と活動計画を持ち、重要度を意識して行動している。
劣	目標や計画性が認められず、その場しのぎの印象が強い。	活動に目標や計画性がみられない。 他者から与えられた目標によってのみ活動している。

○他者から学んだものを自己の行動・経験に適用しているか

評定段階		評定につながる行動の例
優	他者から学ぶ気持ちを強く持ち、それを自分の取組みや行動に実際に生かしている。	身近の優れた他者を、その理由とともに挙げることができる。他者の失敗や成功の原因を自分の計画や行動にどう生かしたかを語っている。
普通	他者から学ぼうと意識して行動している。	学べる他者を持ち、その特徴を説明できる。他者の失敗や成功の原因について振り返ることをしている。
劣	他者から学ぼうとする姿勢が見られない。	学べる他者を挙げることができない。他者の失敗や成功に関心がない。

評定項目5．自己統制［情緒安定性・統制力］

○落ち着いており、安定感があるか

評定段階		評定につながる行動の例
優	十分落ち着きがあり、自信を持って回答している。	自分の判断に自信を持ち、余裕が感じられる。対立場面でも自分の意見を明確に述べる。
普通	落ち着きがあり、感情的な動揺がない。	落ち着いて回答している。話題の切替えに対応できる。少し動揺しても、すぐに回復できる。
劣	落ち着きがなく、感情的な動揺がある。	強い緊張感が継続している、精神的に不安定。

○ストレスに前向きに対応しているか

評定段階		評定につながる行動の例
優	強いストレス下でも感情や行動を前向きにコントロールできる。	自分の感情を客観的にとらえようとする。自らの行動を分析する。
普通	通常のストレス下であれば感情や行動をコントロールできる。	ストレスを感じても適度なストレス発散ができる。ストレスを回避せずに受け止める。
劣	ストレス下では感情や行動をコントロールできない。	感情を衝動的に表出する。否定的な感情を生じる可能性のある状況や人を避ける。

○環境や状況の変化に柔軟に対応できるか

評定段階		評定につながる行動の例
優	状況の急激な変化、大きな変化にも柔軟に対応できる。	大局観を持ち、組織の目標や行動を変えられる。環境や状況の変化に合わせて自分を適切に表現できる。
普通	状況の変化に対応して行動を変化させようとする。	自分の置かれた状況を考えてその状況にふさわしい行動をとろうとする。
劣	状況のわずかな変化にもついていけない。	効果がはっきりしなくても、かつて成功した方法に固執する。失敗の原因を状況や他者に転嫁する。

○自己を客観視し、場に応じて統制することができるか

評定段階		評定につながる行動の例
優	状況を客観視し、場に合わせて期待される役割を果たすことができる。	ネガティブな感情を経験しても、それを意識的にポジティブな反応で返すことができる。自分の行動の結果を想像して行動する。自分に期待されているものを認識できる。
普通	状況に合わせて感情を抑え、行動をコントロールすることができる。	ネガティブな感情を経験しても、それを意識的に抑制できる。
劣	状況によっては感情や行動をコントロールできないことがある。	ネガティブな感情を抑制できないことがある。感情的な高まりを抑えられないことがある。

評定項目6．コミュニケーション力［表現力・説得力］

○相手の話の趣旨を理解し、的確に応答しているか

評定段階		評定につながる行動の例
優	質問の意図を理解し、相手の聞きたいことに十分に回答している。	相手との意見交換の中で対話が深まる。質問の趣旨の理解に加えて、相手の意見を聴き理解しようと努める。
普通	質問されたことに対してその範囲内で的確に回答する。	質問の趣旨を理解し応答している。
劣	質問に対し答えきれていない。	自分から話すことばかりで相手の話を聴こうとしない。質問に対して不十分又は的外れな回答。

○話の内容に一貫性があり、わかりやすく簡潔か

評定段階		評定につながる行動の例
優	テーマに沿って論点及び主張を明らかにしながら体系的に話ができる。	論点が複雑に絡み合うテーマについてもわかりやすく話ができる。テーマや内容によらず一貫性のある話ができる。
普通	話が簡潔で主張が明らかである。	自ら取り上げたテーマについてわかりやすく簡潔に話ができる。
劣	冗長で主張がはっきりしない。	断片的な話ばかりでまとまりのある話ができない。話に一貫性がない。

○話し方に熱意・説得力があるか

評定段階		評定につながる行動の例
優	十分熱意が伝わり、相手を動かすような説明ができる。	自分より知識や経験のある者に対しても説得力のある説明ができる。人を話に引き込むことができる。
普通	熱意を持って説得力のある説明をしている。	自分が選んだ話題について説得力のある説明ができる。
劣	熱意が感じられず、説得力がない。	相手を説得しようという意識がない。

○話題や説明材料を効果的に使っているか

評定段階		評定につながる行動の例
優	相手の理解度を確認しながら話題や説明材料を効果的に使っている。	相手が理解したり興味や関心をより示してくれるような情報提供、たとえ話、他の話との関連付けなどを行う。
普通	自分の話を理解してもらうために、話題や説明材料を使っている。	話の中に若干の説明材料を加えているが、効果的とは言えない。
劣	必要な話題や説明材料を使っていない。	ただ自分の話したいことを話しているのみ。

面接官も驚く！ビックリ秘伝紹介！

コンピテンシー評価型面接にも対応できる、面接練習法の秘伝がありますので、ここでみなさんにコッソリお教えすることにしましょう。時間と手間はかかりますが、確実に上達すること間違いなし！です。ぜひぜひお試しあれ。

秘伝その1　面接官になってみる

面接対策というと、受験予備校などで行われる模擬面接に参加される方が多いですよね。確かに、本番に近い環境で行われるこのような模擬面接に参加してみると、どのように面接を受ければよいかがわかって効果的です。でも、もっと効果をアップさせる方法があります。

どんな気持ちで面接官は評価しているのか？　その気持ちを最もよく理解できる方法は、自分で面接官役をやってみることです。かくいう私も、自分が人事になってみて、面接官をやってみて、初めて「あ〜、こういうところを見ているわけね」「なるほど、こんなことしたからダメだったわけだ」ということが、身をもってわかったのです。

ですから、みなさんも、本番の面接を受ける前に、一度、面接官になってみましょう！　周りに公務員試験を受ける友人はいませんか？　公務員受験サークルの仲間でもいいです。**受験者役と面接官役**に分かれて、交互にその**両方の役をやってみましょう**。どこかの面接試験を実際に受験したことがある人を混ぜることができればベターです。

どうですか？　面接官側に座ってみると、受験者役だったときには気づかなかった相手方の仕

●さらに工夫が続く選考方法

面接試験のやり方には毎年のように工夫が加えられています。コンピテンシー評価型面接だけでなく、集団討論やプレゼンテーションなども導入されるようになってきていますし、自治体の試験では、採用を専門にやっている業者を面接官の一部に任命していることもあります。また、職員だけではなく心理学の専門家を面接官にしているところもあります。このような専門家の導入は、現在問題となっているメンタル面に問題を抱える職員（引きこもり、出社拒否など、精神的にダメージを受けてしまった職員）の増加を未然に防ごうという意図です。

草とか、言い方・口ぶりが妙に気になったりしませんか？　志望動機や自己ＰＲの答え方についても、「もっと何がしたいのかはっきり言ってよ」とか「これじゃ、分析が浅いな」と思いませんか？

最後に、このような気づいた点を、みんなで率直に言い合いましょう。お互いにここでは遠慮してはいけません。言いづらいこと、聞きづらいことを言ってくれる人こそが、真の友人なのです。また、人に言うだけではなく、他の人を面接していて気づいたことを自分自身がしないように心掛ければ、きっと「面接力」がアップするはずです。

秘伝その2　究極の面接上達法はビデオ撮影だ！

「筑波のガマは、鏡に映った己が姿を見て、冷や汗をタラーリ、タラーリ…」。みなさんは、ご自分でご自分の姿を見たことがありますか？　私はかつて仕事の関係で本格的なテレビカメラの撮影研修に2週間ほど行ってきたことがあるのですが、その時に、メンバー全員、カメラの前で自己紹介するという時間がありました。この時間の目的は、カメラの前で視聴者に不快感を与えないようにしゃべるにはどうすればよいか、というものだったんです。みんなでそのビデオを見て、大笑い。だれも彼も、なんとまあ、落ち着きのないこと！　なんかモサモサーって動いてみたり、視線が泳いだり、必要もないのに頭をかいてみたり。ああ、こういうことが、見ているほうに不快感を与えるのね、というのがよくわかりました。そう考えてみると、テレビのアナウンサーって、すごいですよね。

そう、これです。みなさんも一度やってみてはどうですか？　自分の何がいけないかが一目瞭然です！　メラビアンの法則といって、**コミュニケーションの過半数は、実は表**

●今後の面接はシミュレーション？

今後、私がやってみたいな、と思っている試験方法は、ずっといすに座らせたまま話をしているような従来方式の面接ではなく、たとえば、なんらかの簡単な仕事、そんなに時間をかけなくてもいい単純な仕事・作業をさせてみたいな、ということです。民間企業でも最近導入が進んできているシミュレーション面接（模擬職務試験）と同じようなイメージです。

ちょっとした作業でも、段取りがいい人というのはすぐに見分けることができます。むしろ簡単な作業であるほど、これがはっきり表れるんです。たとえば、複数の資料をコピーして仕分けする程度のことでもいいのです。こういう単純作業の段取りのいい人は、シミュレーション能力が高いわけで、そういう人は、実際の大きな仕事においても、問題が起きる可能性を頭の中で予測して行動することのできるタイプの人です。

複数の受験者に課題を与えて、作業をさせてみるグループ

情や身振りから得られる印象によって決められるそうです。ですから、まずは、話す内容よりも、その表情や身振りに注意すべきなのです。

先ほどお話しした友人との模擬面接の際に、面接官と同じ視線となるような位置に、ビデオカメラを1台置いてみましょう。デジカメでもスマホでも、とにかく、動画が撮れればOKです。ポイントは、面接官と同じ視線で撮影するということです。そして、面接開始。このとき、いきなりいすに座った状態から始めたのではいけません。扉をノックして部屋に入るところから、面接が終わって部屋を出て扉が閉まるところまで、この最初から最後までをノーカットで撮影しましょう。

ビデオ（動画）を見るときには、1回目は、その仕草、身振りに注意して見てみましょう。場合によっては、音声を消して見てみてもよいかもしれません。どうですか？　落ち着いて堂々としていましたか？　背筋が曲がっていると元気なく見えるでしょう？　目線、目の動きはどうでしたか？　視線が定まらず泳いでいると、見ているほうも不安になりますよね。こういうところがよくわかると思います。

次に見る際には、今度は話の内容、特に、**質問に対して的確な答えができているか、会話のキャッチボールができているか**ということに注意して聞いてみましょう。質問に対して的確な答えをしているか、理由付け・エピソード選択は納得できるものであったか、面接官の立場になって採点してみてください。

水泳の金メダリスト北島選手を育てた平井コーチのコーチ法の要点は、「ビデオで動いている自分を3分以上見させる」「感覚を言葉にさせる」「目標を他人の前で言わせる」の3点だったそうです。みなさんもこれを実践して、栄冠を勝ち取りましょう。

ワークなどもいいかもしれません。ただし、こういったことを公務員の採用試験でやろうとすると、それにはとてつもなく時間と手間がかかります。

民間企業の場合、経験則上、これがわかっているので、実質上のシミュレーション面接ということで「採用と直結する」インターンシップを導入し始めたのでしょう。ただし、公務員の場合、あくまでも「採用試験」で採用者を決めなければなりませんから、採用と直結するインターンシップはできません（学校が夏休みの時期などに学生に仕事を体験させる、仕事とはこんなもんだゾということを知ってもらう意味でのインターンシップは公務の世界でも広がってきましたが）。

そこで、このような要素を今後どのようにして公務員の採用試験の中に組み込んでいくか、そんなことも考えてみてはおもしろいのではないかと思っています。

第4章
回答のポイントはここだ！

—ちょっとの違いでこんなにも差が付く！—

「あなたはどういう人？」面接でいろいろ質問されますが、結局のところ、面接官が知りたいのはコレ。どうやって話せば効果的か？ その秘訣を面接官の立場からお話しします！

結局知りたいのは「あなたはどういう人？」

自分のいいところを積極的に売り込もう

さて、これまでいろいろとお話ししてきましたが、面接試験というのは、コンピテンシー評価型面接でも従来方式の面接でも、究極的には「あなたは一体どういう人なのか、教えてください」ということが問われているのだということに尽きると思います。それをストレートに聞くわけにはいかないので、面接官は、いろいろと手を替え品を替え質問をするわけです。これが面接官の側の最大の視点なのです。これに対するわけですから、受験するみなさんの側は、**「私はこういう人ですよ」ということをいかに具体的にアピールするか**ということが重要です。「自分」という商品をどうやって売り込むか、ということなのですね。

みなさんそれぞれが、まったく違った人生を送ってきているわけですから、一人ひとりを取り出せば、それぞれ十分魅力ある存在のはずです。それなのに、差が付いて、採用される人と、そうでない人が出てしまうのはなぜなのでしょう？

その最大の差は何？　というと、自分という商品のよさをいかに相手側に具体的に伝えられるか、つまり説明力、コミュニケーション能力の問題なのです。せっかく「いい商品」なのに、伝え方が悪いために手に取ってもらえなかったというのでは、泣くに泣けませんよね。「いい商品だから売れるはず」という殿様商法は、面接試験では通用しないのです。

今なら安くしとくよー！
バン！
そーいう売込みじゃないだろー
自分を安売りしてどーする…

どう答えるかは事前に考えておこう

では、具体的な質問にどのように回答していけばいいのか、どう答えれば相手を説得できる答えになるのか、どう答えれば自分のよさをアピールできるのかを、このコミュニケーション能力重視の流れにのっとりつつ考えていきたいと思います。

「面接では、素のままでいいのですよ」と指導されます。でも、これは何も準備をしないで臨んでよいということではありません。飾らない自分を出しなさいということであって、ちゃんと面接試験の対策は事前にしておくべきなのです。

そこで、面接試験対策として、この章では、どこの試験でも取り上げられることが多い質問を選んで回答例とアドバイスを挙げておきました。このような**頻出質問は、事前に十分対策を練っておけば、自分のペースに持ち込めるチャンス**にもなります。

特に、コンピテンシー評価型面接では、過去の自分の行動・エピソードを十分に掘り起こし、検討しておくことが大切であり、これにどれだけ丁寧に時間をかけたかが実質上の「勝敗のカギ」になるといえます。この本を参考にして、自分の勝ちパターンを作っておきましょう。

ただし、あくまでも「参考」ですよ。この本やほかの面接対策本などに載っている回答例どおりに答えを作って、さらに自分で用意してきた答えだけをひたすら話すような人は、メチャメチャ評価が低くなってしまいます。心に響くものがないのです。でも、ホントにホントに、面接対策本や予備校のマニュアルの受け売り・そのままの受験生が多いんですよ！何人も同じ答えが続くことも多いのです。いかに「自分」という商品を買ってもらうかが面接試験の分かれ目。目立ってナンボの世界です。ですから、他人と同じことをやっていては受かろうはずがありません

●事前準備と本番の関係

事前準備というと、想定問答集を作りそれを丸暗記して、本番の面接でもそのとおりにしゃべろうとする人もいますが、それでは「会話」になりませんし、面接官に自分のよさ「らしさ」を印象づけることもできません。面接は、用意してきた志望動機や回答を採点してもらう場ではありません。面接は、会話のキャッチボールの中から受験者の人となりをつかむための場なのです。

●より一層事前準備が大切に！

コンピテンシー面接の導入によって事前準備、特にエピソード探しの必要性がこれまで以上に高まりました。本文をよく読んで、十分な対策を練ってくださいね！

（……かといって、突飛なことをして目立てといっているのではありませんよ……）。

マニュアルに書いてあることは、必ず自分なりに消化して、自分のものにしてから試験に臨んでください。面接試験においては、自分の経験を**自分の言葉で語る**こと、これが必要です。あなたの「自分らしさ」を見せてください！

なお、面接試験において聞かれる質問は、事前に提出しなければならない面接カードや身上書でのみなさんの答えを下敷きにして、それを発展させながら聞いてくるものです。ですから、面接試験の対策は、そのまま面接カード・身上書の書き方の対策にもなります。逆に言うと、面接ではこんなふうに答えてアピールしたいから、面接カード・身上書はこういうふうに書く、という作戦だってできるのです。

十分に面接試験の対策をしておけば、一石二鳥になりますよね。

エピソード重視でいこう

さて、個別の質問の検討に入る前に、総論的な注意点をお話ししておきましょう。

まず、**アピールするポイントを明確にする**ということです。どのような質問でも、結局のところ答えるべきは先ほどお話ししたように「私はこういう人ですよ」ということです。「自分はどんな人なのか」を相手にわかりやすく説明しなければなりません。したがって、まず、自己分析をしっかりやっておきましょう。そして、自己分析を繰り返すことでわかってきた「自分」の何をアピールするのかをはっきりさせるのです。あれもこれもではなく、「ここ」というポイントを明確にしておきましょう。

次に、アピールしていることの裏付けができているかを確認します。たとえば「私の長所は積

●面接カードとのリンクといっても

「面接カードにも書きましたが……」と言いつつ、まったく同じことを話す受験者もいますが、これでは面接する意味がまったくないと思いませんか？

面接官は手元にある面接カードの「その先」の話を期待して質問しているのですから。

また、違う質問をしても結局面接カードにあるエピソードに話が収束してしまうことがありますが、これでは質問に的確に答えたことにはなりません。

●3つの話で人物がわかる

およそ1人の人間がどういう

極的なところです」といくら言葉を重ねていても、そんな抽象的な言葉ではピンときません。どのように積極的なのかという裏付けがなければ聞き手は納得できないのです。それを伝えるのがエピソード＝具体例です。

といっても、「こういうことがありました……」「ああいうこともありました……」とただただエピソードを並べてもダメです。「私の長所は積極的なところです。たとえばこういうことがありました……」というふうに自分のここのところはこういう具体例で説明できるという話の組み立てにしなければなりません。

そこで、事前対策としては、まず、自分のアピールしたい点はココだ！と決めてから、それにちょうど見合ったエピソードを当てはめる、という流れになるのだと思います。つまり、**エピソード「を」語るのではなくエピソード「で」語る**ようにするのです。ただし、事前に決めたアピールポイントに強引に当てはめるようにエピソードをねじ曲げたり、やってもいないエピソードを創作したりするのは、マズイですよ。そんな化けの皮は、すぐにはがれてしまうものです。アピールポイントに見合ったエピソード探しは十分に時間をかけて行ってください。

それから、エピソードを話すときには、「いつ」「どのようなシーンで」「どんな意図で」「どんな工夫をして行動し」「どういう成果に結びついたのか」「何を得たのか」を話してほしいと思います。特に「どういう成果に結びついたのか」とか「そういう経験をしたことがどんなふうに役に立ったのか」という部分は必須アイテムです。面接官は、エピソード自体のおもしろさを評価しているのではありません。その経験からあなたが何を得たのか、**その経験があなたの今後の社会人生活にどう生かせるのかを語ってほしい**と思っているのです。

人であるかを知るには、3つの挿話があれば十分である。自分は3つの挿話から、その人間がどういう人であるかを明らかにすることができる。（ニーチェ）

●チームワーク・エピソードを

エピソードを掘り起こしてきて無理矢理アピールに結びつけたり、面接のために作り話を考えたりする必要はありません。

また、自分一人だけで何かを行った経験では、チームワークやコミュニケーション能力などに関する行動が見られないと思われてしまいます。できればなんらかのチームワークに関するエピソードを探しておきましょう。

●指示待ちエピソードはNG

何か行動をしたというエピソードでも、誰かの指示で行動したというものはNGです。自主的に行動したエピソードを選びましょう。

●より詳しく知りたい方は

拙著『自己PR・志望動機・提出書類の本』で詳しく掘り下げてあります。ご参考まで。

そして、話に矛盾はないか、言いたいことが伝わっているかどうかを確認しましょう。全体を通して何が言いたいのかが明確で、話題に矛盾や飛躍がないかということです。回答案を作ったら即準備ＯＫではありません。１回作ったものも、少し時間を置いて第三者の目でもう一度見直してみると、論理に飛躍があったり、言葉の抜け落ちがあったりするものです。また、友人、家族、学校・予備校の先生、就職部の方などに見てもらうというのも有効です。

最後に、聞き手の立場に立って考えているかという視点を忘れないこと。日頃友人どうしで何気なく使っている流行語やスラング、その学校の学生の中では有名な団体名など、初めて聞く人にはさっぱりわからない言葉、わかりづらい用語をそのまま使用していないか、ということにも気を付けておきたいものです。たとえば話の中に突然「○○くんと相談して……」というように聞き手の知らない第三者の名前が出てきたりするのは、自分を客観視できない幼稚な人物との評価が下ってしまいます。あなたのことをまったく知らない聞き手にもわかるように話すという配慮が必要です。どうしてもそれを言わなければならない、というときには、丁寧に説明したうえで使いましょう。

さあ、心の準備はできましたか？

それでは、具体的な質問はどういう意図・目的でなされるのか、これに対してどう答えるべきか、さらにはコンピテンシー評価型面接のための準備ポイントは何か、一つ一つ詳しく見ていくこととしましょう。

自分なりの回答例作成上の注意点

その前に一つだけ。回答例を作成する際に注意すべきことは、あくまでも面接会場で実際に答

●1アピールに1エピソード

いくつも例を挙げるのは必ずしも有効ではありません。自分の特徴や傾向を理解してもらうために最もふさわしいエピソードを1つ選ぶのです。自己分析をしたうえで、「積極性」をアピールしたいときにはこのエピソード、「思いやりがある」といいたいときにはこのエピソードというように、自分のアピールポイントごとにそれに最もふさわしいエピソードを結びつけておきましょう。

●エピソードと自慢話は違う

エピソードというと「○○で優勝した」「△△でも入選した」ということばかり話す受験者もいます。いいところを見せてアピールしたいというのはだれでも持っている気持ちでしょう。でも、入賞したという結果だけが評価の対象になるのではありません。その過程のほうこそが大事なのです。それに、たとえ面接官といっても、人の自慢話を喜ばないというのが人情ですから、あんまりいくつも自慢話を聞かされると鼻につきます。

えるための例を作るんだということです。ですから、文章としてではなく話し言葉として適切かどうか、という点にまず注意を払う必要があります。

すなわち、文章にして回答例を作ろうとすると、どうしても長くなってしまいがち。でも、話し言葉にすると、**200字程度**のものでさえもちょっと長く感じるものです。基本的には、どんな質問に対しても200字弱で回答例を準備しておくようにしましょう。

次に、どんな質問に対しても**必ず自分自身の体験談、エピソードを織り交ぜる**工夫をしておきましょう。抽象的なことをいっていても面接官は納得できません。「ふ〜ん、こういうことがあったから、カレはこう考えているんだぁ」と面接官がわかるような的確な具体例を挙げることが肝心です。また、これは個人の体験・経験を重視するコンピテンシー評価型面接への最大・最強の対応策になります。

最後に、全文を丸暗記しなければならないような回答例は作らないこと、そして実際に丸暗記してはいけません。作成した回答例を読み直して、キーポイント、キーワードをピックアップし、マーカーでチェックしておきましょう。そしてこの**キーポイント、キーワードだけを覚える**のです。本番では、覚えたキーワードをつなげていって、あとはその場で肉づけするぐらいのゆとりを持った気持ちで臨んだほうが、いい結果が出ます。丸暗記した文章を思い出そうとすると、意識が自分の脳ミソの中だけに集中してしまい、視線も上の空になって、会話のキャッチボールではなくなってしまいます。

●頭でわかったつもりでもダメ

「別に回答例なんてわざわざ文章にして作んなくてもいいんじゃない!? この本読めばだいたいわかったし」ではダメ。「フーン、なるほどぉ」と頭ではわかったつもりでも、実際にその場になると、うまく答えられないものですよ!

何度もいいますが、面接でアタマ1つ抜け出すためには、努力を惜しまないでください。

●「自分らしさ」がアピールする

「いい答え」を作ろうと思ってはいけません。「自分らしい答え」になっていることのほうが重要です。

質問1 こちらを志望された動機を教えてください

【類題】

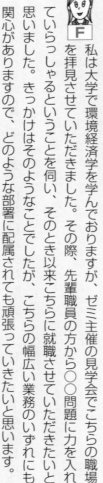

○（志望動機を聞いたうえで、）で、君は具体的に何がやりたくてここに来ているのですか?

回答例

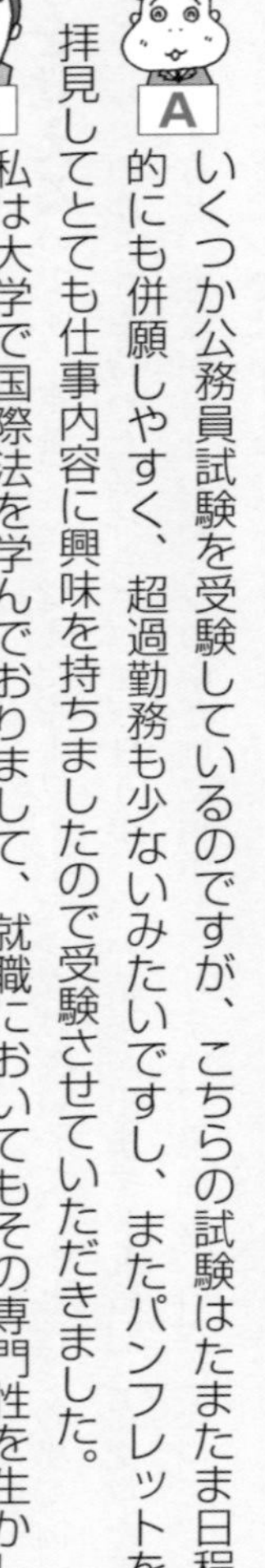

A いくつか公務員試験を受験しているのですが、こちらの試験はたまたま日程的にも併願しやすく、超過勤務も少ないみたいですし、またパンフレットを拝見してとても仕事内容に興味を持ちましたので受験させていただきました。

C 私は大学で国際法を学んでおりまして、就職においてもその専門性を生かしたいと思いました。白書で勉強させていただいたところ、こちらにおいても国際協力を担当されている部署があると知り、ぜひともその仕事に参加させていただきたいと思いました。

F 私は大学で環境経済学を学んでおりますが、ゼミ主催の見学会でこちらの職場を拝見させていただきました。その際、先輩職員の方から○○問題に力を入れていらっしゃるということを伺い、そのとき以来こちらに就職させていただきたいと思いました。きっかけはそのようなことでしたが、こちらの幅広い業務のいずれにも関心がありますので、どのような部署に配属されても頑張っていきたいと思います。

【回答例の寸評】

Aくん 「試験日程が合った」とか「たまたま」というように第一志望ではない、熱意が足りないと思わせる言葉はタブー。同様に「勤務条件や労働環境がよさそう」という中身の話も避けるべきです。

Cくん これではありきたりすぎて、印象には残りません。

Fさん 志望動機に関する質問でアピールする方法としては、

- 実際に足を運んで職員に会ったことがある（この際、聞かれるまでは○○さんと具体名を出すべきではない）
- いろいろある施策のうち「これ」とピンポイントで言える

必ず聞かれる質問だが、期待されてはいない

民間企業向けの就職本では「面接では、『志望動機』と『自己紹介』の2つだけ言えればよい」

と熱弁されていますよね。確かに志望動機は100%必ず聞かれます。でも、**ほぼみなさんの答えは同じ**。ここで、「滑り止めに受けています」「たまたま日程が合ったから」などと言う受験者がいないことは、面接官のほうも百も承知です。ですから、みんなと同じようなことを同じように言えるか、ということが試されているのだと割り切りましょう。

受験者の8〜9割から、本当に毎度毎度同じようなことを聞かされたのでは、面接官もたまったものではありません。受験者1人当たり20分程度しかない限られた貴重な面接時間を、だれもが同じ中身の答えをするような質問に充てたくはないのです。それではその人の人となり、人物像は見えてきませんから。そういうわけで、受験者の準備してきたものは最初に吐き出させてしまおうということで、大概最初にこの「志望動機」を聞いてしまいます。志望動機の「本音」の部分は、後の質問2〜6（142〜151ページ）で探っていこうというわけです。

熱意は具体例で示せ

志望動機でアピールするなら、ほかの受験者よりもその官公庁の業務をよく知っているということ、そして具体的に「○○がしたい」というふうに**あなたが「したいこと」を明確にする**ようにしましょう（ある意味、質問5が志望動機の真のメインということでしょう）。これがはっきりしていれば、熱意があるとして高い評価が得られることになります。

そのためには、やはり官公庁研究が重要です。前にお話ししましたように官公庁研究ノートを作成して（80ページ参照）、細かい話題まで含めていろいろその官公庁のことを分析しておけば、面接官を「おおっ！」と思わせることができます。

（当然その施策については突っ込んだ質問にも答えられるように準備しておく必要があります。その情報を収集するためにも、OB・OG訪問（先輩訪問）や説明会に参加することが大事なのです。Fさんのように話を持っていければ、「おぬし、できるな！」と思わせられます。

秘伝　志望動機チェックリスト

自分の志望がホンモノであるかどうか

- 流行とか人気だけで志望官公庁を選んでいないか。
- 志望官公庁の所掌事務を正しく理解したうえで、その官公庁で自分がやりたいことを明確に思い描いているか。
- 自分のやりたいことをその官公庁の仕事・業務に無理に当てはめていないか。
- 志望官公庁の業務に関心があるというだけでなく、自分が実際にやる**仕事として興味を感じているか。**
- 5年後、10年後という中・長期的な視点で、「採用後自分はこうなりたい」という**夢や理想を描けているか。**
- 自己分析、志望動機、キャリアプランに、他人が聞いても納得するだけの一貫性があるか。

志望動機の中身

- パンフレット、ウェブサイト、白書など、どの受験者でも入手できる共通の情報源だけで志望動機を作ろうとはしていないか。

→共通の情報源から生まれる志望動機は、表面上は官公庁の求めるものと合致するかもしれませんが、その人ならではの独自性は感じられません。

- マニュアル本や先輩の体験談から引き写した言葉ではなく、**あなた自身の素直な思いと、あなた自身のエピソード**（経験したこと、体験的に感じたこと）が込められているか。

●ウス・ユル志望動機は遠ざれる

「志望動機＝志望することになったきっかけ」と単純に考えてはいませんか？

こういう受験者は、「父が公務員だったので私も……」とか「昔からあこがれていて……」などといった、幼稚で個人的な話を志望動機のメインに据えてしまうものです。

薄い、ユルい志望動機は面接官には非常に嫌われます。よく考えてみてください。こんな主体性がなく、漠然とした志望動機では、その後が思いやられると思いませんか？　面接官は、こんな心配な人は採用したくなくなってしまうのです。

もっと具体的に、また、心底「自分はこれがやりたい！」という仕事への熱意を表現しないと、面接官を納得させることはできません。

●オヤジゴロシ

「コイツ、こんなふうに働いてくれるんだろうな」って面接官に思ってもらえたら、グンッと評価が上がります。

↓生の体験から生まれたリアルな志望動機は、借りてきた言葉を並べたものよりも臨場感があり、面接官の心にも強く響きます（コンピテンシー評価型面接の対応にもなります）。

● **志望動機と自己PRをリンク**させているか。

↓「私の長所は○○だ」と自己PRし、志望動機では「その○○という長所を生かして△△をしたい」というふうに、自己PRでアピールする自分の長所と、志望動機で話す「したいこと」をリンクさせるのです。なお、どちらを先に聞かれるかわからないので、志望動機↓自己PR、自己PR↓志望動機の両方のパターンを考えておきましょう。

志望動機の構成

①志望するようになった**きっかけ**

②具体的な「**やりたいこと**」

③その志望官公庁が、自分の「やりたいこと」に合致していることの説明

④最後に、入省（庁）してからの**覚悟**（「全力で仕事に当たりたい」など）を加える。

（だいたいの人はこの決意表明がなく、「～というわけで、こちらを志望させていただきました」で終わってしまっています。）

お役に立てなかったときは、切腹して果てる覚悟です！
ちょっとちょっと！

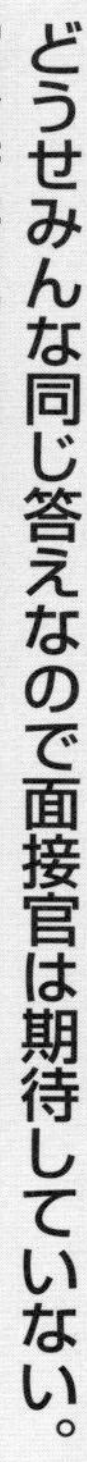

ココが重要！

・どうせみんな同じ答えなので面接官は期待していない。
・官公庁研究で差を付ける。
・具体的に「やりたいこと」を話して熱意をアピール。
・最後に、どの仕事でも頑張りますとの一言を付け加える。

質問2 どうして民間ではなく公務員なのですか？

回答例

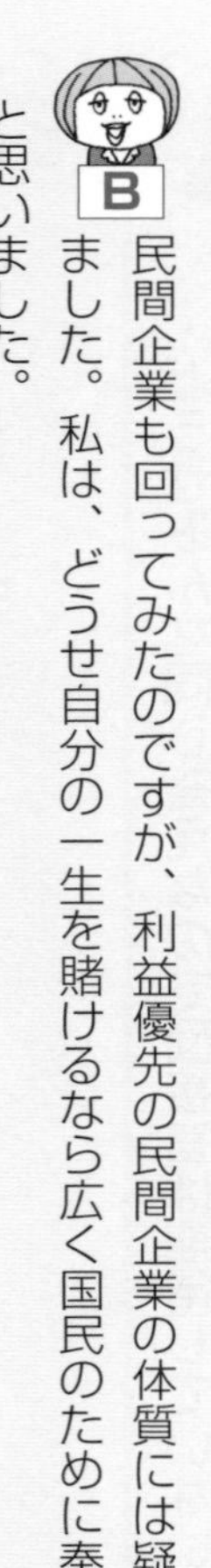

B 民間企業も回ってみたのですが、利益優先の民間企業の体質には疑問を感じました。私は、どうせ自分の一生を賭けるなら広く国民のために奉仕したいと思いました。

E 当初は民間企業への就職を希望しておりました。しかし、国際競争力が低下し、日本の企業には活力がなくなってきたように見受けられます。両親とも民間企業に勤めておりますが、「業績が上がらない」「お客さんがなかなか物を買ってくれない」と言っております。また、私が民間企業の説明会に行った際にも「このような国際的にも国内的にも厳しい環境下でどのように生き残っていくか」ということにどの会社も力を入れていることが肌身に染みてわかりました。こういう状況に自ら飛び込んで、これを変えていくことにも強くひかれましたが、ある会社の説明会で「一企業ではどうにもできない部分がある」という幹部の方のお話を伺って、どのようにして社会を変えていけばよいのか、その政策をどう立案していけばよいのかということに関心を持ちました。そういったところから、自分自身何をなすべきか、改めて考え直してみた結果、企業全体が元気になるよう、そして国民一人ひとりが明るく過ごせるような社会を作ることに少しでも奉仕したいと思い直しました。これが、私が公務員になろうと思った動機です。

【類題】

○なぜ公務員を志望するのですか？
○民間企業は受験していますか？
○民間と公務員の仕事の違いはどこにあると思いますか？

★コンピテンシー対応

- 就職活動ではどのような目標を持っていますか？
- その目標を実現するために、具体的にどのような活動をしていますか？
- 今あなたにとって一番の課題となっているのはどのようなことですか？
- それを解決するためにどのようなことをしていますか？
- 最終的にどのようにして就職先を決めるつもりですか？

【回答例の寸評】

Bさん 「民間＝利益優先」では短絡的すぎます。

Eくん ちょっと長いですが、具体例を交えて説明している点は好印象です。

民間を否定するような言い方をしてはいけない

みなさんの答えは、「民間企業の利益追求オンリーの姿勢がイヤ」という内容がほとんど。聞き飽きた面接官は、

「キミさ、民間企業は利益優先でいけないというように言うけど、民間企業がないとキミは生きて来られなかったんじゃない？　お父さん公務員？違うでしょう。だったらキミをここまで育ててくれた原資は民間企業からのものだったのではないの？　今日食べてきた朝ご飯、何か国や県が作ったものありますか？ないでしょ？　そう、社会生活は、民間企業で成り立っている。その民間企業が元気に経済活動を行える、そういうふうにサポートしていくのが公務じゃない。それを否定していて、キミ、公務員になれるの？」

と突っ込んでしまいます。逆にこの突っ込みをヒントにして答えを考えておきましょう。

公務員＝安定はタブー

なお、ここでも**勤務条件等を持ち出すのはタブー**。仕事に対する積極性が感じられません。民間より条件が悪くても「この仕事がしたい」と熱意を示すほうがポイントは上がります。

●まったりモードは×

現職の公務員には2つのパターンが混在しています。国民生活を少しでもよくしたいという「志」で就職した方と、そこそこの生活レベルでまったり生活できればいいやという気持ちで就職した方です。

公務員批判が厳しい現在、後者のような職員をこれ以上増やすことはできないというのが、採用担当者に課された至上命題となっています。

受験の段階から「まったり」を希望するような人はイラナイ！　と思われているのです。

ココが重要！

- 民間の企業活動を否定しない。
- みんなが使う「国民に奉仕」「公共の利益」というフレーズはあえて使わない。
- 身近なところに具体例を見つける努力を。

質問3 どうして公務員が向いていると思ったのですか？

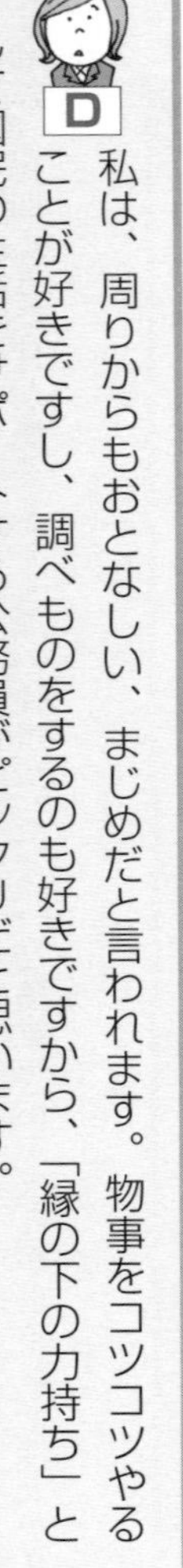

回答例

D 私は、周りからもおとなしい、まじめだと言われます。物事をコツコツやることが好きですし、調べものをするのも好きですから、「縁の下の力持ち」として国民の生活をサポートする公務員がピッタリだと思います。

F 公務員の仕事も民間企業での仕事も基本は同じだと思っておりますので、私自身はそのどちらにも対応できると思っております。その中で特に公務員を選びましたのは……（以下略）。

今は「公務員、公務員した人材」は敬遠される

みなさんの思い描いている公務員の仕事と実際の公務とには大きな開きがあります。正直な話、公務員を志望されているみなさんは、どちらかというと民間企業に行って営業をやったり、お客様に対面販売したりするのは苦手だなぁ、と思われている方が多いと思います。それよりは、コツコツ調べものをしたり、パソコンに向かっていたほうがいいやと。もちろん、他人と話すことは嫌いじゃないけど、しょっちゅうそればっかりやってるのはねぇ……と。

しかし、**公務というのは、究極のサービス業**なのです。民間のようにそのお店に来てくれるお客様だけを相手にすればよいのではなく、普段必要がなければ役所になど来ない人々

【類題】

○公務員のどんなところに魅力を感じますか？

【回答例の寸評】

Dさん まじめそうな女性受験者に多い回答例です。アピールに欠けます。

Fさん 民間でもどこでも使える人材であることをアピールしようとしています。

も含め、すべての国民・住民の方々と向き合って仕事をしなければなりません。実際、人と人との調整をすることがなんと多いこと！　ですから、「1人でコツコツ」型の人は公務員に向きません。「なって失敗したぁ」と思うくらいなら受けないほうがマシです。

受験している職種ごとにアピールポイントを変える

確かに公務員は対国民・住民的にはサポート役、縁の下の力持ちですよね。でも、総合職や上級職で採用される方は幹部候補なわけですから、その組織にとってはリーダーとなってもらわなければならないのです。そういう人に、入る前から「縁の下の力持ちと言われています」「サブの役回りが得意です」と言われてもゲンナリしてしまうのです。

ついつい、「せっかく○○大学出たんだから、公務員を受けるならば総合職でしょう」などと思いがち。実際そういう方が多いようです。しかし、もし、自分がそういう役回り、組織の束ねには不向きであると自己分析したのならば、そもそも総合職や上級という職種を受けるべきではありません。それは、組織（役所）にとっても、あなたにとっても不幸の始まりだからです。それでもなおかつ公務員になりたいのであれば、公務員の世界にもいろいろな職種・試験がありますので、あなたに見合った職種を探しましょう。専門職的な仕事、スペシャリスト的な仕事もありますので、きっとあなたに合った職種が見つかることでしょう。

私のどこが公務員に向いてないっていうんですか!?

ココが重要！

- 民間でも使える人材であることをアピール。
- 試験や職種ごとにアピールポイントを考える。

質問4 どうして地方（国）ではなく国（地方）なのですか？

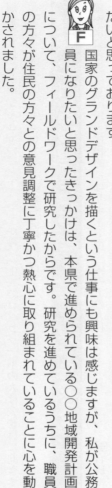

回答例

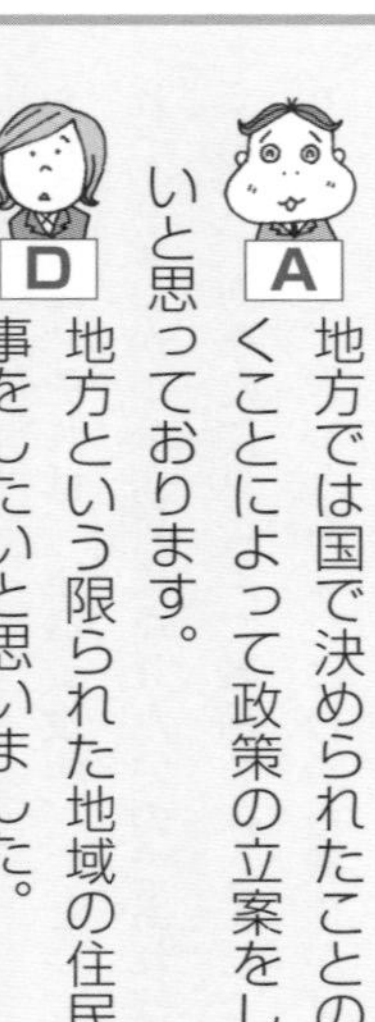

A 地方では国で決められたことの執行をするだけのような気がします。国で働くことによって政策の立案をし、今後のわが国のグランドデザインを描きたいと思っております。

D 地方という限られた地域の住民のためではなく、国民全体に役立つような仕事をしたいと思いました。

E その地域のニーズに根ざした行政というものにも大きな魅力を感じますが、私が最も関心を持っているのは年金問題です。実際、祖父母の生活を見たり、両親が老後について話しているのを聞いていると、年金問題は他人事ではなく、今のうちに抜本的に改革しなければならないと感じました。この国家的視野で考えなければいけない年金問題に携わる仕事をしている御省でぜひとも働かせていただきたいと思っております。

F 国家のグランドデザインを描くという仕事にも興味は感じますが、私が公務員になりたいと思ったきっかけは、本県で進められている○○地域開発計画について、フィールドワークで研究したからです。研究を進めているうちに、職員の方々が住民の方々との意見調整に丁寧かつ熱心に取り組まれていることに心を動かされました。

【類題】

○どうして市町村ではなく県なのですか？

★コンピテンシー対応

- いろいろな官公庁を受験されていると思いますが、どのような基準で官公庁を選んでいますか？
- なぜそのような基準で選んでいるのですか？
- 私どもではあなたの官公庁選びの基準にそぐわないように思えるのですが、どうでしょうか？
- あなたがやりたいことは、当方やあなたの考えている官公庁で実現できるのでしょうか？

【回答例の寸評】

Aくん・Dさん ステレオタイプでかつ紋切型の回答です。

Eくん・Fさん 具体例を挙げているところは好印象です。ただし、「その仕事の担当にな

ステレオタイプ的発想は打破せよ

国＝大きな仕事／地方＝小さな仕事、国＝政策立案／地方＝執行、国＝デスクワーク／地方＝住民密着というステレオタイプな切り口で論を進める受験者が多く見受けられます。しかし、国にも地方にもいろいろな仕事があるわけで、このような一方的な切り口で仕事を分けることはできないはずです。ですから、「地方ではできない国の仕事」ではなく、**より具体的に「たとえばこの仕事がしたい」という例を挙げたほうがよい**と思います。「○○の仕事がしたい」と具体的に例示した場合には、「その仕事の担当になれなかったときどうするのか？」と返されますので、「これは一つの例示で、それ以外の仕事にも興味がある。どのような仕事にも真剣に取り組んでいきたい」との意気込みを見せましょう。

この質問も、どこの面接試験でも必ず聞かれる質問ですので、事前研究は怠りなく。なぜ公務員か、なぜ国家（地方）公務員か、なぜその官庁（自治体）なのか、という3段階で検討をしておきましょう。さらに、「○○についてはどちらも同じような仕事ができるのになぜ国ではなく地方なのか？」「なぜ、出身地の○○県ではない△△県なのか？」という質問にも答えられるようにしておかなければなりません。

れなかったら？」の問いに対する準備もしておかなければなりません。

●政策論を聞かれたら

公務員は議論好きの人が多いですから、通り一遍の回答やマスコミ報道の受け売りでは通じません。むしろ、みなさんの若い、率直で自由な感想を素直に遠慮なくぶつけたほうが好まれます。くれぐれも「知りません」「わかりません」と答えないように。

ココが重要！

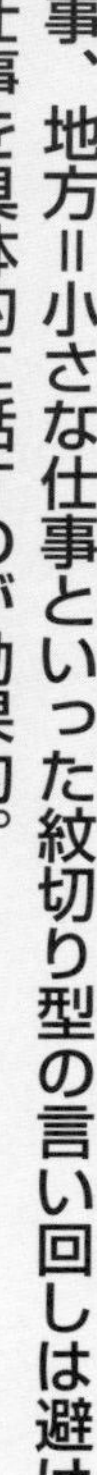

- 国＝大きな仕事、地方＝小さな仕事といった紋切り型の言い回しは避ける。
- 自分のしたい仕事を具体的に話すのが効果的。
- なぜ公務員？→なぜ国？→なぜその官庁？の順で詰めていく。

質問5　採用されたとしたらどんな仕事をしてみたいですか？

回答例

B　ぜひとも△△をやってみたいと思っております。私がこの△△を一生の仕事にしたいと思ったきっかけは…（中略）…。まさにこの仕事をするために公務員になりたいと思ったのです。私の専門性とこの熱意を買っていただいて、ぜひ△△局に配属していただけるよう、よろしくお願いいたします。

A　広報課で勤務してみたいと思っています。その理由は、国民のみなさんに御省の施策を説明できるということは、開かれた行政のために必要不可欠な職務であると感じ、人に接するのが好きで家庭教師のアルバイトなどを通じて人にわかりやすく説明することを心がけてきた私の能力が生かせると考えたからです。

思い込みが激しい人はノーサンキュー

この質問も、志望動機の質問の一環。根幹は、「その役所であなたが何をやりたいか」です。あなたが何をしたいのか、そのことでその役所、ひいては国民にどのようなメリットがあるのかということを売り込んでください。

ただし、意欲・熱意を強調するあまり、**ある特定分野の仕事以外は興味がない、という言い方をするのはやめたほうが賢明**です。定年までの長い職員人生

【類題】

○当省についてどのようにして研究（情報収集）しましたか？

○本県が最近取り組んでいる××について知っていますか？

○仮に採用されたとして、5年後のあなたは、本県でどのような仕事をしていると思いますか？

○ほかの府省に比べて、あなたが本省に特有だと思うことはなんですか？

○あなたが志望されている業務と大学で専攻してきた分野にはズレがありますが、本当に仕事に生かせると思いますか？

【回答例の寸評】

Bさん　これでは△△の仕事以外は興味がないと言っているようなものです。熱意は買いますが……。

Aくん　広報の仕事はどこでもできるので「御省でなければダメ」というアピールにはなりません。

のうち、本当に自分のやりたいと思う仕事に就けるのはほんの短い期間です。就けただけラッキーかもしれないのですよ。場合によっては生涯ないかもしれないのです。ですから、面接官は、「○○しかやりたくない」という思い込みが激しい方を見ると、「もしその仕事に就けなかったら、きっと辞めてしまうか、労働意欲を下げてしまうんだろうな」と感じて、評価を下げてしまいます。

その官公庁のコアの仕事を言うようにする

それから、役所の人が説明会で「売り」にしていることと、実際のメインの仕事は違っています。学生に評判の高い「広報」や「在外勤務」は売りであっても、メインの仕事ではありません。事前の調査で何がそこの仕事の核となる部分かをよく見極めて「この仕事をしたい」と主張しましょう。また、確かにコアの部分であるといっても、どこの官公庁にもある人事とか会計のセクションを指摘するのはあまり意味がありません。

そもそも、広報は、組織全体の仕事の内容が見渡せるようになるだけの職務経験がないと、実際には国民の要請に応えられない非常に困難な仕事です。人事や会計もそうです。新人がパッと就いてできるような代物ではありません。それに、説明会などで質問のよく出る「在外勤務」は本来外務省の仕事。それをメインにやりたいのなら外務省に行ってください。

●白書や説明会の効用

その官庁がどのような仕事をしているかがわからないと、どのような仕事をしたいのか答えようのないところですから、その官庁が出している白書などのほか（白書は分厚いので、「白書のあらまし」のほうが便利です）、パンフレットやウェブサイトを確認し、説明会などに参加して答えを固めておきましょう。地方自治体の試験の場合は、1年分か半年分ぐらいの広報紙をまとめて読んでおくのもいいと思います。

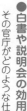

ココが重要！

- 1つの仕事にこだわらない。
- 事前の調査でコアの部分を見つけておく。
- 玄人受けするようなセクションを挙げるのは逆効果。

質問6 もし希望しない部署に配属されたとしたらどうしますか？

回答例

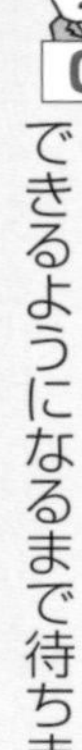

C ○○を仕事とすることをめざして公務員になろうと思っていたので、それができるようになるまで待ちます。

D それでもだいじょうぶです。与えられた仕事を一生懸命やります。

E どこに配属されても、前向きに仕事に取り組むことには変わりありません。組織はいろいろなセクションがあってこそ成り立っているのですから、すべての職員が希望どおりの仕事ができるものではないと思います。いろいろな部署で働くことによって、より自分が磨かれるのではないかと思います。

答えの内容ではなく、表情を見られている

質問5の類題の一つです。このような質問をしても「辞めます」とあっさりと答える人はいないでしょう。いればバッサリと落とされるだけです。100％の人が、「それでもだいじょうぶです。その与えられた仕事を一生懸命やります」と答えるはずですよね。では、なぜわかりきっているのにそれでもなおかつ聞くのかというと、それを答えるときの表情、よどみなく言えるか、という部分を見て、内心どう思っているかを探ることにあります。面接官が審査している

【類題】

○最も不向きだと思っていた部署に配属されたらどうしますか？

○これまでの活動の中で、自分の理念や理想と、実際に活動しての現実にギャップを感じた経験はありますか？

【回答例の寸評】

Cくん やりたい仕事が明確なのはよいのですが、それ以外の仕事に対する熱意が薄いと思われてしまいます。

Dさん ここまではみなさん答えられるのですが、ただ単に「だいじょうぶ」と言われただけでは面接官の不安はぬぐいきれません。さらに、自信にあふれた眼差しで見返し、Eくんのように、どんな仕事でもやりますよ！ という姿勢をアピールする言葉をつなげましょう。

Eくん オジサン面接官を泣かせる言葉がちりばめられていて好印象ですね。

のはみなさんの発言の内容だけではありません。ノンバーバル・コミュニケーションも審査対象なのです。

ことわざにも「目は口ほどにものを言い」というのがありますよね。こういうときに目が泳いでしまうのが最悪。こういう**答えづらい質問に答えるときは**、面接対策本に書いてあるどんな模範答案をそのまま答えるよりも、**相手の目をしっかり見て**「私はだいじょうぶです」という気持ちを込めれば、短い言葉でも相手は納得します。

キレやすい人は嫌われる

自分の思い通りにならないとキレる。こんな人が増えていますよね。公務員の職場でも同じです。自分の思い通りにならないと「キレる」「仕事をしなくなる」（後者のほうは公務員に特徴的?）というのは、はっきりいって迷惑。こういう人が入ってくるのは未然に防ぎたいのです。ですから、それこそ手を替え品を替えこの手の質問を繰り返します。たとえば、「自分がやりたいと思ったことで、周囲から反対された経験があれば話してください」「反対されたとき、あなたはどのように考え、どのように対応しましたか?」「あなたは周囲と意見が対立したときはいつもどのように対応しているのですか?」という質問のされ方もよくあります。

●ノンバーバル・コミュニケーション
顔の表情や身振りなどといった言語以外で相手に伝えるものをノンバーバル・コミュニケーションといいます。

●コンピテンシー対応
上記の質問のように「経験を語らせ、経験で語る」のがコンピテンシー評価型面接です。どんな質問からも、このようにコンピテンシー評価型の質問に切り替わっていくかわかりませんので準備が肝心です。

- 面接中は、表情や仕草まで見られている。
- 目は口ほどにものを言う。
- 意に反することでも前向きに取り組んでいけることをアピール。

質問7 自己PRをしてください

回答例

B 私は、おとなしくてまじめな性格で、学生時代に取り立てて賞を取ったりという華々しい経歴はありませんが、調べものをしたりコツコツと積み上げていくことが好きですので、公務員に向いているのではないかと思います。

D 私は、学生時代テニスサークルの副幹事長をしていました。ときには部員どうしで意見が対立することもありましたが、それぞれのメンバーの意見を聞いてうまくまとめようと努力しました。このような経験がありますので、住民の方の意見をよく伺って政策をまとめていける能力は十分にあると思っています。よろしくお願いします。

就職活動は究極の「営業」だ

「会社に入って、営業やるのもかったるいし、公務員にでもなって、まったりするかぁ」

「うーん、自己PRっていってもなぁ。小中高って、勉強もそこそこ、運動もそこそこ。勉強だって、学年トップとかってことはなかったし、普通にクラスの上位。特に部活で華々しい成績を上げたこともないし。ヒマな時間はゲームやってたし……なんか、取り立てて『こう』ってところはないんだよなぁ」

●**結局は同じこと**

「自己PR」「自己アピール」「自己紹介」「自己分析」といろいろいい方はありますが、すべて同じことを聞かれているのだと思ってください。なお、自己PRは1分用と3分用の2パターン準備しておいてください。

【類題】

○1分間であなたがどのような人なのかわかりやすく自己紹介してください。
○3分間で自己アピールしてください。
○あなたのセールスポイントは何ですか?
○あなたの強み・弱みを教えてください。
○自分に自信がありますか?
○自分ではどんな性格だと思いますか?
○自分の性格で嫌いなところはどこですか?
○1人でやる仕事と複数でやる

これほどではないにしても、公務員受験者って、こんな感じが多くありませんか？　でも、就職活動って、究極的には「自分」という商品を企業や官公庁に売り込むことなんですよね。ある意味「営業」です。相手方がどういった商品（この場合は人材）を求めているか研究したうえで、自分をどうアピールしたら相手方に魅力的な商品に見えるのかを考えるべきなのです。ですから、これが「不得意」ということでは、結局、公務員にもなれません。

　ということで、自己ＰＲという商品プレゼンが非常に重要になってくるわけです。自己ＰＲに関する質問は、面接試験の中でも必ず聞かれるものですから、慎重に答えを準備しておきましょう。逆に言いますと、ここでの答え方によっては、面接官の質問を自分の得意なフィールドに誘導し、引きずり込むことができます。「ワナ」を仕掛けやすい部分なのです。ですから、面接カードでは、なるべく質問の矛先がそのような方向に向かうように、**何について突っ込んでほしいかが面接官に伝わるように**書いておきましょう。

自己PRの作成手順

　それでは、自己ＰＲの作成手順について説明します。

　まず、自分の性格分析をしましょう。何がいい点か、どこが悪い点か、冷静に見つめ直すのです。自分でシートを作って書き込んでいくといいのではないでしょうか。生まれてから今までを縦軸に置いて、その左の段に**よかったことやうれしかったこと**、右の段に欠点や失敗したことを歴年で列記してみましょう。自分史を作るみたいな感じで。

　そして、もう1つシートを作って、これには自分が**公務員になってやりたいこと**を書き出してみましょう。そして、その**2つのシートのリンク付け**をするのです。「やりたい

仕事と、どちらが向いていると思いますか？

○「私は○○な人間です」を10言ってください。

○「私を採用したら、こんなにお得」という点を説明してみてください。

○あなたの～という長所を今後の業務でどう生かしていくつもりですか？

○あなたは5年後、何をしていると思いますか？

★コンピテンシー対応

●あなたが自信を持っていることは何ですか？

●どのような経験からそのような自信を持てるようになったのですか？

【回答例の寸評】

Bさん　質問3でも述べましたが、今は「いかにも公務員的な人」は求められていません。

Dさん　この程度のエピソードでは「住民の意見をくみ取って政策をまとめていける」という裏付けにはなりません。Dさんのような自己PRはとても多いので困ったものです……（163ページ参照）。

こと」にあなたのいい面がどのように貢献できますか？　あなたの欠点は、公務においてデメリットになっていませんか？　なっているとするならば、どう克服していけばよいのでしょう？

さらに、このシートでは、自分が公務員になってやりたいことと、自分が受験しようとしている公務員試験（あるいは府省）の仕事・職務とがどう関係しているのか・いないのか、自分の能力はその職務に具体的にどう生かせるのかというところを書き出しておきましょう。

「プラス表現」に置き換える

ただし、このシートはあくまでも、考えの「下書き」。実際の面接で悪い点を列挙するのは、聞き手の側からは、「素直だ」とは思うものの、消極的な人間に取られかねません。人の性格というものは、同じことをいい面と悪い面の両面から評価することができるものです。「明るくだれとでも付き合える→おっちょこちょいでいい加減な八方美人」というふうに、いいと思っている点を悪くとらえることもできますし、その逆もあるのです。ですから、実際の面接では、マイナス面も、**たとえば、「引っ込み思案→物事を冷静に判断し慎重に事を進める」などのようにプラスの方向に転換**して話しましょう。

なお、「コミュニケーション能力」「責任感」「指導力」「企画力」「協調性」「積極性」「堅実」「緻密」など、面接官側が判断基準としているであろう言葉・フレーズを、そのまま使うのは逆効果です。すべてあなたのコンプレックスの裏返しだと思われています。どうしてもこれらの性格を強調したい場合には、その言葉をあえて使わずに、具体例を引き合いに出して説明するようにしましょう。

●2つのシートのリンクづけ

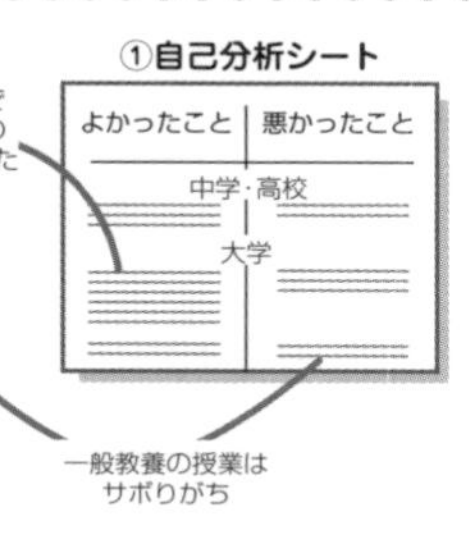
①自己分析シート
よかったこと
悪かったこと
中学・高校
大学
サークルでたくさんの友人ができた
一般教養の授業はサボりがち
②やりたい仕事シート
○○○○○○○○○○
○○○○○○
ごみのエネルギー化事業
とにかくランダムに書き出してみる
やりたい仕事に関して自分の長所をどうアピールするか欠点をどう補うか
③まとめシート
1.ごみのエネルギー化事業を担当してみたい
⊕ 人と協調することができる
⊖ 関心のないことにはまったく興味を示さない
→⊕ 1つのことに打ち込むことができる
周りが見えなくなることは反省し、今後はあらゆることに見聞を広げていきたい
欠点はプラス表現に置き換える

「ここが売り」というセールスポイントを考えておく

それから、自分の性格のうち、特にここは訴えたい、「ココが売り」というのを考えておきましょう。その場合には、「具体例は?」「どのような点からそう思うのですか?」「周りのみなさんはそれに対してどう評価していますか?」という質問が次に飛んでくるでしょうから、**エピソードを交えた具体的な答えの準備**もしておきましょう。

性格以外でも、自分の「売り」だと思う点があったら、積極的にアピールしましょう。しかし、ウソをついたり、ウソでないまでも「な〜んだ」と面接官をガッカリさせてしまうような中身はマイナスですよ。こういった場合には、面接官のガックリ度がそのまま結果に反映してしまいます。

面接官に「ほほう!」と思ってもらうだけではダメ。「ほほう!」→「なかなかやるじゃん!」というふうに思わせる、要は「落としどころ」がないといけません。それがまさに「有効なワナの仕掛け方」なわけです。

●ガッカリの例

運転手さんの試験のときだったのですが、面接カードに「前の仕事を無事故で勤め上げました」と書いてあるので「ほほう!」と思って面接の際にいろいろ聞いてみたら、確かに「無事故」ではあったものの、「無違反」ではなく、違反・減点を繰り返していたということがありました。「無事故」を妙にアピールしているなと思ったら、そんな裏があったわけです。

- 就活は「自分」という商品を売り込む究極の「営業」だ。
- 面接カードの作成と面接対策はオモテとウラ。
- 自己PRの作成は自己分析に始まる。
- いいことも悪いこともすべて「プラス表現」に置き換えろ。
- セールスポイントという「ワナ」に面接官を誘い込め。

質問8 あなたは友達（家族）からどんな人だと言われますか？

回答例

A 以前サークルの友人から、「自分の意見を譲らないところがある」と言われたことがあります。サークルの運営方針をめぐって、部長である私と副部長の意見が食い違うことがあり、何か月か協議をしたことがあったのですが、結局、私のほうが自分の主張を通したことからこのように言われたのだと思います。

E 友人からは、「自分の意見を持っている人だね」と言われます。人から言われたことをうのみにするのではなく、自分で理解してから行動するようにしています。意見が対立したときにも、友人たちの話を聞き、自分の意見も説明してよりよい結論が得られるように努力してきました。

B 母に「いろいろやるけど長続きしないね」と言われたことがありました。小学生時代からピアノやそろばん、書道などいろいろと習い事をやったり、フルートとかギターとかの楽器をやったり、バスケットボール、ラクロスなどと、やりたいことがコロコロと変わってきたからだと思います。

F 母から「多趣味だね」と言われます。小学生時代から、ピアノやそろばんなど、いろいろな習い事をやってきましたが、どれをやるときにも必ず目標を掲げることを心掛けてきました。たとえば、小学校を卒業するまでに書道は二段になることができましたし、高校時代には簿記1級を取得することができました。

【類題】

○あなたは周囲からどんな人だと言われることが多いですか？
●どうしてそのように言われると思いますか？
●それについてあなた自身はどのように思っていますか？
○学生時代、あなたは友人の中でどのような存在でしたか？
●仲のよい友人はどのような人ですか？
●気が合わないのはどのような人ですか？
○親友と呼べる人はいますか？

【回答例の寸評】

Aくん・Bさん あまりに素直すぎます。Aくんは「結構頑固なんだろうな。言っても聞かないかもしれない」、Bさんは「なんにでも首を突っ込みたがるけど、すぐに飽きちゃうんだろうな」と思ってしまいます。

Eくん・Fさん AくんBさんとほぼ同じ内容ですが、プラ

本音がポロッ！に注意

この質問は、自己ＰＲの裏返しです。でも、経験則上、なぜだかこの質問ではボロが出やすいのです。

ストレートに「自己ＰＲをしてください」というと事前に準備した「着飾った」自分、つまり、いいことしか言わない受験者が多いようです。しかし「友達が言った」「親に言われた」という**第三者がどう話したかということになると、ついつい言われたことをそのまま話しがち**。本音がポロッと出てしまいます。これが、この質問のねらいです。

オトナは自分を客観視できる

もう一つのねらいは、自分自身を客観視できているかということです。社会人に大切なことは、自分および自分「たち」の行為・言動が、周りの人にどう見られているか、社会全体に受け入れられるものであるかどうかを常に客観的に見ることができるということです。かといって、人の目を過度に気にしている人物というのも怪しいですが、ジコチュウ、独りよがりな人物も避けたいと思うわけです。

ス表現に言い換えてあるため、悪くは聞こえません。

●客観視のコツ

自分を客観視しようとしても、慣れていないことは難しいもの。まずは身近な友人、家族に「私ってどんな人？」「オレってどういうところがよくて、どういうところがまずいのかなぁ？」と聞いてみることです。

カチン！とくるような話もあるかもしれませんが、そこはガマンして聞くこと。言いづらいことを言ってくれるということは、それだけあなたのことを思ってくれているのですから。

そして、単に聞き流すのではなく、言ってくれたことを細大漏らさずメモしましょう。これは、自己分析の元データになります。

- 友人、家族に自分の評価を聞き、「プラス表現」に言い換えておく。
- 常に自己ＰＲと心得よ。
- 自分を客観視できるようになれ。

質問9 周囲の人とうまくやっていけますか？

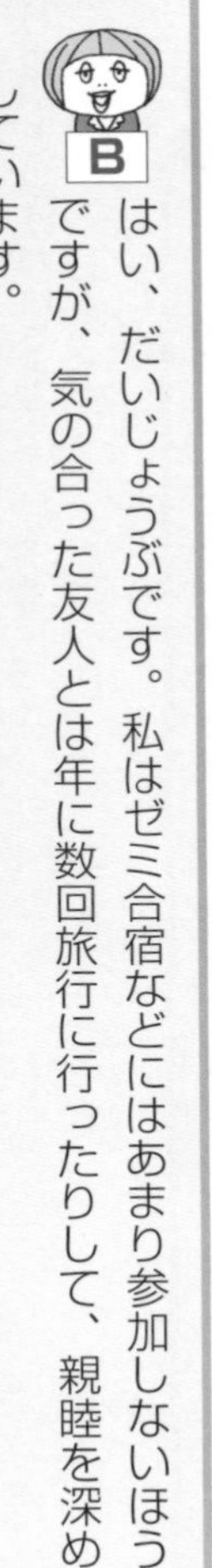

回答例

B はい、だいじょうぶです。私はゼミ合宿などにはあまり参加しないほうなのですが、気の合った友人とは年に数回旅行に行ったりして、親睦を深めたりしています。

D はい、問題ありません。私は友人から「黄門さま」というあだ名をもらいました。たとえばこういうことがありました…（中略）…。人の話をしっかりと聞くことができ、アドバイスできる点を「黄門さま」と評価してくれたのだと思います。

組織では協調性が重要視される

組織の中で働くということは、一匹狼で仕事をするわけではありませんから、必ず「人との関係」を円滑にやっていけるか、協調性があるかということが重要視されます。ここで「いや、やっていける人とはやっていけるんですが、ダメな人とはダメなんです」と正直に答えてはいけません。**「だいじょうぶだ」と言ったうえで、具体例、体験談、エピソード**を添えましょう。そして、さらに、その体験から得た能力を職場でどう生かしていくか述べられれば、さらにポイントは上がります。

なお、ほかの質問に答える際にも、自分の意見に固執しすぎると面接官に頑固者と思われてし

【類題】

○周囲の人とうまくやっていく自信はありますか？

○チームワークで最も大切なことは何だと思いますか？

○対人面であなたが普段気を付けていることは何ですか？

○友人に悩みを打ち明けられたら、どう接しますか？

★コンピテンシー対応

●対人関係で困ったことはありますか？

●その時あなたはどのようにして解決しましたか？

●相手方は納得しましたか？

●振り返ってみて、その時ご自分がとった行動を評価してみてください。

【回答例の寸評】

Bさん いくら「だいじょうぶです」と言っても、これでは気の合う人とだけしか行動できないのではないかと思われてしまいます。

まいますし、「グループ行動は苦手」などのマイナス表現は控えたほうがよいでしょう。

組織内での協調性は、上司との関係、同僚との関係、部下との関係、そして、国民（住民）との関係の全方位で評価されます。上にばかりこびへつらうだの、住民には居丈高ということではよりよい「公務」になりませんので、このような裏表のありそうな人物は採用の段階で排除されてしまいます。

面接試験＋性格検査が一般化しつつある

最近、どこの試験においても、面接試験と合わせて性格検査を実施するようになりました。これは、マークシート方式で、30分で100問程度の短い質問に答えさせるものです。なかには矛盾した設問がありますので、それをどう答えるかでウソをついていても見破られてしまう仕組みです。心理学者が考案したもので、性格が何段階かに分かれて表示されるものが一般的です。たとえば「だれとでもやっていける」から「だれともやっていけない」というふうにです。

これは、面接試験だけでは測れない深層心理の部分まで探ろうというもので、この結果を踏まえたうえで、その成績を見つつさらに面接で「周囲の人とうまくやっていけますか?」などと質問をして、最終的な判断をするのです。

Dさん 具体例を挙げているのは好印象。さらに、それが仕事にどう結びつくかの説明が欲しいところです。

●適性試験

その職種の仕事を遂行する適性があるかどうかを判断するために適性試験を行うこともあります。

たとえば、国家一般職［高卒］や地方初級試験の行政事務では事務処理能力を見るために、置換・照合・計算・分類などの比較的簡単な問題を限られた時間内にできるだけ数多く解答するスピード検査が行われます。

警察官や消防官などの場合にもそれぞれの職種に応じた適性試験が課されます。

ココが重要！

・協調性があると答えたうえで、エピソードで脇を固める。
・性格検査では小細工をしてもウソがばれる。
・性格検査は判定のプラスアルファ材料。

質問10 あなたの苦手なタイプの人って、どんな人ですか？

回答例

A 私の苦手なタイプの人は、自分の意見を押し通そうとする人です。

F 特に「こういう人が苦手」と感じたことはありません。私自身、どんなタイプの人とも仲良くなれる性格なので。

（面接官「ん〜、じゃあ、たとえば、サークルなんかで、あなたの意見を聞かないで『これは、こうしてね！』と押し付けてくるような先輩もいたと思いますが、そのときあなたはどう対応しましたか？」「ストレスに感じませんでしたか」）

A しかたがないんで、黙って言われるとおりにやっていました。

F 先輩も理由があってそうおっしゃっているのだろうと思い、まずは先輩の言葉を受け止めて、そのようにやりました。やってみて「こうしたほうがいい」と感じたことがあったときには、周囲の友人と相談したりして、その先輩とも率直に話し合いをしてみました。そうしたら、先輩も私たちの気持ちをわかってくれて、スムーズに事が運ぶようになりました。確かに最初はちょっとストレスを感じましたが、かえって、その先輩とも今まで以上に仲良くなれました。

【回答例の寸評】

Aくん　これでは話が続きません。そもそも自分がイヤになる（だろう）ことから全面的に逃げる非社会的な人に思われてしまいます。

Fさん　苦手な人ともコミュニケーションをとりつつ物事を進めていこうという積極性が感じられます。

●ATM人間!?

ある受験者が、「私はATM人間です！」とアピールしてきたので「？引き出しの多い人間？残高の多い人間？なんでも機械的に処理しちゃう人？」と思っていたところ、「どんなことも『明るく』『楽しく』『前向きに』を心がけています」ですって。なかなかおもしろいアピールですね。面接官に「？」と思わせておいて「ふ〜ん」と落とすことのできる簡単なフレーズは有効です（あまりこれ

あなた自身が「自分の意見を押し通す」タイプになってはいませんか？

この質問は質問９の派生系で、周囲の人との協調性や柔軟性を見るものです。とりわけ、最近は、苦手な人との対話を避けようとする、自分の考えと違う物事に対して強い拒絶反応を示す人が多くなっているので、この質問をすることが多くなってきています。

あなたが「自分の意見を押し通す人が苦手」ということは、あなたも相手とは違う意見を持っているわけですね。で、その自分の意見を相手にぶつけてみて、折り合いをつける、そういう作業はイヤなんでしょう。だから、「そういう相手は苦手だ」と思いつつも、立場が上の相手には、しかたなく言いなりになる。でも、あなた自身、自分の意見を曲げたわけではない。

……それって、あなた自身も相当ガンコ（意固地）ですよ。世の中、自分の意見だけが通るなんていうことはありません。むしろ、あなたの意見よりももっといい考えだってあるかもしれないんです。いろんな意見を出し合い、ときには議論・激論しながら、改善していくことによって、よりよいものになっていくのです。公務に限らず、仕事って、そんなものです。

周囲の意見をよく聞いて、場合によっては自分の意見も変えていく、あるいは、自分の意見のほうがいいところがあれば、それを周囲に説得する、そういう**柔軟性や積極的なコミュニケーション力があるかが試されている**のです。

だけに凝ってしまうのは考え物ですが）。

●耳の痛いお言葉

「あの主任の下ではどうも働き甲斐がない」と、不足をもらす人がある。……性格、意見の異なった指導者の下で自己を磨くことによってこそ、かえってよりよく修養が得られるものである（松下幸之助）

ココが重要！

- 苦手なタイプを「避ける」姿勢を見せてはいけない
- 積極的にかかわり、コミュニケーションをとる姿勢を示す
- 周囲の意見も取り入れる「聞く耳」があることを強調

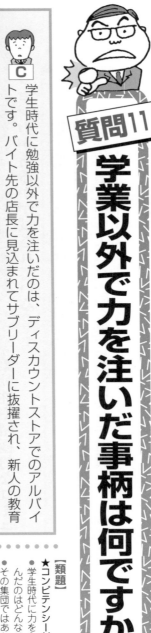

質問11 学業以外で力を注いだ事柄は何ですか？

回答例

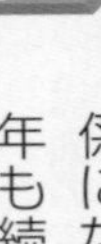

C 学生時代に勉強以外で力を注いだのは、ディスカウントストアでのアルバイトです。バイト先の店長に見込まれてサブリーダーに抜擢され、新人の教育係になったりしました。バイト仲間にも恵まれ仕事にもやりがいがあったので、2年も続けました。このときのバイト仲間は今でもいい友人ですし、社会人になるための貴重な経験をさせていただいたなあと思っています。

E 学費は自分で稼ごうと決めていたので、ホテルのレストランで皿洗いや調理補助のアルバイトをしていました。単純な作業の連続でしたが、どうすれば効率的になるかを考えながら仕事をするのは結構おもしろいことだと思いました。厨房のレイアウトを変えるともっと効率的になることに気づいて店長に提案したところ、それが認められて、その後は新人教育まで任されるようになりました。

経験から何を学んだかをエピソードで伝える

回答で最も多いのが、サークル・部活、アルバイト（「バイト」と略さないこと）の経験、ボランティア活動の体験です。いずれにしても、なんのサークルだったのか、どこでどんなアルバイトやボランティアをしたのか、その動機は何かということを端的に話してください。

【類題】

★コンピテンシー対応

- 学生時代に力を入れて取り組んだのはどんなことですか？
- その集団ではあなたはどのような役割だったのですか？
- その活動の中で、どのような問題にぶつかりましたか？
- その時あなたはどのように考え、どのように対応したのですか？
- 周囲と意見が合わないことはありましたか？その時あなたはどう対応しましたか？
- 周囲はあなたの対応をどのように評価していましたか？
- あなたはそれをやっていて何を目標にしてきましたか？
- その目標を達成するためにどのような行動をとってきたのですか？
- 目標を追いかけていく中で、一番大変だったのはどのようなときでしたか？
- それをどのように乗り越えようとしたのですか？
- 掲げた目標に取り組んだ結果

でも、面接官は、経験そのものに魅力を感じるわけではありません。その経験の中であなたが自分なりにどんなテーマを持って物事に取り組み、その課題解決のためにどんな工夫をしてきたか、**何を得たか・何を学んだか**が知りたいのです。たとえば、「ボランティアをして喜ばれました」と言うだけでは足りません。「どのようにして喜んでいただいたかというと、1つ目に…2つ目に…」と具体例を付け加えましょう。つまり「喜ばれた」という事実が重要なのではなく、そのために**どういう努力をしてきたか、「コツ」「法則性」を示す**ことが重要なのです。これを具体的に表現することで、あなたが「経験から学ぶことのできる人」すなわち、優れたコンピテンシーの持ち主であることが伝わってくるのです。

ヒッチハイクでアジア一周してきましたなどという経験そのものの奇抜さ、派手さ、おもしろさだけで評価をされることはありません。むしろ、**日常の中からいかにおもしろい発見をしたかを実感を持って語れる**ほうがよい評価になります。

サークルの幹事だけではアピールポイントにはならない

まず、サークル関係では、「サークルの幹事でメンバーのとりまとめをしていました」というものがとにかく多く、サークル関係の話のほぼ8割が、なんらかの役職に就いていたというものです。「そんなに役職が多いサークルなんて、まるで役人みたいだな」と、聞き手の（「役人」である）私たちのほうが1人ボケツッコミをしたくなるほどです。特に多いのが「サークルの副幹事長で縁の下の力持ち的役割を経験してきたので、公務員となって国民のみなさんを縁の下から支えていきたい」というものです。1回の試験で何回同じようなフレーズに出会うことか！と思ってしまいます。ウソの役職まで作ってアピールしなくてもいいですよ。それに、「縁の下の力

はどうでしたか？

●その結果に満足していますか？その結果をどのように評価していますか？

●途中でやめたいと思ったことはありますか？そのときに投げ出さずに続けてこられたのはなぜですか？

●途中で状況が変わってしまい、目標やそれまでのやり方を変更しなければならなかった場面があれば、具体的に話してください。

○部活で、練習はよくさぼるのに上手な人と出席率はよいのに下手な人がいたとしたら、どちらを試合に出しますか？

【回答例の寸評】

CくんもEくんも「アルバイトをしていて、そのうち新人教育を任されるようになった」という同じような内容ですが、評価には差が出てしまいます。

Cくん 貴重な経験から何を学んだのかの説明が欲しいところです。店長はあなたの何を見込んで抜擢したのでしょうか？

Eくん 単純な仕事にもやりがいを見つけられるというところが高ポイントです。

持ち」ばっかりなんて、いりません。みなさんには、組織の幹部となって引っ張っていかなければならない面も期待されているのですから。そんな生半可な気持ちでは公務員になれませんよ。

「役」に就いていたと聞いただけで、その学生に魅力を感じることはありません。その中で具体的に何をしたのか、どのような経験をして何を学んだかが大切です。

アルバイトでのやりがいを強調するなら、なぜその仕事を続けない?

お金を稼ぐのはどれだけ大変かという社会の厳しさを味わった経験があるということはプラスの材料です。公務員になってしまったら、民間の厳しさがわかりませんものね。

どういうアルバイトをして、どういう経験をしたか、それによって何が自分の身に付いたのか、それを今後どう生かしていくつもりなのか具体的に話しましょう。「非常にやりがいのある仕事でしたし、店長に見込まれてリーダー的存在になることができました」という話もよく聞きます。単にそれだけではなく、仕事のどういうところにやりがいを感じたのか、自分のどの部分、どういったところを「見込まれ」たのかこそが、訴えるべき点です。

また、「そんなにおもしろい仕事で、店長にも見込まれたのなら、そのままそこで働けばよかったんじゃないの？　わざわざ公務員になろうと思ったのはなぜ？」と突っ込まれたときの対処法も考えておきましょう。「それは一生の仕事とは思いませんでした」などという、その仕事を一生の仕事としている方に失礼な答えだけでは、同じ社会人として、面接官も納得してくれないでしょう。その仕事と公務員の違い、そこでなぜ公務員を選ぶのかを、具体的に話してください。

●バイト、サークル以外にないの?

「サークル活動＝好き」「アルバイト＝生活のため」という理由が多いのではないでしょうか?　つまり、「好きだからやった＝嫌いなことはしない」「お金がないからした＝お金があればしない」という可能性もありますよね。そこであえて「ほかにはどんなことをやっていたか?」という質問をすることもあります。

なんでみんながそんなにボランティアをしているの？

特に最近は、ボランティア体験をアピールする方が増えています。そんなにボランティアをする方が実際にいるなら、日本には介護や福祉の問題は生じないのではないかと思うくらいです。就職のアピールのため（だけ）にちょこっとやっただけなのではないですか？　介護・福祉関連のボランティアというのは、ちょっとやったぐらいでは、実際の大変さ、すなわち、ご家族の方々や施設にお勤めの方々のつらさ・悲しさ・喜びなどは、わかろうはずもないのです。それに、相手は生身の人間なのですから、まるで実験台、体験台として相手の方を使うのは、人間の尊厳を傷つけていることにもなるのです。ですから、そもそもボランティアは生半可な気持ちではできないはずです。なのに、こちらが質問をしてみると、**真剣な気持ち、奉仕の気持ちが伝わってこない回答が多い**のです。やらないよりちょっとでもやったほうがましだという議論もありましょうが、心のこもっていないアピールのためだけのボランティアは、人のためにもならないし、自分のアピールにもならないことでしょう。

●わざわざでっち上げる必要はない

サークルに入っていなかった、アルバイトをしたことがない、ボランティア経験がないということであれば、あえてでっち上げる必要はありません。この質問のように「学業以外で力を注いだ事柄」というのであればなんでもいいんです。小さなエピソードから話を広げてもらってもかまいません。そのためにも事前の自己分析は大事なのです。

なお、「サークルは?」と聞かれたら、「入っていませんでした。それは……」となんらかの理由を考えておけばいいのです。

- 奇抜な経験談はいらない。
- 経験から何を学んだかをエピソードで伝える。
- どんな経験からでも「コツ」「法則性」をつかめる人はいい評価。
- サークルの幹事経験だけでは評価にならない。
- なぜアルバイト経験をしたのに就職は公務員なのかを具体的に。
- 真剣な気持ちで真剣に臨んだボランティア経験なら相手の心を打つ。

質問12 学生時代に打ち込んだことは何ですか?

回答例

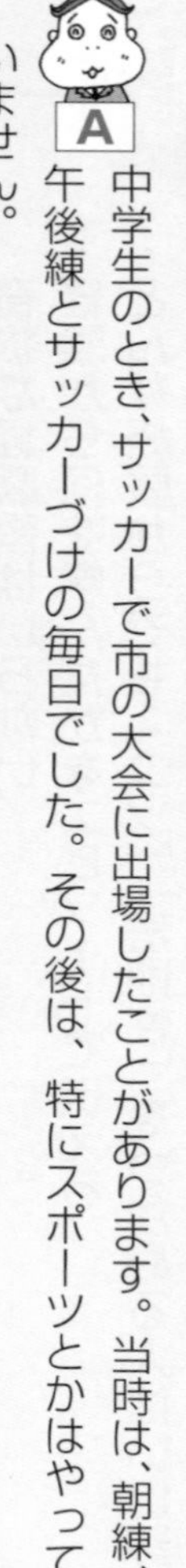

A 中学生のとき、サッカーで市の大会に出場したことがあります。当時は、朝練、午後練とサッカーづけの毎日でした。その後は、特にスポーツとかはやっていません。

D 学生ですから、ゼミの授業をメインに学部の授業に打ち込んできました。特に私の所属しているゼミは地方自治論でしたので、毎年1つの自治体を取り上げ、分担を決めてフィールドワークをしていました。

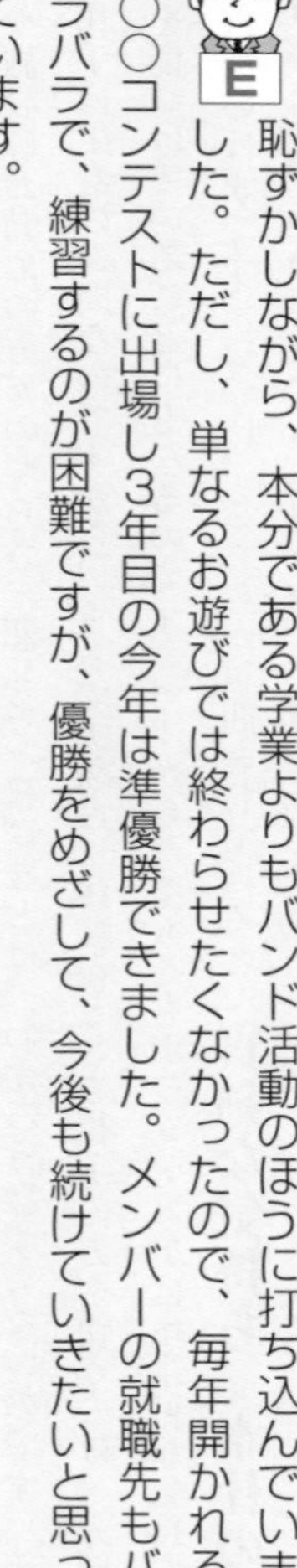

E 恥ずかしながら、本分である学業よりもバンド活動のほうに打ち込んでいました。ただし、単なるお遊びでは終わらせたくなかったので、毎年開かれる○○コンテストに出場し3年目の今年は準優勝できました。メンバーの就職先もバラバラで、練習するのが困難ですが、優勝をめざして、今後も続けていきたいと思っています。

目標を持てる人はいつも輝いている

これは、質問11の類題です。目的意識を持って生きてきたかどうかを探る意図があります。これまでも**目的意識を持って生きてきたならば、仕事においても目的を見**

【類題】

★コンピテンシー対応

- 学生時代に力を入れて取り組んだことをいくつか挙げてください。
- それぞれどのようなきっかけで始めたのですか?背景や時間的な経緯も含めて話してください。
- それぞれについて、満足のいく結果を残せましたか?
- どのようなことに最も満足していますか?具体的に話してください。
- 途中でやめてしまったものはありますか?その背景も含めて教えてください。
- もっとこうしておけばよかったという反省点があれば教えてください。

★コンピテンシー対応

- 学生生活、社会的活動、職業体験などで、達成感があったと感じていることはどんなことですか?
- あなたはどんな立場(ポス

つけてくれるのでは？　という期待を持てるからです。

質問11は「学業以外」との限定付きですが、質問12ではこれが付いていない点がミソです。学生の本分は学業だ、という当然すぎるほど当然の命題があるわけですから、素直に「勉強に打ち込んできました」と答えるのも一方策です。そのときには、「それで、具体的にキミの専攻は何だったの？」「その問題だったら、こういう考え方もあるよね？」と具体的に質問されたときの答えを準備しておかなければなりません。それ以外の事項を答える場合でも、それなりの覚悟が必要です。どうして？なぜ？という相手の質問に答えるように具体的に話しましょう。

エピソードは1点豪華主義で

それから、「学生時代」というときにあまり古い話を持ち出したり、細切れのエピソードをいくつもいくつも挙げるのはどうかと思います。たとえば、大学生なのに、「私が小学生のときは……」と話されても、「あんた、それから成長してないの？」と思われてしまいますし、あれもこれも、とエピソードを並び立てられても困りものです。

ここで言うべきことは、あなたのこれまでの経験のうちで、**最も最近のトピックになるような事項を1つだけ、それも具体的に**話すことです

ココが重要！

- いつも目的を持って追いかけている人は輝いている。
- 小、中、高校生時代の古い話を持ち出さない。
- 下手な鉄砲は数撃っても当たらない。
- 最近の、最もトピックになる事項で一点勝負。

ト、役割）だったのですか？

●目標を達成するためにどんな努力をしましたか？

●周囲の協力はありましたか？

●一番困難だったのはどのような点ですか？

●どんなときに最も達成感を感じましたか？

●同じようなことに再び遭遇したとしたら、今度はどんな工夫をしようと思いますか？

【回答例の寸評】

Aくん　中学時代の話をされても……。

Dさん　事実の提示だけでは発展性がありませんよね。

Eくん　物事に打ち込む姿勢が見えていてよいと思います。具体例を挙げるなら、このように複数人がチームワークで行うものが理想的です。

質問13 卒業論文のテーマについて説明してください

これも質問11の類題です。学校と学部だけでは、特にどのような分野を詳しく勉強・研究してきたかがわからないので、卒業論文のテーマを聞いているのです。

まだ書いていない場合には、これから書こうと思っているテーマでもかまいません。学校によっては卒業論文を書く必要がない場合もあるようですが、何もないと答えてしまっては、「勉強してないな」「遊んでばっかりの学生生活だったんだろう」と思われてしまいます。その場合には卒業論文はないと断ったうえで、**最も力を入れて勉強してきたこと、この分野だったら多少の質問には答えられるだろうということ**を答えておけばよいと思います。

なお、面接カードや身上書に書く場合には、記載欄の大小にもよりますが、テーマだけをポーンと書いておくのではなく、数行でもいいので、その概要とかポイントを書いておくと好印象です。なお、書いた以上は、それに関する質問が飛んでくることは覚悟しておきましょう。

私の経験でも、たまたま先日読んだばかりのアメリカの小説家について卒業論文にしている受験者がいましたので、疑問に思っていたことや、具体的な1シーンの感想などを話したことがあります。とてもおもしろく、また、かえってこちらが勉強になることなども教えてもらったので、私にとっては非常に有意義な時間となりましたが、受験者としてはたまらなかったでしょうね。彼女が職員となった今でも、「あのときの面接はつらかったぁ」と言われます。でもね、たまたま面接官の関心事項とピタッと合ってしまうと、このようなことに遭遇するかもしれませんよ。

【類題】

○あなたはなぜ今の大学に進学されたのですか?

○この学部（学科）を選んだ理由は何ですか?

●入学時に描いていたイメージに比べて実際はどうでしたか?

●自分の選択についてどのように思っていますか?

○どのようなゼミに所属されていたのですか?

○自分の研究テーマを素人でもわかるように30秒から1分で説明してください。

質問14 得意な科目・不得意な科目を教えてください

これも、卒業論文のテーマを問う場合と同じような目的のものです。卒業論文のない高校生などを対象とした試験で多く聞かれます。科目名を言うだけではなく、その科目の特にどの分野が得意だったか・不得意だったか、あるいは、どうして得意だったのか・不得意だったのかを具体的に説明するようにしましょう。

高校生、専門学校生の場合は、ある意味、学校の指導が徹底しすぎて、みんながみんな同じ回答をすることがあります。実際、連続して何人もが「不得意な科目は化学です。元素記号を覚えるのが不得意でした」とまったく同じ答えをすることがありました。これでは、面接官のほうも、「怪しい」と思ってしまいます。「そのほかに不得意な科目は?」と聞かれてしまって、メロメロになる受験者もいます。

よく聞かれる質問については、学校の授業や受験専門書(この本もそうですね)で「模範回答」が示されることが多いわけですが、**「模範回答」をそのまま丸暗記するというのはあまり効果がない**と思います。「模範回答」はあくまでも一つの例としておいて、これに「似せた」(ここのところが大事ですよ。「模範回答」に似ているけれどもあくまでも自分自身の体験です)自分独自の回答案を作っておきましょう。

それから、「数的推理が得意です」と公務員試験の科目を話すのはやめましょう。ここで聞いているのは、学校の科目の話です。こういう答えを聞くとゲンナリしてしまいます。

●国語と数学

アメリカの大学では、入学試験の際に英語(アメリカ人にとっては「国語」ですよね)と数学の成績を重視しています。この2科目は論理的思考力を測るバロメーターになるのだそうです。論理的思考力は社会人の能力として非常に重要です。

このことを知っている面接官がいるとしたら……。

質問15 あなたの趣味は何ですか？

回答例

A 読書です。野球観戦も好きですが、もっぱらテレビで見ています。

C 柔道です。現在は引退してしまったので、試合というよりももっぱら体力維持と後進の指導に力を入れています。

日常どのようなことをしているのかが知りたい

その人がどんな趣味を持っていようが仕事をするうえでそれが関係してくるものではありませんが、このような質問をする理由は、その人が日常、どんなことをしているのかな、どんな休日を過ごしているのかな、というところから、**その人の人物像を浮き彫りにしよう**と考えているからです。広く浅くなんでも言っておけばいいというものではありません。ちょっと聞きかじったぐらいなのにもかかわらず「何年もやっています」などと答えると、面接官の中には多趣味な人もいますので、専門的な質問をされてドツボにはまる、といった醜態をさらすことにもなりかねません。なお、公務員を受験するからといって、まじめな趣味ばかり並べ立てる必要もありませんよ。いろんな趣味を持っている人が雑多にいるほうが、職場はおもしろくなって活性化するものですから。みなさんもご一緒に、「公務員＝まじめでつまらない」という社会的

【類題】
○あなたは休日にはどのようなことをしていますか？
○あなたの特技は何ですか？

【回答例の寸評】
Aくん・Cくん　いずれも具体性に欠けます。ここから話が広がるようにしていきたいところです。自分がその趣味で何を勝ち得たかを話しましょう。

●積極的にアピール
面接カードや身上書の場合には、趣味以外でも、取得した資格があれば、記載しておいてもいいかもしれません。たとえば、宅建（宅地建物取引主任者）などの仕事に結びつくかもしれないものから、剣道三段など趣味のものでもけっこうです。そこから話がつながっていきそうなものは書いておきましょう。

評価を打破しませんか？

もっと素顔のあなたを見せて！というシグナル

受験者全員にこのような質問をしている場合には問題はないのですが、特に前後の人には質問されず、あなたにだけこのような質問がなされた場合には「今まで聞いてきたことだけじゃあ、あなたの人物像が見えてこないな。**もっと本音をさらけ出してよ」という面接官のシグナル**である場合が多いようです。そのような場合には、「今までの自分の答え方が堅すぎたのだな」と反省したほうがよさそうです。もう少し自分の心の内を明らかにするような答え方をするようにしましょう。

なお、面接官のほうとしては、どの受験者にも共通に聞く質問と、その時々の関心で聞く質問とがあります。前者は、事前の準備をしておくもので、各受験者の答え方を比較して判断するためのものです。後者は、個々の受験者の反応を見て、さらに聞きたいことを聞くものです。ですから、自分より前の受験者と接触することができるようであれば（通常、そうならないように工夫されてはいますが）、どのような質問をされたか聞いておくのは有効です。また、終わった者どうしでどんなことを聞かれたかを話し合っておくと、面接官が自分のどんなところに特に関心を寄せていたかがわかります。まあ、その試験では、「後の祭り」なわけですが、次の面接試験に生かせますものね。

・普段のあなた、素顔のあなたを見せてほしい。
・できればほかの受験者にどんな質問をされたか聞いておこう。

質問16 あなたの失敗談を聞かせてください

B 大学受験の際、志望校に落ち、やむをえず浪人したことです。

C アルバイトでコンビニエンスストアに勤めていたのですが、レジの計算が合わなくて、店長にしかられてしまいました。結局、合わなかった金額の分だけ、アルバイト代から差し引かれることになってしまいましたが、お金を稼ぐということの大変さと、仕事中はあらゆることに集中しなければならないということが身に染みてわかりました。

E サークルの幹事をしているときに、学園祭の出し物を何にするかで部員たちと衝突してしまいました。幹事だけで決めてしまったのが原因です。しかし、私の呼びかけで、幹事全員が部員たち一人ひとりに誠意をもって説明したこと、自ら率先して負担の大きい仕事を引き受けたことから、部員たちの意識も徐々に変化してきて、最後には理解が得られ、みんなで協力して学園祭を成功させることができました。

危機管理は公務の世界で今最も注目されている

この質問では、どんな失敗をしたかという経験談そのものを聞きたいのではないのです。そこ

【類題】

これらの質問はあなたの精神的な強さをチェックするものです。最近ではメンタル面に問題を抱える職員の数が増えてきているため、精神力を重視する官公庁が多くなってきています。

○あなたは挫折をしたことはありますか?

○あなたのこれまでの人生で最もつらかったことは何ですか?

★コンピテンシー対応

●今までの人生の中で成功したと思った体験はありますか?

●どうして成功できたと思いますか?

★コンピテンシー対応

●これまでに何か一つのことを粘り強くやり通したという経験があれば、その時のことを話してください。

●やっているうちで一番大変だったのはどのようなことでしたか?

からどのような教訓を得たか、そしてさらに、それをどのように切り抜けてきたか、要は**あなたの生き方、危機管理術を知りたい**ということなのです。

　ですから、「ありません」という答えは論外です。今までの人生でどんな失敗もしたことがないという人はいないでしょう。「ありません」という回答は、「忘れてしまった」か「失敗した自覚がなかった」かのどちらかです。失敗の自覚がない人は、今後の社会人生活でも組織に多大な損害を与えるようなことをしでかしかねないと面接官は評価してしまいます。「ない」と答えて評価されることはないのです。よって、「ある」と答えたうえで、それに続く回答を用意しておくことが大切です。

失敗談にもほどがある

　ただし、「こんな失敗がありました」と告白するにしても、面接官に「やむをえないな」と納得してもらえるような失敗談が適当です。いくら告白といっても、犯罪スレスレのような失敗では公務員試験の場合は即刻アウトになってしまいます。また、「大学受験に失敗した」「就活が思うように行かない」とか「恋人と些細なことでケンカして別れた」などといったことを失敗談として挙げるのは、不適切です。場をわきまえない発言として、極めて印象がマイナスになります。

　同じ失敗談でも、**若さゆえの思慮不足や熱意の空回りといったエピソード**なら聞いてもらえるでしょう。

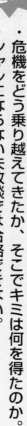

ココが重要！

- **危機をどう乗り越えてきたか、そこでキミは何を得たのか。**
- **シャレにならない失敗談では合格できない。**

●それに対してあなたはどのように取り組んで克服したのですか?

●途中でやめたいと思ったことはありますか?そのときに投げ出さずに続けてこられたのはなぜですか?

【回答例の寸評】

Bさん　そんなのは失敗談になりません。マイナス評価です。

Cくん　答えの前半部分「そういうことになってしまった」という事実だけ述べても評価されませんが、後半でそこから得たことを話しているので、ポイントが上がってきます。さらに、その後どのように対処して再発防止に心がけてきたのかに触れると、なおよかったと思います。

Eくん　自分の行為を反省し、一つの仕事をまとめ上げたということで、危機管理能力のあるところを示しています。

質問17 最近、関心を持ったことは何ですか？

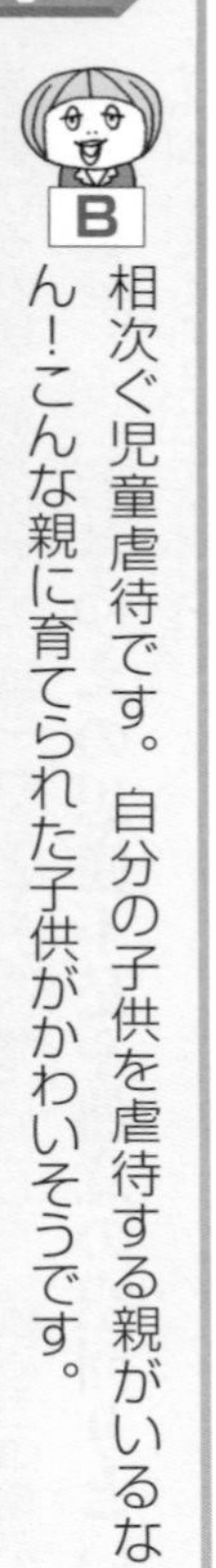

回答例

B　相次ぐ児童虐待です。自分の子供を虐待する親がいるなんて信じられません！こんな親に育てられた子供がかわいそうです。

E　世界各地で相次ぐテロです。どうすればテロを未然に防止できるのか、わが国でもテロ防止対策を早急に進めなければならないと思います。ただ、テロの防止という意味では、テロを仕掛ける集団がどうしてそういう行動に走るのかという分析とそれを防止させる国際協力が必要だと思います。

あまりに有名な話では、ほかの受験者と重なってしまう

この質問は、その人がどんなことに関心を持って日々社会生活をしているのかなというところから、人物像を探ろうというものです。趣味やほかの自己ＰＲで特に何かのアピールをすることのできなかった方でも、話のきっかけにできる質問です。

これから社会人になろうという面接試験での質問なのですから、**基本的には、時事問題、社会事象について話すべき**でしょう。ただし、時事・社会ネタの場合には、ほかの受験者も同じネタを話すことが多いと思いますので、ほかの受験者に差を付ける光る答え、変わった切り口が求められます。新聞やテレビの論調の引き写しでは、平均値に埋没してしまいます。

【類題】

○あなたが最近、感動したことは何ですか？

○あなたが最近、頭にきたことは何ですか？

○あなたが最近読んで感動した本は何ですか？

○あなたの愛読書、愛読誌は何ですか？

これらの質問も、あなたがどのようなことで感情が動くのか、あなたの価値観を知ろうとする質問です。

ただし、「感動した本」「尊敬している人物」といった質問はかつてはよくされた質問ですが、最近では個人の思想チェックと思われるのではないかということで、敬遠される傾向にあります。官公庁によってはこのような質問はしないように事前に面接官に指示を出しています。

す。

感情論ではなく、冷静に分析する目

たとえばテロの問題でも、「テロはいけない」「何の罪もない被害者がかわいそう」という感情論で終わってしまってはいけません。みなさんは公務員になろうとしているのですから、**その原因はなんなのか、どうして起こったのか、それに対して自分はどう考えているのか、どうすればその問題が解決されると思っているのか**ということが答えられるように十分考えておきましょう。これは、日々のニュースを見て（読んで）、常日頃からそのような考えをしておくことがトレーニングになります。

「今朝、新聞を読んできましたか?あるいはニュースを見ましたか?」という質問に、堂々と「いいえ」と答える受験者が多くなってきた現状では、難しい話でしょうか?

なお、個人的なまったく私的な関心事は、そこから何か具体的かつ面接官を感心させるような話の展開を考えたものでない限り、答えとしては不適当です。かつて、「最近の関心事は、『入浴』です」と答えた女性の受験者がいましたが、花も恥じらう中年面接官としては、ドギマギしてその後何をどう聞いていいのやら困ってしまったことがあります。

【回答例の寸評】

Bさん 単なる感情的な回答で、なんら具体的な解決策が示されていません。きっと感情的な人なんだろうな……という評価になってしまいます。

Eくん 分析する視点がはっきり示されていて好印象です。さらに、「わが国でできるテロ防止対策とは?」とか「どのような中身の国際協力が重要なのか?」ということなども掘り下げて考えておくとよいでしょう。

●話題の中身に注意

あまりに私的な関心事がいけないのと同様に、あまりに政治的な話題も危険です。

また、その官公庁の政策を批判するような話も避けたほうが無難です。

- 話を盛り返す絶好のチャンス!
- 正攻法の時事ネタ、社会ネタで勝負。
- 自分なりの切り口を見せろ。
- 言いっぱなしではなく、分析と解決策を示せ。

質問18

英語などの語学力はありますか？

回答例

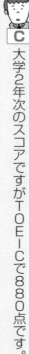

A　英検は受けていないんです。

C　大学2年次のスコアですがTOEICで880点です。

語学力、特に英語が重視されている

最近、公務員においても、国際化の影響から語学力が問われることが多くなりました。国家総合職試験のように、採用面接の際に語学力について聞くことがあると明記している試験も多くなっています。外国の方と一緒に仕事をする場面が増えてきていることも事実ですから、一定の語学力は、評価の対象となります。

英検、TOEIC、TOEFLなどの受験歴があれば、スコアなどを含め正直に申告しましょう。面接カードや身上書の場合は、取得年月も書いておくべきです。面接試験の時点ではスコアカードの提示やコピーの提出が求められることはありませんが、晴れて内定したときには出さざるをえないのですから、ウソは禁物です。

どれくらいのスコアがあればいいかということですが、TOEICで880点以上あれば申し

【回答例の寸評】

Aくん　「受けていない」だけではダメ。受けていないけれどもどの程度の能力があるのか、たとえば「旅行でアメリカに行ったときも日常会話には困りませんでした」などと答える必要があります。

Cくん　「いつの時点で」ということがはっきり示されているのはよい。さらに、「引き続き勉強しているのでさらにスコアアップさせたい」という前向きな姿勢を示すとグッド。

●資格マニアは？

「どのような資格をお持ちですか？」という問いに、「これと、あれと、それと……」と持っているものをいくつも挙げる必要はありません。

いくつも挙げてしまうと「単なる資格マニアか」と思われてしまい逆効果です。

自分をアピールできそうなも

分ありません。なぜこのスコアかというと、他府省の職員が外務省に出向して在外公館に勤務する際、このスコア以上の成績が要求されているのです。

大学1・2年次にできれば取っておきたい

恥ずかしながら私も大学時代は遊んで暮らして、TOEICやTOEFLなど受けたことはなかったのですが、今から思えば受けておけばよかったと思います。今や**語学力は、民間、公務員を通じて就職活動の必須アイテム**なのです。

英語なら、TOEFL、TOEIC、IELTS、英検のいずれかを受けておきましょう。それぞれに試験問題の特徴・クセがありますから、何度か受ければスコアは必ず上がっていきます。最低限、TOEFL（iBT）65点、TOEIC600点、IELTS5.5、英検2級以上には乗せておきたいものです。万一それよりも下であれば、申告しないほうがいいでしょう。したほうがマイナスになります。

また、検定試験などの受験歴がない場合でも、「高校時代3か月間語学留学した経験があります」「日常会話程度はできます」などとその程度を申告しておくべきでしょう。

なお、英語以外の外国語の能力があれば、そちらでもかまいません。両方あれば鬼に金棒でしょう。

ココが重要！

- 今や語学力は必須アイテム。
- 公務員試験の勉強を始める前の大学1・2年次には取っておけ。
- 低いスコアのときはシラを切れ。

の、そこから話がつながっていきそうなものに絞って挙げましょう。

●高校生や一般職［高卒］受験者の場合

一般職［高卒］・初級程度の試験によっても、このような語学力や資格の取得によって有利に考えるところがあります。受験案内に明示しているところは数少ないのですが、受験案内に書いてはいなくても面接試験でアピールすると評価が上がります。

また、公安系の職種の場合は、柔道や剣道の有段者に対して優遇措置があったり、有利に考えてくれるところがあります。

したがって、いわゆる学校の勉強だけではなく、こういった資格試験や検定試験にもチャレンジしておくと、のちのち有利に働くことがあるということを覚えておいてください。

質問19 併願先はどちらですか？

国家一般職で○○省と△△省を回っていて、○○省からいい感触を得ているDさん。ただし、まだ内々定という話はもらっていません。

「今年で決めるぞ！」という意気込みで臨んだ今年の公務員試験ですから、ほかにも国家総合職を受験したのですが、これは1次不合格になってしまいました。□□官の試験、地元の××県の事務の試験では面接まで進むことができ、さらに◇◇市役所の試験にも出願する予定です。

自分の心の中での優先順位は上から、○○省、△△省、□□官、××県事務、◇◇市役所と決めてはいるものの、もし最終段階で内定をもらえなかったら……という不安がよぎりつつ、今日の××県事務の面接試験を迎えました。Dさんは、どう答えようか迷っています。

回答例

答え方① 国家一般職試験を受験しておりまして、○○省と△△省を回っております。そのほか、□□官も受験しており、今後◇◇市役所にも出願する予定です。なお、国家総合職試験につきましては、第1次試験で不合格になってしまいました。

答え方② 国家一般職試験を受験しておりまして、○○省と△△省を回っております。そのほか、□□官も受験しており、今後◇◇市役所にも出願する予定です。

答え方③ □□官も受験しており、今後◇◇市役所にも出願する予定です。

答え方④ こちらが第一志望です。ここしか受けていません。ですから、ぜひ、こちらに受からせてください！ お願いします！

【類題】
○総合職でも当官庁を受験されていますが、一般職で採用されてもいいのですか？
総合職と一般職の処遇の違い

ウソも方便？

みなさんも、この質問が最も迷うところでしょう。正直に答えるべきか？答えざるべきか？いくつかの民間就職向けの面接対策本に書いてあることを集約してみますと、（少数の）同業種または同職種の企業の進行状況だけを答える、落ちたことは絶対言わない、受かった会社は言ってもかまわないが、2、3社程度にとどめておく、御社が第一志望であることを必ず強調しておく、というようなことが書いてあります。

しかし、人事担当者の側から言わせてもらえれば、落ちたかどうか、同業種かどうかにかかわらず、**①のように正直に包み隠さずすべて話してもらったほうが、最も印象よく感じます。**面接官もかつてはみなさんと同じ受験者であったわけですから、「試験は水物だ」ということ、だから受験者が保険・滑り止めのために何か所も併願しているということは先刻承知です。そのことをとらえて不合格にするような面接官はいません。

受験者のみなさんの間では「併願先を正直に言ってしまうと不合格になる」という話があるようですが、これは大ウソです。むしろ、あえて隠そうとする「心根の悪さ」のほうが嫌われます。

②のようにつながっている（第1次試験に合格して、第2次試験以降に進むことができた）ものだけを話して落ちてしまったところは言わないという方、③のようにあえて本命を外して言う方もいますが、不自然な併願状況は怪しまれるもとです。問い詰められて、後から「実はここも受けていました」では心証を悪くしてしまいます。こんなところでウソが発覚して信用を失うほどつまらないことはありません。面接官もプロですから、「うちの試験を受ける受験者はだいたいこんなところも併願しているだろう」ということは最初からわかっています。

を知っている採用担当者は必ず聞きます。自分が本当に割り切れているのかどうか、素直に話しましょう。

なお、官庁によっては、総合職で官庁訪問した受験者は絶対一般職では採用しないというところもあるようです。

○民間は併願されましたか？なぜ民間の内定を持っているのに公務員試験を受験されているのですか？

民間と併願していることは決してマイナスにはなりませんので、素直に申告しておくべきです。なお、民間企業のほうにも公務員試験を併願していることを素直に伝えておけば、試験の結果を待ってもらえることもあります。

それに、併願先を正直に申告しておけば、万一、今後の試験日程が重なってしまったときに、日程変更をお願いできるかもしれません。官公庁によっては、正直な受験者にはそのような配慮をしてくれるところがあります。

唯一許されるウソは「第一志望」

続けて併願先の志望順位を聞かれることもよくあります。このときだけは、内心はどうであれ**「こちらが第一志望」と答えるべきです**。面接官も、長年のキャリアで、顔付き、言葉のニュアンス、併願状況でホントかウソかはわかっています。わかっていながら聞くのは、ウソでも「第一志望」と言えないような熱意のない人は、真っ先に排除しようというわけです。

ただし、みなさんの中には④のようなわざとらしい（？）アピールをする方がいますが、そんなのは「どうせウソ」と見透かされていますし、「もし本当にそうなら、そんなリスキーな仕事のやり方しかできないようなヤツは、怖くて採れない」という評価になってしまいます。本当に1か所しか受験しなかったのであれば、なぜそのようなリスキーな選択をしたのかを面接官に十分納得してもらえるような説明をしなければなりません。なお、人事担当者どうし、結構あっちこっちでよく会うものです。どこでウソがばれてしまうかわかりませんよ。

●いくつかの業種を掛け持ちしている場合

どうしても地元に就職したくて、県の事務と警察官と市役所などを掛け持ちされる方がいますよね。本来はこのような「公務員ならなんでもいい」式の受験は望ましくないと思います。

やむをえずこのような受験をする場合でも、やはり素直に包み隠さず話したほうがよいでしょう。ただし、「どうして1つだけ公安職が入っているの？」「公務員だったらなんでもいいの？」という質問に対する答えは必要です。

地元で就職したい理由を述べたうえで、それぞれの仕事に興味を持っている理由を具体的に話すことで少しでも印象をよくしておきましょう。

- 併願先は合否にかかわらずすべて答えたほうが好印象。
- 脈絡のない併願先は疑われる。
- 正直に言っておけば、面接の日程を変えてくれる場合も。
- 志望順位では、ウソでも「こちらが第一志望です」と言え。

質問20

志望動機からすると○○のほうが優先順位が高いのでは？

【類題】
○なぜ当省より人気の高い○○省や△△庁を選ばれなかったのですか？
○なぜ、○○問題で批判の矢面に立たされている当省をあえて第一志望とされたのですか？

志望動機と結びつけて考えよ

「環境問題に関心が高くて公務員を志望しました」と言っていて「本県が第一志望です」って言われても、「県庁の仕事は環境問題に限られたものではないよ。環境問題を専門にやりたいのなら、環境省に行かれたほうがよいのではないですか？」と切り返されてしまいます。

「なんだそんなの当たり前じゃん！」とみなさんはおっしゃるでしょうが、実際に試験をやってみると、こういう答え方をして「ウッ！」っと詰まってしまう受験者がなんと多いこと！　みなさん、事前に面接対策をするときに志望動機の話と併願状況の話をリンクさせていなかった証拠です。

公務員を志望する動機、特にこの官公庁を志望している理由、と考えを進めるときに、だからほかの官公庁も受験しているけれども、**やっぱりここの部分があるからこの官公庁**、というふうに話を結びつけておく必要があるのです。

ココが重要！

・面接官は、常にあなたの話に矛盾がないかと目を光らせている。
・事前に志望動機と併願順位の話はリンク付けておけ。

質問21 本県の○○という政策についてどう思いますか？

【類題】

○本省の△△という政策についてどう考えますか？
○消費税の引き上げについてどう考えますか？
○現在の日本の外交政策の課題について、あなたが最も注目していることは何で、それについてどう考えていますか？
○年金制度はどのように変えていくべきと思いますか？

回答例

A ハァ。新聞で読んだことはありますが、あんまり詳しいことは……

C 県の広報誌で拝見させていただきましたが、○○という計画は、住民目線で計画されたものであり、大変いいものだと思います。

F 県庁の広報公聴課にうかがって計画書をいただき、拝見しました。～～という県民のニーズに注目している点について、私も共感を覚えます。実際、私の両親も～～が困っていると話していましたが、今回の計画が実行されれば改善されると思います。その一方で、～～という話も聞いたことがあります。私としては、～～と思いますが、この点について、今後どのように検討されるのか、注目しております。

【回答例の寸評】

Aくん 論外です。他の質問でどんなにいい回答をしてきたとしても、ここで色あせてしまいます。

Cくん いいとだけいわれても。どういうところがどういうふうにいいのか具体的に語ってください。

Fさん 自分でなく、両親が、といっているところがウマイ。親、友人、近所の人などを引き合いに出せば「周りもみんなそ

受験先のトピックスぐらい調べておこう

受験者がどれだけわれわれの官公庁のことを知っているのか、あるいは、当面の課題についてどれだけ深く考えており、またどのような指向性を持っているのかを知るため、政策課題について聞くことがあります。というより、官庁訪問で原課に行った場合には、必ずこういった質問をされることになると覚悟しておいたほうがよいでしょう。

なのに、その官公庁が直面している問題、推進している施策について、まったく把握していない受験者が結構いるのです。これからその官公庁で働こうというのですから、**ここ数年の課題、施策等のトピックスについては、十分把握しておいてほしい**ものです。というわけで、官公庁研究ノートの作成は是非ともやっておいてください。

身近なものとして感じていることをアピール

その際、単にその政策を知っているというだけ、新聞報道をなぞった程度ではダメ。ある程度深く中身を知っていることもアピールできないといけません。さらに、その政策について、ただただ賛成したり、持ち上げるようなお追従ばかり並べてもアピールにはなりません。

政策を作った側が質問しているのですから、その気持ちに応えるように回答したほうが、好感度が上がるに決まっています。まず、その政策を作るうえで努力したであろうポイントを押さえ、それが自分自身の生活にどのように反映されるのかということを回答に織り込む必要があります。このように、自分自身にとって身近な問題として認識していることを訴えることができれば、単に知っているだけではないというアピールになります。

う思っている」というふうに表すことができる。また、問題点を指摘し、自分の考えを言いつつも、それを批判するのではなくまとめたところもさすが。

●問題点の指摘

さらに。スイカを食べるときに、ちょっとだけ塩をつけるとおいしくなるのと同じように、最後にちょっとだけ（ほんのちょっとだけですよ）、その政策の課題・問題点を指摘すると「いろいろと勉強しているな！」と好感度がアップします（あんまり核心を痛烈に批判すると、そりゃあマイナスになってしまいますが）。

ココが重要！

- 受験先の官公庁研究ノートをつくる
- ただただ賛成してもアピールにはならない
- 政策作成者の努力した点を探し、自分にとって身近な政策であると伝える
- ちょっとした問題点の指摘はスイカの塩になる

質問22 うちの仕事は○○で、プレッシャーもかかるしすごく大変だけどだいじょうぶですか？

B エッ！ そんな仕事もあるんですか!? でも、頑張ります。

D はい。そのような職務もあるということは、説明会で伺っております。どのような仕事でも頑張りたいと思います。

F はい。だいじょうぶです。そういう仕事にも十分対応できます。いろいろと足りない部分もあるかと思いますが、ご指導のほどよろしくお願いいたします。

見込みのある人にだけ質問される

「こちらが第一志望です。よろしくお願いします」と答えた受験者のうち、特に見込みがあると思われる人に畳みかけるようにしてなされる質問です。その役所で一番大変な仕事、職務をあえて指摘することにより、受験者の側の熱意、意欲を見ています。

「市民の方々からのクレームを直接受ける部署に配属されることもありますが、だいじょうぶですか？」

「新人でも議員の事務室回りをすることになります。場合によっては、あなたのお祖父さん・お祖母さんの世代である議員の方々に直接説明しなければならないようなこともありますが、失礼

【類題】

○あなたは、普段どのようにしてストレスを解消していますか？

★コンピテンシー対応

● あなたはどのようなことで落ち込むことが多いですか？

● いつもどのようにしてその状態から抜け出しますか？ 自分なりの方法を持っているのですか？

★コンピテンシー対応

● 普段、どのような場面でストレスを感じますか？

● それをどのように解消していますか？

【回答例の寸評】

Bさん 事前調査不足と思われてしまうでしょう。

Dさん とっても普通の答えですね……。

Fさん やる気が見えていて好印象です。

に当たらないようにできますか？」

「国会対応で遅くなることもあります。場合によっては、何日も職場に泊まり込むようなこともありますが、覚悟はできていますか？」

「タコ部屋送りになったらもっと大変ですよ。周りの人はバタバタ倒れるかもしれませんが、あなたは体力に自信がありますか？休日出勤もかまいませんか？」

たとえばこのような質問が飛んでくるわけです。

必ず前向きに答えましょう。ただし、採用後、面接官だった上司に「キミ、できるって言ってたよね？」と言われてしまうことは覚悟の上ですよ。

ストレス耐性が最近のキーワード

近年では、どこの官公庁でも極端な言い方をすると1つの課に1人の割合でメンタル面に問題を抱える職員がいるといってもいいくらいです。公務員だけでなくメンタルヘルスが一般社会問題化しているのは、社会の閉塞感がそうさせているからでしょうか。したがって、人事担当者の喫緊の課題は、職員のメンタルヘルスに配慮して職場環境の改善を図るとともに、ストレスに強い人材の育成・採用をいかにして行うかということにあるのです。

●タコ部屋

大きな法律の制定改廃をしなければならないと決まった場合、作業量が膨大になるため、その作業専従のプロジェクトチームが結成され、国会対応、条文や資料の作成から、法案成立後の政令・施行規則など関連法規の制定に至るまで、一連の作業にかかりきりになります。

特別に与えられた部屋にこもりきりになる姿が、まるでタコがタコ壺に入ってしまったのに似ているということでこのようなプロジェクトチームは「タコ部屋」と呼ばれています。

タコ部屋送りは、それだけの能力と体力がある人にのみ課せられる「勲章」です。

- 見込みがある人にだけ聞かれるキークエスチョンがある。
- 常に前向きな姿勢を示せ。
- ストレス耐性がある人間が求められている。

質問23
上司と意見が食い違ってしまったときはどうしますか?

回答例

A 自分の意見が正しいと思ったときには、真実は一つであると思いますので、たとえそのとき上司がどうおっしゃられようと、私は自分の信念に従って行動します。

B 上司の意見は絶対ですから、必ず従います。

E 上司のご意見をくみ取って、どうして意見が食い違ってしまったのかをよく反省したうえで、よりよい改善策がないか、再度検討したいと思います。私の意見が間違っていた場合には、速やかに撤回したいと思います。

反発、盲従どちらもダメ

「だって、上司がどう、じゃないよね。公務員の場合は、究極的にそれが国民のためになるかどうかじゃない？　間違っていることを『間違っている』とだれも言わないから、組織がおかしくなっちゃうんじゃないの？　そのときどんなに言われようと、真実は歴史が証明してくれるさ！」……確かにそう感じるときもあります。それが若さのいいところ。ヘタに「どんなときにも上司に従います」とへつらうよりも、潔いですよね。でも、「青い！」。

【類題】
○納得のいかない仕事を上司に命じられたとしたら、どうしますか?
○理想とかけ離れた上司の下になったら、どうしますか?

【回答例の寸評】
Aくん 本文にあるように、これでは青すぎます。
Bさん 何も考えずに盲従するという姿勢も嫌われます。
Eくん 問題解決力があり、かつ「素直」な性格と評価できる回答です。

いったん組織に入ってしまうとなかなかそういうことはできづらいもの。長に立ってもなかなか変革できないというのが組織という化け物の正体です。そういう組織の中に入っていくわけですから、その「青さ」だけではなく（これを忘れてしまうのも考えものですから、それを心の中に秘めて）、**現実的な対応ができるかを見ている**のです。

論語にも「和而不同（和して同ぜず）」とあります。人との関係は調和するように心掛けるべきではあるけれども、自分の考えをしっかり持って、むやみに他人に迎合したりしてはいけない、という意味だそうです。組織の中でも、常にこれを心掛けたいものです。

バランス感覚「中庸」の重要性

国家公務員法第98条第1項には、「職員は、その職務を遂行するについて、法令に従い、且つ、上司の職務上の命令に忠実に従わなければならない」とあります。

なんでも「はい」と言う**単なるイエスマンではいけないが、自分の意見に固執するものでもないという「中庸」の姿勢を示したい**ものです。「中庸」というと「中途半端」と受け取られる方もいるかもしれませんが、そうではないですよ。「中庸」をとるというのは、大事なことです。最近の言葉でざっくばらんにいうと「バランス感覚」ということなのです。

バランス感覚なら任せて下さい！
柔軟性もあります！

ココが重要！

- 仕事で最もストレスがたまるのは、自分の意見が受け入れられないとき。
- やみくもに反発するのも、わけもわからず従うのも不適当。
- 中庸、バランス感覚のあるところを示そう。

質問24 卒業されてから何をされていましたか？

回答例

A 特に何もしていません。公務員試験の勉強をしていました。

C 昨年も公務員試験を受験していました。昨年は○○県を受験して不合格になったのですが、その後いろいろと公務員試験の研究をして、こちらにも興味がわき、受験させていただきました。

F こちらに入りたい一心で公務員試験を勉強してきました。昨年は残念ながら1次不合格であったため、今年改めて受験させていただきました。

イヤミで聞いているのではない

こういう質問、イヤですよね。私にも経験があります。

なかなか公務員試験に受からない、という現状では、学校卒業後、あるいは留年したままで再度受験される方が多くなってきています。面接官もこういう状況は十分承知しているのですが、面接試験においては、あえてこのように経歴を聞いてくることがあります。これは、結構いい加減に経歴を書いてくる受験者がいるので、記載の中身を再確認しているのです。あなただけ、というわけではないのですよ。特に、学校卒業後何をしていたのかを聞く理由は、もし民間等に正

【類題】

○なぜ留年しているのですか？
　遊びすぎで単位を落とすルーズな性格の人は採用したくないと面接官も思っていますから、留年の場合は特に要注意。面接官が納得できるように、キチンとした理由を説明すべきです。

○なぜ大学院に進んだのですか？なぜそのまま研究の道に進まなかったのですか？
　当該研究科にどうして進学しようと思ったのか、どうして研究者の道ではなく就職しようと思ったのか、そこで学んだ専門性をどのようにして公務に生かせると考えているのかについて説明しましょう。

【回答例の寸評】

Aくん　単なる公務員試験浪人では、人間的成長がないと思われてしまいます。たとえば、アルバイトで生計を立てつつ、公務員になるための勉強をしていたが、そのアルバイト先でこ

職員として勤務していた場合には、初任給の格付けが変わってくる可能性があるからです。したがって、何か職歴・学歴等があった場合には、ちゃんと申告しておきましょう。ただし、アルバイトは別ですよ。

「高齢」だから落とされるのではない

なお、高齢受験者は不利ではないか？という俗説が受験者の間にはあるようです。しかし、**「高齢だから」という理由だけでマイナスになることはありません**。ただし、1歳年をとれば、1年分だけ社会経験が豊富なはずなわけですから、それだけ人間が成長していなければ「この人は何をしてきたんだろう？」と思われてきてしまいます。つまり、22歳の人と23歳の人、25歳の人では、それぞれ判断基準が異なってくる、だんだん厳しくなってくるというのは当然のことなわけです。面接官は「（現役生に比べて）年上な分だけ、社会人経験がある分だけ、当然、何かプラスアルファがあるはずだ」と思っているので、「現役生と比べて、これだけ成長しているぞ」という部分を見せてください。

みなさんがもし面接官だったとしたら、試験の成績などほかの条件がまったく同じ「幼い27歳」と「しっかりした22歳」のどちらのほうを採用しますか？

ういう経験をし、こういう教訓を得た、というふうに話を続けていきましょう。

Cくん 本当にココに入りたいのなら、どうして去年は受験しなかったのか、今年は何が何でも決めてしまわないと大変だから滑り止めを増やしただけじゃないか、と思われてしまいます。どうして今年はココを受験するようになったのか、さらに志望順位が高いということもアピールしないといけません。

Fさん こちらを志望する気持ちが強いということが現れている点は好印象。ただ「今年もこちらだけしか受験しません！お願いします！」というふうにアピールしすぎると、思い込みが激しすぎる性格ではないかと思われ、逆に面接官が引いてしまいます（質問26参照）。

ココが重要！

- 受験申込書、面接カード、身上書の記入事項はいい加減に書かない。
- 正職員で働いていたことは隠さず申告する。
- 「高齢受験者は不利」というのは負け犬の遠吠えにすぎない。
- 年をとっている分、人間的にも成長しているということを具体例でアピール。

質問25

なぜ前の仕事を辞めて公務員を受験しようと思ったのですか？

回答例

A　人間関係がつらくて退職してしまいました。

B　前職の民間企業は女性差別が厳しかったので、辞めました。公務員は女性にも平等に門戸が開かれているし、試験の成績で公平に判断してくれるから、ということで猛勉強をして面接試験までこぎ着けました。

C　為替取引に関心があったので銀行に就職しましたが、毎日深夜まで勤務しなければならず、その非人間的な生活で体調を崩してしまいました。このままではやっていけないと思い、自分の将来を考え直したところ、お客様だけではなく、より広く住民のみなさまに奉仕できる公務員になりたいと思い、受験し直しました。前職で培った専門性を生かし、頑張っていきたいと思いますので、ぜひ、お願いいたします。

「人間関係で辞めた」はタブー

転職した方は、この質問は絶対くぐり抜けなければならない関門です。面接官は、転職した方に対しては、「飽きっぽくて辞めたのではないか」「人間関係に問題があって辞めたのではないか」「楽をしたくて公務員になろうと思ったのではないか」と疑っていると思ってよいでしょ

【類題】

★コンピテンシー対応

- 前の職場での仕事の内容を具体的に教えてください。
- なぜ辞めようと思ったのですか？
- あなたの考えた問題点を解決するために具体的にどのような努力をされましたか？
- その結果、状況は変わりましたか？
- 同じことがこの職場でも起こると思いませんか？その時あなたはどう対処しますか？

【回答例の寸評】

Aくん　どこに行ってもそうなんだろうな、と思われてしまうのでタブーの回答です。

Bさん　「女性差別が厳しかったので」だけでは具体性がありません。

Cくん　Aくん、Bさんに比べると理由が具体的に説明されている点はいいのですが、「体う。特に1年以内という短期間で退職している場合、すでに何度か転職している場合、公務員を辞めて公務員になろうとしている場合には、非常に強く疑われてしまいます。

短期退職の場合、就職していないとウソを言い張る方もいらっしゃいますが、たとえここでウソをついても、内定後には申告しなければならないことですし、いずれ年金（共済）などでばれてしまうことですから、本当のことを言っておいたほうがよいと思います。

前職を辞めた理由については、どんなに取り繕おうと思っても取り繕えるものではありませんよね。「そんなにいい仕事だったら辞めなければよかったんじゃないの？」と言われてしまえば終わりです。面接官も「なんらかの理由で仕事か人間関係が合わなかったから辞めたのだろう」ということはわかっているわけですから、それは素直に認めたうえで、**「この職場では頑張っていける」という自信と誓いの姿勢を見せる**しかないのではないでしょうか。

たかだか数年の職務経験で知ったかぶりはするな

数年勤めた程度で「前職で培った経験を生かし」と言うのは禁物です。どこの会社に行っても最初は雑巾かけのような仕事だということは、同じ社会人である面接官は知っていますから、「たかだか1～2年の経験だけでその専門性をアピールできるものではない」とマイナス評価になってしまいます。

調を崩して」に不安を感じさせます。また、たかだか数年の勤務で「専門性」というところにも疑問を感じます。

●広がる経験者採用

近年、民間での業務歴や資格保有者を対象とした経験者採用が増えています。国家公務員でも職種を問わずこの経験者採用の動きが広がってきています。

経験者採用の面接試験において注意すべきは、要求されている仕事にいかに自分がマッチしているかをアピールすること、その職務経験で自分が何を勝ち得てきたかをアピールすることです。

どこで、いつ、どのような職種の募集があるかわかりませんので、転職を希望される方は、人事院や各府省・自治体などの広報紙・ウェブサイトをこまめにチェックしておきましょう。

ココが重要！

- 退職理由で人間関係を挙げるのはタブー。
- 数年の職務経験だけでは専門性のアピールにはならない。

質問26 去年の自分と今年の自分、どこが変わったと思いますか？

回答例

C 再度の挑戦ですから、教養試験の勉強は頑張りました。去年よりは確実に手応えがあったと思っています。

E 去年は緊張してしまって、自分が何を話したかも思い出せないくらいでした。社会人になれば、日々初対面の人と接することになるわけですから、これではいけないと反省し、この1年、人と接するということに心掛けてきました。具体的には、地域のボランティアサークルに参加し……（以下略）。

面接官を責めてはいけない

何度か受験されている方に対してなされる質問ですが、これもきつい質問ですねえ。

面接を採点するのもかなりの技術と経験を要するものですから、面接官も1年交替ということはなく、数年は引き続いて依頼されるものです。したがって、**面接試験室で去年の面接官とバッタリ、というのはよくあること**です。なんだかちょっと恥ずかしいですよね。

「おまえが落としたんじゃないか！」と思ってしまったら、おしまいです。たまたまその面接官は高く評価したけれども、総合点で落ちてしまっていたということだってあるでしょうし、試験というものは相対評価なわけですから「惜しかったんだけれどねえ。採用可能数があと1人多

【類題】

○去年の試験はどこがいけなかったと思っていますか？

昨年も面接試験まで来ているわけですから、ここでいう「試験」は面接の話です。複数年受験者の場合は面接官も事前にわかっているので、去年の成績や面接カードも調べている可能性があります。ですから、事前に自分でも去年のどこが敗因だったかを素直に反省し、それをどう糧としてきたか、論を組み立てておくべきでしょう（ということもあるので、落ちたとしても面接カードのコピーは捨てないでおきましょう。次の年の面接カードを書くときに参考になります）。

【回答例の寸評】

Cくん 教養試験の結果を聞いているのではありません。

Eくん 分析→反省→対策→人間的成長を具体的エピソードを交えて説明しており、好印象。

ければ……」という場合もあるわけです。受験者の側が、最初から敵意を持ってしまってはいけない好例です。

アピールチャンスをもらったと受け止めよう

ですから、こういう質問をされたらむしろ助け船が出たと思いましょう。1年間の努力、特にどれだけ精神的に成長したかを具体例を挙げて説明してください。しかも、試験勉強の話と絡めずに。「1年頑張って勉強し直した結果、判断推理の問題が難なく解けるようになりました」では、成長の跡が認められないと思われてしまいます。

どうして落とされたのかを分析→反省を踏まえてどのような対策をとったか→その結果、どういうところが人間面で成長したかというふうに具体的なエピソードを交えて話を広げていき、自己アピールの場に転換していきましょう。

試験に落ちたことはしかたのないことです。ウジウジして過ごすのではなく、「**去年と違った私を見てください！**」と胸を張れるように、そういう1年を過ごしてください。

ココが重要！

- **去年の面接官とバッタリ会っても動揺しない。**
- **面接官を責めるのは愚の骨頂。**
- **質問をアピールの場に転じろ。**
- **去年と違った自分を見てほしいと胸を張る。**

質問27 圧迫面接への対処法

ケース① 志望動機について突っ込まれたCくん

しょぼんとした顔立ちのCくん。ついさっき受けた面接試験の光景が頭から離れません。

ありゃあないよな。あんな質問、はっきり言ってイジメだぜ。

「あなたの志望動機じゃ、特にうちの官庁じゃなくてもいいですよね？　ここじゃなきゃ、っていうもっと明確な理由はありますか？」

「そんなんじゃわかんないなぁ」

「そんなありきたりのことじゃなく、君のコトバで話してよ！」

なんじゃそりゃぁ？どう答えればいいんだよ！　圧迫、圧迫！　そういえば、ネットでもこの役所は圧迫面接されるって書いてあったしな！

思い返すたびに腹の立つCくんでした。

ケース② 今後の年金行政のあり方について質問を受けたFさん

Fさんが何を答えても、何度答えても、

「いや、あなたはそう言うけど、こんな考え方もあるよね？」

「でも、さらにこういう事態が生じたら、あなたならどうします？」

などと繰り返して、どんどん追及されてしまいます。とうとう答えに詰まってしまったFさんは、顔を真っ赤にして押し黙ってしまいました。

しばらくうつむいていたFさんはやおら顔を上げて面接官をにらみつけ、

「そうおっしゃいますが！……」

と反論（反撃⁉）を開始……。

なんでも「圧迫面接」ととらえてしまいがち

一度面接試験を受けた経験のあるみなさんは、このCくんやFさんと同じような経験をしたことはありませんか？　答えにくい質問、どう言えばいいんだ⁉という質問が必ずあったと思います。そしてそういう質問が2～3問続くと、「あーっ！圧迫面接だ！」と感じるんですよね。でも、みなさんは、なんでもかんでも圧迫面接ととらえがち。みなさんが圧迫面接といっているものは、実は、ほとんど圧迫面接ではありません。たいていは、みなさんの回答のしかたが漠然としているので、面接官のほうからより具体的に質問して助け船を出しているだけ、あるいは、自分で**答えたくないと思っていた部分に踏み込まれたことを圧迫と感じた**だけです。

「圧迫！」と腰を引くのではなく、積極的に受け止める

面接官が自ら助け船を出そうとしているということは、「あなたの話をもっと聞きたい」「あなたに関心がある」というサインですから、むしろ喜んで受け止めるべきです。逆恨みしないでくださいね。面接官のCくんに対する質問は、まだ、この「助け船」の域です。

それから、単に自分が答えたくない「併願状況」や「留年した理由」を聞かれたぐらいで腰が引けて「圧迫」と感じてしまい、面接官に敵意をむき出しにするのはその後の評価を下げるだけです。事実を素直に話せばいいだけで、変な感情を持ってしまっては逆効果です。

●こんなことぐらいでキレないでぇ！

以下のような例に遭遇したことがあります。

●地方出身の受験者で、学校もその地方。かつ一人っ子。「どうして地元で就職しないので、わざわざ東京に出てくるのですか？」という質問に、「……私、ここで仕事をしたいんですぅ！　なんで…なんでそんなことを聞くんですかぁ！（泣）」

●「こういう仕事を頼まれたらどうします？」「上司に聞きます」「上司が忙しくて手が放せなかったら？」「マニュアルを見ます」「マニュアルがなかったら？」「そんなの、マニュアルを作っていない上司が悪いんです！（怒）」

……質問したほうは、全然「圧迫」だとは思っていないのですが、みなさんどう思いますか？

「真の圧迫面接」に出会ったら要注意

面接官の極意は、いかに相手（＝受験者）の陣形を崩し、すきを作らせ、本音・本性を暴露させるか、にあります。つまり、「いつもの彼（彼女）はどんな考えを持ち、どんなふうに行動するのだろう？」そして「ストレスに耐えられるかな？」というところを見ているのです。ですから、**本当の圧迫面接**というのは、あなたの答えの善し悪し、出来不出来とは関係なしに、面接官のほうから

「たとえば、こういう状況になっても君はできるの？ それでもうちに就職する？」

「君の考えは勘違いもいいところだよ。甘い甘い！」

「君はできると言うけれど、そういうことは、社会ではできるとは言わないねぇ」

「ここの試験で不合格になってしまったら、どうされますか？」


などと、**わざと本人が困るような質問や嫌がる話**をしたり、あなたがどんな回答をしても、

「なぜそうしたの？」

「どうしてそう思ったの？」

「こんな考えもあるんじゃないの？」

「でも、こういう学説もありますよね。あなたの立場からはどう反論されますか？」

と**繰り返し繰り返し追及する質問**がこの代表例です。

このように、ソフトタッチで追い込む方法のほかに、あなたの**答えに対してすべて否定形で再度問い詰めていく**という手法もあります。

堂々と答えられれば、答えの中身はなんでもいい

では、そういう本物の圧迫面接に当たってしまった場合には、どのように対処すればよいのでしょうか？　実は、圧迫面接において面接官が受験者のどういう反応を見ているかというと、答えにくい質問をされても動揺しないか、あるいは動揺したとしてもいかに早く立ち直ることができるか、キレないで粘り強く対処できるかという点です。

極論すれば、**答えの内容なんかなんだっていい**のです。面接官は、**答え方が堂々としているかどうか**しか見てはいません。話ができなくなってしまったり、顔色が変わってしまったりしては減点です。大切なのは、どんな状況になっても視線を相手（面接官）からそらさないこと、そして、自信のなさそうな態度・姿勢をとらないことです。

なお、圧迫面接というのは、心理学をよく勉強した面接官が意図的に行う非常に難しいテクニックです。単なる揚げ足取りや「君、バカじゃないのぉ？」「そんな幼稚な考えしかできないの？」などと人格を傷つける質問、むやみやたらに尊大な態度を取る面接官がいるとしたら、面接官本人は圧迫面接のつもりかもしれませんが、面接官自体の能力・資質を疑うべきです。そんな人しか面接官にできない役所はみなさんのほうから「三行半」を突き付けましょう。そんな官公庁は願い下げですよね。

●**ここが踏ん張りどころ！**

第3章でもお話ししましたが（103ページ参照）、「ダメだこりゃぁ！」と思う人には厳しい質問はしません。「真の圧迫面接」をしてくるということは、それだけあなたに対して期待を持っているからです。この大きな山を乗り越えれば合格という光が差してくる！と思って踏ん張りましょう。

●**こんなときこそ視線をそらさず**

心の動揺は真っ先に目に現れます。こういうときこそ「目力」が大事。面接官から視線をそらさず、普段よりも声のトーンを下げて落ち着きを示すことが大切です（46ページ参照）。

・なんでもかんでも「圧迫」ととらえて腰を引くな。
・真の圧迫面接に出会ったら、堂々としていればいい。
・答えの中身はなんでもいい。

質問28 突飛な質問への対処法

面接をしていると、「エッ！急になんでこんな質問？？」という場面に出くわしますよね。

「空ってなんで青いんだと思いますか？」「もし、宝くじで1億円当たったら、あなたならどうしますか？」「あなたを含め5人だけ無人島に漂着したとします。あなたはまず何をしますか？」

などという質問を突然されるわけです。さあ、みなさんならどう答えますか？

とっさの判断力が見られている

こういう急に流れを変える質問、突飛な質問をする理由は、あなたのとっさの判断力、頭の回転の速さを調べることにあります。

仕事をしていると、いつもマイペースに仕事ができるわけではありません。意に反して突然別の仕事が舞い込んできたりするわけです。「あー、今この仕事をしてるんだから、その件は待ってよ！」なんて言えないわけです。そんなときでも**すぐに頭を切り換えて十分対応できるか**、そんなところを見ているわけです。

こういうときに「ハァ？」「エッ！」っていう声を出してはいけません。聞き返すのであれば「申し訳ありません。もう一度お願いいたします」と言いましょう。わけのわからないまま話し始めてドツボにはまらないよう、いったん頭の中を整理してから答えましょう。

●沈黙は金ならず

どんな突飛な質問、想定外の質問が飛んできても、黙り込んでしまうのは最低です。とりあえず「すみません。ちょっと考えるお時間をいただけますか」といってみて、考える時間はせいぜい5秒。これ以上沈黙してしまうと、気まずい空気が漂い出します。

●一般常識を問われることも

高卒程度の試験に多いのですが、突然「現在の日本の外務大臣の名前をフルネームで言ってみてください」「国際連合の安全保障理事会の常任理事国ってどこだっけ？」というような一般常識的な質問をされることもあります。

ちなみに、この「国連安保理の常任理事国」の質問は、院卒・大卒受験者でも結構答えられなかった人が多かったものです（不正解率1割強）。日本の高等教育は本当にだいじょうぶなんでしょうか？（正解は、ご自分で確認なさってくださいね。）

試験が後半にさしかかり一番流れがよくなってきた頃が要注意

こういう質問は、試験の前半からするものではありません。受験者も試験の雰囲気に慣れ、ちょっと笑い声も出かかってきたとき、そんな頃合いを見計らってわざと出してくるのです（面接官も人が悪いですね）。こういう突飛な質問で慌てて陣形を崩してしまうような受験者には、その動揺を突いて、さらに面接官が「さっきのは明らかにウソだろう。内心うまく切り抜けたと思ってるんじゃないの？」と思っているような質問に逆戻りして追及が始まってしまいます。ですから、面接の20分間は最後まで気を抜いてはいけません。

なお、質問の順番をわざとゴチャ混ぜにすることによって相手を混乱させ、その矛盾点を追及してくるという方法もあります。たとえば、最初に志望動機を聞き、その後まったく違う質問をし、途中でさりげなく「ほかにどこを受けているの？」と聞き、また別の質問をし、学校での専攻や民間企業だったらどんなところで働きたいかなどを聞いておいて、「キミの話を総合するとさ、さっきはうちが第一志望って言ってたけど、本当は○○のほうが第一志望なんじゃない？」とやられてしまうのです。個々の質問に対する回答だけではなく、**面接時間全体の答えに矛盾がないかどうか、常に気をつけて**おきましょう。

ココが重要！

- どんな質問にも冷静に答える。陣形を崩したら負け。
- 表情を崩さず一瞬の間を取る。
- 答えの内容は常識の範囲であれば、「これ」という正解はない。
- わざと順不同にしている質問の場合は、前の答えと矛盾しないように注意。

質問29
それでは、あなたのほうから何か質問はありますか?

最後の熱意チェック

面接の最後の場面でこのように逆に質問はないかと問いかけられることがあります。これは、受験者の疑問を解消させるという配慮からされるものですが、同時に、「どんな質問をしてくるか」によって能力や人柄、熱意の最終チェックを行おうという目的もあります。関心を持っている事項について積極的に聞く姿勢を示しましょう。ネットや白書等でちょっと調べればすぐわかるような業務内容等についての質問では、熱意が感じられずマイナスになります。事前にパンフレット、新聞記事等を丹念にチェックし、一歩踏み込んだ質問ができるようにしておきましょう。

勤務条件を聞くのはタブー

とはいっても、「昼ご飯はどこに食べに行かれるのですか?」といったピント外れな質問や「超過勤務ってだいたい何時間くらいですか?」「年次有給休暇の取得率も伺いたいのですが」「一般職で採用された場合どのあたりまで昇任できるのでしょうか?」というように待遇ばかり気にした質問はタブーです。入る前から処遇のことを気にしているような人に優秀な人はいませんよ。

ココが重要!

・ラストチャンスを生かそう!
・働きたいという熱意の伝わるような質問で。

●官公庁研究ノートをフル活用

単に白書、新聞記事や官公庁のウェブサイトのページをざっと読んだだけでは通り一遍の疑問点しか出てこないので、ほかの受験者と差がつきません。こういうときにこそ官公庁研究ノートが役に立つのです。白書や新聞記事で気になったものを張り付け、わからないところを調べてその結果を書き込み、さらに感想やコメントを書いておく、こういう地道な努力が大きな差に結びついていきます。

コンピテンシー評価型面接対応チェックシート

この章の最後として、最近各公務員試験で導入が進んでいるコンピテンシー評価型面接で聞かれるであろう代表的な質問例と、それに対するチェックシートを示しておきます。

このチェックシートの使い方は、ご自分のエピソード（経験・体験・過去の行動）を質問項目に沿って当てはめ、整理していくことにあります。

本番の試験では、必ずしもこの質問がそのままの形でバッチリ出されるとは限りませんし、2の矢3の矢の質問がこの順番でなされるかどうかもわかりません。ですから、どんな順番で質問されてもいいように心づもりをしておくことが必要ですし、以下の7つのエピソード以外からの質問にも対応できるようにしておくことが肝心です。

ですが、これらのシートの質問と同様な形で、これまでの質問やその下の類題（特に「コンピテンシー対応」として掲げておいた質問）に対しても対策シートを作成しておくと、かなり完璧なコンピテンシー評価型面接への対応ができるのではないかと思います。

特に力を入れるべき点は、**最も適切な過去のエピソードの選択**と、そのエピソード（過去の行動）の中で、あなたがどのように課題（目標）を設定したか、課題をクリアするためにどのような行動をしたか、それによってあなたが**何を得たか**、という点を明確に意識し、それを相手（面接官）にわかるように語るかです。では、始めましょう！

●過去を振り返る

みなさんが振り返る過去と、私のようなオジサンが振り返る過去は、同じ1年でも大きな違いがあるように感じられます。

たとえば、大学生のみなさんにとって4年前というと高校生の頃の話になりますよね。ずっと前のことのように感じられます。でも、4年前というと、もう私は人事課にいたような……エッ！　ということは、この子が高校生から大学生になって、卒業目前の、こんなに成長するまで、ずっと私は人事課で同じような仕事をしてたんかい！つい この間のような……その間に自分はどれだけ成長したんだろう！

なんだかそう思うと、ちょっと寂しくなったりもします。

エピソード1 学業（職務）で力を入れてきたこと

● それは何か

● いつから始めたか

● いつまで続けたか

● なぜ始めたか

● 何を目標にしたか

● どのように目標を達成したか

● 最も努力した点、自分なりの工夫をした点は何か

● 困難だったこと・大変だったこと・失敗したことは何か

● どうやってそれを克服したか

● 周囲はあなたをどう評価しているか

● このことから得たと思うものは何か

エピソード2 **学生生活（社会的活動、職業体験）で達成感があったと感じていること**

● それは何か

● いつから始めたか

● いつまで続けたか

● なぜ始めたか

● 何を目標にしたか

● どのように目標を達成したか

● 最も努力した点、自分なりの工夫をした点は何か

● 困難だったこと・大変だったこと・失敗したことは何か

● どうやってそれを克服したか

● 周囲はあなたをどう評価しているか

● このことから得たと思うものは何か

エピソード3 失敗してしまった経験、困難を克服した経験

- それは何か

- いつのことか

- どのようなシチュエーションだったのか

- 原因は何か、なぜ起こったのか

- 周りの人に相談したか、何といっていたか

- どうやって対処し、それを克服したか

- あなた自身の反省すべき点はどこか

- 最初から回避するにはどうすればよかったと思うか

- 再発防止に向けてどうすればいいと思うか

- この経験から得たと思うものは何か

エピソード4 **仲間と意見が合わなかった経験**

● それは何か

● いつのことか

● どのようなシチュエーションだったのか

● 原因は何か、なぜ合わなかったのか

● どのように対処したか、どうやってまとめようとしたのか

● あなた自身の反省すべき点はどこか

● 最初から回避するにはどうすればよかったと思うか

● 同じようなことが起こらないようにするためにはどうすればいいと思うか

● この経験から得たと思うものは何か

エピソード5 リーダーシップを発揮した経験

● 何のリーダーとして活躍したのか

● いつのことか

● なぜリーダーになったのか

● リーダーとして何をしたのか（何を目標としたのか）

● その結果どうなったのか

● 困難だったこと・大変だったこと・失敗したことは何か

● どうやってそれを克服したか

● あなた自身反省すべきだと思ったことはあるか

● 周囲はあなたをどう評価しているか

● このことから得たと思うものは何か

エピソード6 **卒論、修士論文もしくはゼミの研究など**

- テーマは何か

- その概略と結論は

- 研究において苦労した点

- あなた独自の視点、工夫は何か？そうした理由は何か

- 研究に当たってどのようなツールを駆使したか

- 実際にフィールドワークをしたり学外の人と協力しあったことはあったか

- ゼミの友人や指導教官から指摘されたのはどのような点か

- 指摘された点をどのように克服したか

- 研究の成果はどのように社会に生かせるのか

- この研究を志望動機に結びつけると

エピソード7 就職活動

- 就職活動をする目的は何か、なぜ就職活動をするのか

- 官公庁選びのポイント、基準は何か

- 就職活動ではどのような目標を持っているか

- 目標実現のためにどのような活動をしているか

- 今、一番課題となっている点は何か

- その解決のためにどのような努力をしているか

- 理想の上司はどんなタイプか

- 理想の部下はどんなタイプか

- 自分はどんな社会人になりたいか

- 社会人という立場から客観的に自分を見て、
  - アピールポイントはどこか
  - 欠けているもの、改善すべき点はどこか

第5章

面接試験 いざ本番！

—答え方、表情の違い一つで当落が決まるシビアな世界—


自分の順番になったら緊張の極致！

何をどう話せばいいのやら……。

面接試験にも最低限守らなければならないルールがあります。これを守って最大限に自分をアピールしましょう！

事前準備～面接試験室に入るまで

まずは体調を万全に

面接試験に臨む場合、「何が大事」といって、最も大事なのが、「体調」です。元参議院議員であるプロレスラー、アントニオ猪木氏も「元気があれば、なんでもできる」と言っていますが、本当ですよね。実際、「元気がなさそうだなー」と見受けられる受験者は、受け答えの内容も消極的。残念ながらそういう方に魅力は感じません。ですから、元気が出せるように、体調には万全を期してください。

実際にあった話ですが、ある年に、第2次試験で非常に評価の高かった受験者がいました。ところが、最終面接の日は欠席だったのです。どうしたのかな？ほかの試験に合格してしまったのかな？と思っていました。ところが次の年、またその学生が最終面接に残っていたんです。「どうしたの⁉」と聞いてみたところ「去年はかぜを引いてしまい、熱が出て動けなくなってしまったのです」とのことでした。本当にもったいない話ですよね。**体調管理の失敗で貴重な1年間をフイにしないように**しましょう（幸いなことにその受験者は私たちの同僚になっています）。

第2次試験、第3次試験、官庁訪問と、いくつもの試験が連日重なってしまい、強行日程にならざるをえない状況でしょう。ですけれども、このような残念なことにならないように、本当に本当に体調にだけは気を付けたいものです。

●面接試験の持ち物チェックリスト

絶対必要なもの

□受験票・1次合格通知書（合格通知はがき）
□時計（携帯電話をチラチラ見るのは印象が悪いので注意）
□筆記用具（鉛筆・消しゴム・ペンなど）
□手帳・メモ帳
□現金（小銭は多めに）
□ハンカチ・ティッシュ
□受験案内・パンフレットなど人事課等の連絡先・電話番号の書いてあるもの

場合によって必要なもの

□証明写真（官庁訪問の主流は縦4センチ横3センチ。多めに持っていること。スピード写真は不可）
□学生証・身分証明書（ないと入れない庁舎もある）
□卒業（見込）証明書、成績証明書、健康診断書など
□印鑑

忘れ物・遅刻は最大のマイナス

忘れ物と遅刻は絶対にしないようにしましょう。採用試験は、社会人になるための試験なのですから、決められたことをちゃんとできるか、そこが見られているのです。

家を出る前に、忘れ物がないかを確認しましょう。筆記用具は持ちましたか？ 鉛筆・消しゴムだけでなく、普段は持ち歩くものではなくても、ペンかボールペンも持っていきましょう。受験票はありますか？ 第1次試験の合格通知を持って来いといわれるところもありますから、注意してくださいね。面接カードのコピー（想定問答集）はありますか？

控室で待たされることがありますので、その間に読んでおきたいものがあれば、準備しておきましょう。パンフレットや、説明会でもらった資料、その官公庁の白書や広報紙。さらに、時事用語集と当日の新聞も用意しましょう。**新聞は、最低限、1面と政治欄、国際欄の見出しだけでも読んで**おいてください。

次に、遅刻は、本当にやむをえない場合以外は失格になります。まず、集合場所をよく確認しておいてください。いつもの行きつけの庁舎だと思っていたら、違う建物だった、ということのないように。また、出頭時刻前に余裕を持って着けるように、電車やバスの下見をしておきましょう。事前に説明会に参加しておけば、交通機関の下見にもなるので便利です。交通機関にトラブルがあった場合に備え、代替手段も考えておきましょう。

社会人としての最低限のマナーは守ろう

この本を読んでくださっているみなさんにあえてこのようなことをいう必要はないでしょう

持っていると便利なもの

□薬（胃腸薬、目薬など）
□新聞、時事用語集、参考書
□面接カードのコピー（想定問答集）・官公庁研究ノート
□携帯電話（充電しておくこと。面接中は電源をオフに）
□食べ物、飲み物
□地図
□のり、両面テープ
□鏡
□安全ピン（洋服のほつれ隠しなどに便利）
□タオル・扇子（暑いとき）
□防水スプレー（雨のとき）
□ストッキングの替え（女性）
□予備のマスク

●やむをえず遅刻しそうなときの対処法

それでも、どうしても間に合わなくなりそうな事態に遭遇した場合、ただちに人事課など指定された連絡先に連絡し、どうして間に合わなくなりそうなのかを正直に伝えたうえで、指示を仰ぐようにしてください。不可抗力の場合には、順番を変えてくれるなどの措置を講じてくれるかもしれません。

が、基本的な礼儀やマナーは守ってくださいね。面接試験は、その人の人柄を見るとはいうものの、面接官にはそのときの外見・服装は見られているわけですし、それらの点も、社会人として適切か、当然のことながら判定の対象とされているのです。

たとえば、髪型や髪の色、さらにヒゲ。こういうものは、個人の自由ですよね。本来職場が「こうしなさい」ということのできるものではありません。公務員の場合、職場が強制したら、裁判で負けてしまうかもしれません。しかし、公務というものは、すべての国民・住民にサービスを提供するわけですから、**国民・住民の方の一部にでも違和感・不快感を与えてしまうような格好は、自らの判断で避けるべき**なのです。いろんな世代やいろんな考え方を持った方々のどなたにでも、まあ不快感を与えない平均値、というのがありますよね。それができないのなら、したくないのなら、それを許してくれるような会社に勤めるべきでしょう。国民・住民相手の仕事ですから、勝手は許されないのです。寝癖なんかは、それ以前の問題！

次に、服装も本来自由ですが、やはり社会人として、公務を行う者としての常識の範囲内としましょう。これまでの私の経験の中にあったものとしては、クールビズでワイシャツのそでをまくっているという受験者がいました。確かに面接試験は夏の真っ盛りに行われることが多いので、暑いですよね。でも、みなさんが面接官だったらいかがですか？

それから、ちゃんと上下ともスーツだったのですが、スニーカーを履いてきた受験者。汗拭きのためでしょうか、ショルダーバッグにタオルをぶら下げていて、それをそのままにして面接試験室に入って行った受験者。私のところでは、盗難があると困るので、個人の手荷物は面接試験室に持って入ってもらうことにしているのですが、いくらなんでもねぇ。そういえば、デイバッ

男性版 身だしなみチェック

顔がスッキリ見えるか
肩のフケはだいじょうぶか
ボタンは一番下以外はとめる
ズボンには折り目がしっかりついているか
靴は磨いてあるか
寝ぐせはないか
剃った眉毛は嫌われる
ヒゲの剃り残しはないか
ネクタイは曲がってないか
Yシャツの襟、袖口はきれいか
靴下は暗色か（白はダメ）

グを背負って控室に入って行ったので、どんな格好で面接に出てくるのかなー?と思っていたら、ちゃんと背負って面接官の前に出てきた受験者もいました。

笑い話ではないのですよ。みんな本当の話です。こういう受験者たちも、筆記試験は優秀だったんでしょうね。何しろあの倍率の第1次試験を突破してきたわけですから。しかし、こういう姿を目にすると、悲しくなります。

もう一つ。私の先輩で民間企業に勤めている方が次のように話していたのですが、私も同感でしたので、ここに書いておきますね。

「いつまでもリクルートのときの格好でいる必要はないと思うよ。でも、就職活動のとき、自分でも『これじゃあ採用してくれない』と思って自己規制したものってあるだろ。たとえば、金髪を黒に染め直してくるとか、遅刻をしないとかさ。っていうことは、自分でも『これはやっちゃあいけない』ってわかってるんだ。なのにね、なんで就職したらそんな格好で来るわけ?なんでできる? 明らかに故意犯だよね。若い頃からこんな姑息なことを考えているようなヤツは、はっきり言って、いらないね」

まったく同感です。金髪やいろんな格好を否定しているのではないのですよ。いいと思っているのであれば、その「素」の自分で試験に臨んでくださいね。

それから、もう一つは、**言葉遣い**。最近のみなさんは、何が俗語・卑語に当たるのかを理解されていないようです。しかし、社会人になったらその日からビシッと相手に指摘されてしまいますよ。かといって、無理して間違った敬語を使う必要はありません。

自分の母親を言うのに「お母さん」はやめてくださいね。「あんたいくつなの?」って思ってしまいます。

●言葉遣いタブー集

こうやって書かれると「そんなこと面接では言わないよね」と思われるでしょうが、1回でもポロッと出てしまったらおしまいです。

・うん
・えっとぉ～、んとぉ～
・やっぱ
・そんで
・マジ、ガチ
・そッスかぁ?
・オレ（または「ボク」）
・わたし的にはぁ～
・～でぇ、～だしぃ、～けどぉ
・～とか
・ちょー（超）
・ヤバい
・チャリンコ、チャリ
・○○ちゃんち（～の家）

控室での過ごし方

資料を読み直しておこう

面接試験は、予定時刻よりもどんどん遅くなっていってしまうこともあります。ですから、集合時刻までに控室に集合しても、自分の順番が最後のほうだったら、半日もしくはほとんど1日近く待たなければならないということもありえます。私自身の官庁訪問の経験では、朝9時に集められて、終わって解放されたのが終電間際だったということもありました。そこで、控室でいかに有効に過ごすかも考えておきましょう。

まずは、先ほどお話ししたとおり、面接カードのコピー、官公庁研究ノートやパンフレット、説明会でもらった資料、それに時事用語集や当日の新聞を読み直しておきましょう。面接カードの書き方のところでお話ししたように、自分が書いたことに対して面接官がどう質問してくるか、想定問答を考えておきましょう。

それでもどうしても時間が余ってしかたのないときのために、気分転換となるような読み物（自分の好きな雑誌や本……とはいってもまったく関係がなさそうに見えるものはイエローカード）を用意しておくのもよいでしょう（ただし、マンガ本はダメ）。控室では、ほかの受験者の迷惑となるような行為、たとえば、携帯電話をかける、メールをする、音楽を聴くといった行為は避けるべきですし、もし人事課の職員に見つかった場合には、注意されなかったとしても、確実にマイナスになります。

女性版 身だしなみチェック

寝ぐせはないか
アクセサリーはつけないほうが無難
爪は切ってあるか
靴は磨いてあるか
顔がスッキリ見えるか
メイクはナチュラルか
肩のフケはだいじょうぶか
ストッキングは伝線していないか

ほかの受験者と話し合うのは有効か？

控室で待つのはかなり緊張するものですし、同じように待っている受験者も、その場を共有しているという仲間意識はあるものの、考えてみれば競争相手でもあるわけなので、控室でほかの受験者と話し合うことは、なかなかできないものですよね。

ですから、こうしたほうがいいです、と一概にはいえません。でも、もし何かのきっかけで話をすることができるようでしたら、騒がしくない程度に話をしてみるのもいいと思います。いろいろと情報を仕入れることができるかもしれません。特に官庁訪問の場合には、自分1人で回れる官庁の数には限りがありますので、受験者どうしの情報交換が**非常に有益**です。どこそこはもう新規の受付を締め切ったらしい、どこそこは内々定が出始めているなどいろいろと情報が得られます。

また、そもそも相手も受験者であるということは、もしかしたら将来の同僚になる可能性があるわけです。ですから、集まっている受験者の雰囲気がよければよい同期になれるかもしれないし、その逆のこともあるかもしれないわけです。こういうことも、職場選びの動機になってくるでしょう。お互いがたとえ違った官公庁に就職することになっても、同じ公務員仲間、こういうつながりから仕事の連携がスムーズにいくことだってあるのです。

しかし、受験者どうしで盛り上がりすぎて**うるさくなるのはマイナス**ですよ。

それから、雰囲気といえば、受付や説明をしてくれたり、試験会場に案内をしてくれる職員の雰囲気もよく見ておいてくださいね。採用されたら、将来の直属の上司・先輩になるかもしれない人たちなわけですから。

●待ち時間は自由時間ではない!?

ただひたすら待っているだけなんだから何をしていても自由でしょ？　いいえ。あなたにとっては単なる空き時間でも、その間オフィスではみんな仕事をしているわけですし、人事面接官もパタパタ働いているんです。そんな人たちに対する気遣い、配慮もオトナには必要なこと。あなたがもし人事の立場だったとしたら、やっぱり「何やっとんのじゃぁ！ゴルァ！」って思うでしょ？

●デマに惑わされない

官庁訪問が始まると、不安をあおるようなデマが飛び交うものです。情報の聞き間違い程度のものもあれば、「敵」であるほかの受験者にウソの情報を教えて混乱させようという悪質なものまであります。控室での会話、インターネットなどいろいろなところでデマが流れるので、収拾がつかない状況です。

これらの情報を盲信して右往左往しないよう心掛けましょう。

ここが勝負の面接本番

面接官に「嫌い！」と思われたら採用されない

さあ、面接です！　面接試験は短時間に人物を見られるもの。短時間で高く評価をされるためには、とにかく印象を悪くしないこと。面接官も人間ですから、「嫌い！」「イヤ！」と思った人は採用しません。第一印象で損をしないように、ちょっとした表情や態度、言葉遣いで相手を不快にさせていないか、常に意識しながら面接を受けたいものです。

そのためには、まず、あなたのほうから面接官を「嫌い！」「イヤ！」と思わないこと。たとえば、自分が「やなヤツ」と思っていると、その感情が相手にも伝わり、相手からも嫌われてしまったという経験はありませんか？　面接試験もこれと同じで、「好かれたい」と思ったら、まずこちら側から相手（＝面接官）を好きにならなければなりません。

その次には、面接官に好感を持たれる努力をしなければなりません。その第一は、「身だしなみ」「態度」「表情」「姿勢」「声の大きさ」「敬語」などの外面的な部分。そしてもう一つは、「やる気」という心の部分です。外面的な部分と心という内面的な部分に分けましたが、面接官が「やる気」という心の部分をどこで判断するかというと、結局、**キビキビとした態度、キチッとした姿勢、明るい表情、目の輝き、そして、ハッキリとした張りのある声**という外面的な部分に戻ってきてしまうものです。

心構えはできましたか？　そろそろですよ！

●落ち着きが肝心

通常の業務では学生と話す機会などない職員が面接官となっているわけですから、受験者の話を聞いていると「子供っぽい」「頼りない」と感じてしまうものです。落ち着いた態度の受験者に会うと、それだけで頼もしいと感じます。

この子、筆記試験の成績はものすごくいいんだけど・・・
イエーイ

スマイルを忘れない

自分の前の人が面接試験室に入りました。そろそろ自分が呼ばれそうです。なんとはなしに、手のひらに汗が出てきたり。やっぱり緊張するものですよね。できれば、まずはトイレに行きましょう。緊張すると近くなるものですから。それに、もう一つの効用。それは、トイレの鏡で、自分の姿と顔を見てみることです。髪の毛は乱れていないか？　スーツの襟はちゃんとしているか？　ネクタイは曲がっていないか？もう一度チェックしておきましょう。

そして、鏡に映った自分に対してちょっとスマイルしてみましょう。「笑う」というのは大事なことで、たとえ作り笑いでも、緊張を解きほぐしてくれるものです。それに、ノンバーバル・コミュニケーション（151ページ参照）は非常に重要なもので、55％の人が言語より大事と考えているという統計もあるほどです

ニタニタ笑い・作り笑いは気持ち悪いものですが、自然でさわやかな柔らかいスマイル・ほほえみは相手（試験の場合は面接官）の第一印象をよくしてくれるものですから。東南アジアの仏教国ラオスには「顔施」という言葉があるそうですよ。他人を施すにはなにも金品でなくともいい、何がなくとも笑顔で相手をもてなすことが最大の施しなのだということです。

スマイルしてみて、「よしっ」と一発気合いを入れて、面接試験室に入りましょう。

入室の態度で印象が決まる

とうとう自分が呼ばれました。面接試験室の前まで案内されます。深呼吸を1回。自分のペースを取り戻しましょう。いきなり扉を開けてしまうと、控室での緊張を引きずったまま面接官の

●ノックはトン・トン・トン

通常、ノックはトン・トンの2回が多いですよね。でも、この2回ノックは実はトイレノックといい「入っていらっしゃいますか？」の意味です。

3回ノックはプライベートノックといい、私的な場合に使うもので、夫婦間、恋人どうしが使うものです。

正式のノックは4回ノック。ベートーベンの「運命」が「ダダダダーン」で始まるのは、「だれかがいきなり私の心をノックする。そして私の運命を変えた」というストーリー展開だからです。

ただし、日本の場合は正式の4回ノックをする人はほとんどいません。3回ノックを正式なものの代用としているようです。

前に立つことになってしまいます。そうならないためには、1呼吸置くことです。

心を落ち着けてから、扉を3回ノックします。「どうぞ」の声が聞こえたら、まずは「失礼します」と答えましょう。「失礼しまーす」と語尾を伸ばさないように、また、部屋の中まで聞こえるように、**ハッキリと発声**することがポイントです。それからドアノブに手をかけ、扉を開け、入室します。

扉はきっちり両手で閉めます。後ろ手で閉めるのは論外です。かといって面接官にお尻を向けないように。**動作は一つ一つを区切りましょう**。扉を開けながら「失礼しまーす」と入るとか、扉を閉めながらお辞儀をする、という「～ながら」動作はだらしなく見えます。モデルクラブで最初に教えられることがこの「動作と言葉を同時にしない」ということです。きちんと面接官に視線を合わせてアイコンタクトをとってから、一礼。礼をするときに頭だけペコリは変ですよ。あごを突き出すようなあいさつも格好悪いものです。背筋・首筋を伸ばして、腰から曲げます。角度は15度～30度くらいです。

このとき、目の前に立つあなたを見て、面接官がどう感じるか？　この第一印象は実はとても重要なものですが、それを決めるのはあなた自身です。印象というのは、お互いで形成し合うものですから、まずあなたのほうが一瞬でも「ずいぶん偉そうなヤツだな」「雰囲気悪いなぁ」などと思ってしまったら、合格は無理。ここまで来たら、今、この面接を成功させることだけを考えて、「よろしくお願いします」という謙虚な気持ちで対面することが大切です。それから、所定のいすのところまで歩きます。緊張してしまって、なんだかロボットのような歩き方になってしまいますね。ここで心を落ち着けましょう。（あなたのほうから見て）いすの左脇に立ち、一礼し（今度は、さっきよりも深く）、

入室の手順

①扉を3回ノックする

②「どうぞ」の声を聞いてから、「失礼します」と言って入室

③扉を両手で静かに閉める

④軽く一礼

「受験番号○○番。○○と申します。よろしくお願いします」

と、まずは受験番号と名前を言いましょう。面接官に「お掛けください」と指示されてから、

「失礼します」

と言って座るのが当然の礼儀です。

いすには**やや浅め**程度に腰掛けます。背中と背もたれの間を5センチほど空けておきましょう。背筋を伸ばして、背もたれにもたれかからないように。丸い背中は、暗く、消極的な印象を与えます。普段から背中が丸まりがちの人は、面接の間だけでも、背筋をまっすぐ伸ばすよう意識しましょう。ただし、身体を反り返らせると、逆に尊大な印象を与えることもあるので注意をしてください。手は自然にももの上に。女性の方は軽く両手を重ねて。だいたいにおいて受験者の前に机はありませんが、もし前に机があったとしてもひじや手を載せてはいけません。ひざとひざの間は、男性の場合は握りこぶし1個分空け、女性の場合はしっかり閉じましょう。足を組んだり貧乏ゆすりしたりしてはいけないのは当然です。

それから、声は普通の声でいいのですよ。よく、高校生や専門学校生に多いのですが、学校で教えられたのでしょうか、最初の「失礼します!」と最後の「失礼しました!」だけが鼓膜が破れんばかりの大きな声で、「いやに威勢がいいな」と思ったら、ほかの受け答えは妙に自信のなさそうな小さな声、という人がいます。「なーんだ」と思ってしまいますよね。

①背筋をピン、②それでいながら肩の力を抜く、③へその下あたりに力を入れ、④あごを引き気味にというのが、一番いい声が出る話し方だそうです。これを守るだけで、甲高い声(信頼できなそうに聞こえてしまう)も落ち着いて低音気味になるそうですよ。

⑤所定のいすの横に進む

⑥一礼

⑦受験番号と名前をはっきりと言う

受験番号○番の××と申します。よろしくお願いします。

⑧「お掛けください」と言われたら「失礼します」と言っていすに座る

素顔が一番！

さあ、これから質問が始まります。ここまで来ちゃったら、飾ってもダメ。素顔の自分を最大限に表現しましょう。老子の言葉に「見素抱樸（素を見わし樸を抱け）」という言葉があります。「飾りけのない素地のままを外にあらわし、伐り出したままの樸のような純朴さを内に守れ」という意味だそうです。面接官は、受験者の素質、素材の部分を見ているわけですから、素のよさを十分に出し切りましょう。「ありのままの自分」を見てもらうというぐらいの開き直りの気持ちでいいのです。

面接官が何人かいる場合には、質問者のほうを向いて、**相手の目を見て答えましょう**。しっかりした視線は意思の強さや意欲を感じさせますが、落ち着かない視線は優柔不断さを印象づけてしまいます。でも、そんなににらみ付けないでくださいね。目つきキョロキョロは挙動不審ですよ。答えるとき以外は相手の鼻の頭ぐらいを見るのがいいと思います。スマイルは忘れていませんか？　手を広げるといった大仰なジェスチャーは不要です。

受け答えははっきりと、明瞭に。そして、的確に。ズルズル話を続けず、**一つひとつの受け答えはあまり長くならないように**。かといって、「ハイ」「イイエ」だけで話の接ぎ穂がないようでは質問する側も困ってしまいます。

面接試験は、コミュニケーション能力試験。とにかく「会話」をしましょう。キャッチボールです。会話のテンポと展開によどみがないかを見られているのです。決して早口でしゃべれということではなく、頭の切り替えがよくて相手の言いたいことがわかる能力があれば、すべてを言われなくてもポン、ポンと受け答えできるものです。

いすの座り方

・ひざとひざの間は
男性は握りこぶし
1個分空け、女性
はしっかり閉じる
・受け答えは質問者
の目を見て！
・手は自然にももの上に
・背もたれには
もたれかからず
やや前傾姿勢に
・やや浅めに座る

答えに詰まって5秒も「……」だと、会場全体がシラけてしまいます。短い答えでもいいですから、とにかく自分のわかる範囲、答えられる範囲で答えましょう。

緊張してしまって、質問が聞き取れないことや趣旨がわからなくなることもありますよね。こういうときは、もう一度質問し直してもらってもOKです。なかなか言い出しにくいでしょうが、質問の意味を理解できないまま見当違いな回答をするよりずっとマシです。わからないときは、「恐れ入りますが」と断って、もう一度質問し直してもらうようにしましょう。

面接官の話が長いときは、話の切れ目を見つけて小さくうなずくと「理解しているんだな」と思ってくれます。でも、**「うん、うん」「エー、エー」では相手に失礼**です。相槌は「はい」が一番無難でしょう。

多少の失敗があったとしても、くじけず、元気に、若者らしく。元気って、声と目に表れますよ。ハキハキした声と澄んでキラキラした瞳は、それだけでアピールになります。**「動作＝キビキビ」、「返事＝はっきり」、「表情＝明るく」**を心掛けましょう。

ただ、「聞いている」という態度を前面に押し出そうとするだけではダメです。もっと重要なのは、自分自身が話をしているときに相手（＝面接官）の態度・様子を見極めながら臨機応変に対応できるかです。話の長さに面接官がうんざりしていて「もう勘弁して〜！」と思っているな、とか、ここの部分についてもう少し具体例を挙げてほしいと思っているなというようなことを感じ取れる人こそ、コミュニケーション能力が高いのです。それができなくて、用意してきた話や的外れのことをひたすらしゃべり続けたり、相手の話していることを聞いていないのでは、大きなマイナスになります。これも重要な判定ポイント。真にコミュニケーション能力がある人は、同時に相手の反応も見ることができるものなのです。

●集団面接・集団討論の入退室

集団討論・集団面接の場合の入退室も、個別面接の場合と基本的には同じです。ただ、人数が多いだけに複雑ですので、案内の方の注意をよく聞いておいてください。要領が飲み込めなかったときには、質問をしておきましょう。

入室の際は、前の人から極端に遅れて入ったりすると「なんだ？」と思われてしまいます。70〜80センチの適当な間隔を守って入りましょう。

動作について特に指示がない場合には、1番目の人から順々と行っていくのが理想的です。1番目の人が着席してから2番目の人が着席し、次に3番目の人が……という順を乱してはいけません。先を越さないということが大切です。

●知りうる限り誠実に答えよう

知らないことを聞かれて答えられなくなったり、知ったかぶりしてトンチンカンなことを答えたりするのは最悪です。自分

最後まで気を抜かずに

「以上です。お疲れさまでした。お帰りいただいてけっこうです」

とうとう終わりました。でも、ここで気を緩めてはいけません。明るさとさわやかさを印象づける表情で、面接官の目を見て、軽く会釈をしてから、席を立ちます。いすを乱雑に扱わないように。そして、いすの左脇で

「ありがとうございました」

と言ってしっかり一礼します。貴重な時間を割いてくれた面接官に心から感謝の意を表しましょう。「よろしくお願いします」と付け加える必要は必ずしもありません。「くどい」と思う面接官もいるかもしれません。今度はロボットのような歩き方にはならなくて済みそうです。扉の前で面接官のほうに向き直り、きちんと面接官に視線を合わせてから一礼し、

「失礼しました」

できるだけ面接官の真正面にお尻を向けないように扉を開け、退場します。あ〜終わったあ〜！と気を緩めてはまだまだダメです。扉は静かに閉めましょう。ここでも後ろ手に閉めたら面接官に見られてしまいますよ。もし閉めながら面接官と目が合ったら、会釈しておきましょう。完全に扉が閉まって、さあ、本当のおしまいです。

けっこう大変ですよね。でも、質問のやり取りだけではなく、入場から退場までが、みなさんに与えられた時間、ステージなのです。観客（この場合は面接官ですよね）は、ヒーロー・ヒロイン（つまりみなさんのこと）の**入場から退場まで見ていますよ**。

私は、趣味で弓道をやっているのですが、この昇段審査でも同じです。実際に行射（弓を引く

の知りうる限り、答えられる範囲内で最大限誠実に答える努力が必要です。

●相手方官公庁の呼び方

よく、民間企業の場合には相手方の会社のことを「御社（おんしゃ）」と言いますよね。これのお役所バージョンは「貴省（きしょう）」「貴局（ききょく）」「貴県（きけん）」でしょうか。「御○○」という言い方もあります。確かに文章ではよく見ますが、耳慣れない言葉ですよね。ですから、面接試験の場では、無理して使う必要はありません。普通に「××省」「○○県」と固有名詞を使うか、「こちら」という言い方でいいと思います。「○○県を志望させていただきました理由は……」「こちら（の県）を志望させていただきました理由は……」のどちらでもいいわけです。「こちらさま」のように、あえて敬称を付ける必要はないと思います。

●面接会場で出会った困ったちゃん

●何を聞いても「……」というなんともいえない間があって

こと）するのは2本ですが、入場から退場までしっかり見られています。審査員の先生に伺うと、「この人は合格させようかなー」と思ったときには、特に退場のところまで、退場口から姿が見えなくなるまで、きっちり見るそうです。「やった～！当たった、当たった！」と思って気を抜いて帰る人は、決められた所作を忘れてバタバタ帰ってしまうので、点数を引かれて落ちてしまうことがあるとおっしゃっていました。

面接試験でも同じです。「よかった、成功した」と思ったときほど、最後まで気を引き締めましょう。これを弓道では、「残身（残心）」といっています。

その一方、たとえ、「不出来な面接だった」「落ちた！」と思っても、それを態度に表すのは大人げないことです。採用されるかどうかは別にして、面接に時間を取ってくれた面接官に対し、感謝の気持ちを表すことは必要です。その面接官は、来年も面接官になるかもしれません。ダメだったときこそ、来年につなげるために！

面接試験室を出たら、担当の職員の指示を受けましょう、もう帰ってよいのか、別の部屋に行かなければいけないのか？　浮かれて帰っちゃって大失敗、というのでは泣くに泣けません。それから、担当職員にもお礼の気持ちを表しておきましょう。

帰ってよいという指示を受けたら、ホッとしますよね。廊下、エレベーター、玄関と、面接前とはうって変わって、リラックスして歩けます。この違いはなんということでしょう！　でも、緊張を解くのはまだ早すぎます。だれが見ているかわかりませんよ。まだ役所の建物の中なのですから。気を許して、友人とはしゃいだり、携帯電話をかけたり、タバコをふかしたりは厳禁です。**建物を出るまで絶対に気を緩めない**ようにしましょう。

から小さな声で答える。
（面接は、コミュニケーションなんだよねぇ……）

●緊張が顔だけではなく手にも現れていて、両手がガクガク、指先が紫色になって……
（質問をするどころか、救急車を呼ばなきゃいけないかと思ってしまって……）

●（面接中、さんざんモジモジした後で）「あっ、あのぅ、ト、トイレ行きたいんですけどぉ……」
（緊張しているのはわかるけど……）

●「こちらを受験したのは○○さんの紹介を受け……」
（オイオイ、自分からコネを使いたいっていうの？　のっけからふてぶてしいね……）

●（控室で、案内の職員に対して）「あっ！説明会でお世話になった○○さんですか？今日って何人欠席しました？午前中どんな質問出てたか知ってます？合格何人出すんですか？……」
（そんなの、答えられるわけないよね……）

終わったことでクヨクヨしない

面接試験が終わってちょっと一息つくと、ああすればよかった、こうすればよかったと思い返すものですよね。また、自分の面接時間が前後の人より長かった、短かったといって心配する方も多いようです。そうこうしているうちに落ち込みスパイラルにはまってしまい……。

でも、こういうことを気にする必要はありません。前にもお話ししたように、たとえ面接時間が短くてもちゃんと合格する場合だってあるし、逆に長くても不合格となってしまうことだってあるのです。自分が「失敗したぁ！」と思っていても、面接官の評価は高いこともあるんですよ。そんなに落ち込んでいてはいけません。本田宗一郎も「人間性とは――いかに前向きであるかが、最も重要である」と言っています。

それよりも、感触がよくても悪くても、気持ちをすぐに切り替えることのほうが大切です。どうせ面接試験を受けた人は、ほとんどみんながみんなブルーな気持ちでいるのですから、**いち早く立ち直った人のほうが勝ち**なのです。平常心に戻しましょう。落ち込んだ気持ちや浮ついた気持ちを次の試験にも持ち込んでしまうと、そちらの試験の結果にまで悪影響が出てしまいます。1回1回の試験をまったく別のものだと思って臨みましょう。

1つの面接試験が終わったら、その日は好きなものを食べたり、好きな本を読んだり音楽を聴いたりして過ごすとよいと思います。その日は頑張った自分へのご褒美として、もう試験関係のことはなーんにもしないで極力忘れるようにするのです。パチンコでも麻雀でもいいでしょう。で、たっぷり寝て、次の日になってから、前日の反省をし、次の試験の対策をすれば、何をどうすればよいかが冷静に判断できます。

●3K脱出がカギ

過剰な自意識（だれも見てないのに見られていると思ってギクシャクした不自然な言動をする）、過剰な反応（だれもそこを突っ込んでいないのに敏感に反応する）、過剰な防衛（だれも責めていないのに弁解の嵐になる）という極端な反応をする受験者が増えています。これでは、「アヤシイ人」ですよ！

退室の手順

①質問が終わり
立ち上がったら
「ありがとうございました」
と言って一礼

面接試験も職場の雰囲気を感じる場

最後に、面接試験も、その職場の雰囲気を知ることができる重要な場であることを覚えておきましょう。面接官に指名されているということは、その職場を代表して学生の面接をしてもよい、かつ、人を見てそのよしあしを判断することができる能力もあると思われている人なのです。ですから、確かにたまたま会った面接官1人だけで、その職場の風土を語り尽くすことは難しいとはいえますが、その**面接官の話し方や態度、対応などは、ある程度その職場の風土を反映している**といってよいでしょう。

今は面接官と受験者という立場ですが、採用されれば、すぐに自分の上司だったり、課長だったり、もっと上の役職の方だったりするわけです。「もし就職したら、こんな人と仕事をするのかー」というのがおぼろげながら感じられるはず。切れ味の鋭い質問のしかたをする面接官がいればあこがれるでしょうし、受験者のほうが「お・ま・え・は・ア・ホ・か?」と思うような愚鈍な面接官がいるかもしれません。そこでその職場の程度が知れるわけです。面接試験という場は、裏を返せば、職員（面接官）の人柄のよさ、高い能力が感じられるか、人をひき付けるエネルギーに満ちているかということを見極める絶好の機会なのです。

ですから、みなさんも「自分が試験を受けている」という受け身にだけなるのではなく、「自分が逆に面接官を審査しているんだ」ぐらいの気持ちになって、試験に臨んでみてはいかがでしょうか。面接を受けに行って面接官が大勢出てきたら、焦るのではなく、むしろ喜ぶべきです。ちょうど、買い物に行って商品をたくさん見せてもらったようなものです。そう、そのぐらいの気持ちになれれば、緊張もほぐれますよ！

③面接官のほうに向き直り「失礼しました」と言って一礼

④できるだけ面接官にお尻を向けないように扉を開ける

⑤静かに扉を閉める

集団討論の実況中継

受験者： 

 Bさん

 Cくん  Dくん

今日は○○市（政令市）の集団討論（受験者４人対面接官２人）です。

控室では、人事の人から、

①４人１組であること、
②指示された席に着席し、その後は席前に表示されているA、B、C、Dの表示に従い、名前や受験番号ではなく、「Aさん」「Bさん」で呼び合うこと、
③開始と同時にテーマと資料が配布されるので、各自で５分間検討した後、討論を開始すること、
④討論時間は40分間であること、

の指示がありました。
なお、Cくんが「最後に結論を発表するとか、プレゼンテーションをする必要はあるのですか？」と聞いてみたところ、「その必要はない。時間いっぱいまで議論すればよい」とのことでした。

●わからないことは事前に聞いておく

指示を聞いても、わからないことがあったら、Cくんのようにその場で聞いておくべきです。同じ「集団討論」「グループディスカッション」という名称であっても、単に数人で議論をすればいいだけのところ、議論して結論を出さなければいけないところ、なおかつ発表しなければならないところなど、いろいろありますから。

もし、結論を出し発表しなければならない場合には、事前打ち合わせをする際に、最後の5分間をまとめの時間として残しておくようにすることも確認しておくとよいでしょう。

《控室にて》

：どうやらこのメンバーで1つの班のようなのでよろしく。さっきの人事の人からの指示だけではスムーズな議論にならないと思うので、[1]**司会進行とか、今のうちに役柄を決めておこうよ。**

：よろしくお願いします。確かにそうですね。では、口火を切ったCさんに司会進行をやっていただいたらどうでしょう？　それに、1人がたくさんしゃべっても討論にならないので、1回の発言は1分を原則としたらどうですかね。[1]**私がタイムキーパーやりますので。**

：よろしく。それでいいよ。

：じゃ、50秒たったところで、私が右手を軽く上げて合図しますね。

：では、そういうことで。[2]**せっかくだから、ここにいるみんなが合格できるように、協力していこう！**

：……。

《集団討論開始》

面接官から配布された紙には「食育と地産地消について」というテーマが書かれており、新聞記事の切抜きがいくつか添付されていました。

(5分後)

：では、討論を始めてください。

：それでは、まず、役割分担について確認して

1 指示がなくてもやっておく

議論をするときには、司会進行とか、書記とか、タイムキーパーとか、最後に発表がある場合には発表者など、それぞれの役割を事前に決めておいたほうが、無駄なくスムーズに議論が進行します。

2 チームワークが大事

集団討論では、個人の発言のよしあしというよりも、みんなで1つのことに向かって協力していけるかという面が見られています。なので、自分だけ目立とうとか、一緒になったメンバーを蹴落とそうとするのではなく、みんなで合格しようと盛り上げることが大切です。

おきます。私が司会進行役、Bさんがタイムキーパーということでよろしいですか？

（全員うなずく）

：よろしくおねがいします。まず、[3]**1人ずつ順に意見を発表して**いただければと思います。では、Aさんからお願いします。

：……、あのー。……「食育」ってよくわからないですけど、「地産地消」っていうのは、地元で獲れたものを地元で使うってことですよね。……とりあえず、給食で地元の野菜やなんかを食べるようにすれば、地産地消になるんじゃないかと……

：[4]**確かに定義づけって大事ですよね。**「地産地消」はAさんのおっしゃるとおりでいいと思います。「食育」って、食事の大切さとか、栄養を満遍なく摂ることが健康にとって重要であることを教えることだと思います。私は、給食も大事だけれど、学校の授業の中で、そういうことを教えることも大切かなと思います。たとえば、家庭科の時間に栄養バランスのいい食事の例を教えるとか、社会の時間に地元の名産品を教えるとか。

：じゃ、[5]**私は司会役なので後回しとして、次にDさん。**

：ぼくは、学校教育だけじゃないと思うんだよね。それぞれの家庭とか、地域全体で考えたり、子供たちに教えることも「食育」じゃないかって。それから、「地産地消」って、その地域で獲れたものであればいいんで、別

3 まずは意見を出し合う

人事からこのような指示がある場合がありますが、指示がなくても、まず全員の意見を出し合うことから始めるのが常道です。

4 重要な言葉は定義づけを

議論の中心となる言葉で、メンバーの意見が割れそうな場合には、事前に定義づけをしておいたほうが無難です。そうでないと、議論が散漫になってしまうおそれがあります。なお、「食育」について、食育基本法では「生きる上での基本であって、知育、徳育及び体育の基礎となるべきもの」とし、「様々な経験を通じて『食』に関する知識と『食』を選択する力を習得し、健全な食生活を実践することができる人間を育てる」ことであると定義づけていますが、この正式な定義づけを知っていなければならないということはありません。大筋がずれていなければいいのです。その場で定義づけをしていきましょう。

に名産品でなくてもいいかもしれないと思うんだよね。

：私もDさんの意見に同感です。[4] **では、まず定義づけとして、**「食育」とは、学校や家庭、地域で、子供たちに食事やバランスの取れた栄養摂取の大切さを教えるということ、「地産地消」とは地域で獲れた作物を使うことということで議論を進めたいと思いますが、いかがでしょうか。

（全員うなずく）

：それでは、[6] **家庭とか社会の問題は後回しにして、まず、学校教育の場での「食育と地産地消」についてから議論をしていきたい**と思います。

（議論が続く）

：議論が尽きないようですが、[7] **およそ25分経過しましたので、次の議論に移ったほうがよいかと思います。**

：そうですね。では、次に家庭・社会の場での「食育と地産地消」問題について考えたいと思います。

：「食育」って言ってもさ、食べる食品にいくら栄養があってもさ、農薬が混じっていたらどうしようもないんだよね。輸入品なんて、どんな農薬使っているかわからないし、そもそも、日本の食料自給率は低いし、―（略）―そんなの○○市の問題じゃなくって、国がさ、農水省とかがやらなきゃいけない問題じゃないかって。それに―（略）―（[7] **Bさんが50秒で手を上げるも話が止まらず**）

5 司会は目配り気配り

必ずしも自分の順番を後回しにする必要はありませんが、ほかのメンバーにも発言の機会を与えることが肝心です。

6 テーマをいくつか小分けにする

大くくりな議論をしていたのでは、いつまでも議論がまとまりません。いくつかの小パートに分けて議論し、1つずつ結論を出していったほうが話が進みますし、議論もまとまりよく見えます。

7 全体の配分に注意する

議論がひとつのところに偏ってしまって、全体のバランスを欠いてはいけません。Bさんはタイムキーパー役として全体の時間配分をよく考えています。

：すみません。Dさん1分を超過しています。それに、食料自給率の問題は、それはそれで重要な論点かと思いますが、[8]**今回のテーマからは外れると思います。**問題を「食育と地産地消」、特に今のパートでは家庭・社会との関係においてお話いただければと思います。

：あ、じゃ、だれかほかの人。

（議論が続く）

：ところでみなさん、「食育」の面からばかり議論してきましたが、「地産地消」によってもたらされる[9]**地元への経済効果っていうことも考えたほうがいいんじゃないかなと思うん**ですが、いかがでしょう？

：その話はしていなかったよね。

：それでは、Aさんいかがですか？　[10]**最初にお話しいただいて以降、特にご発言なさっていませんが。**

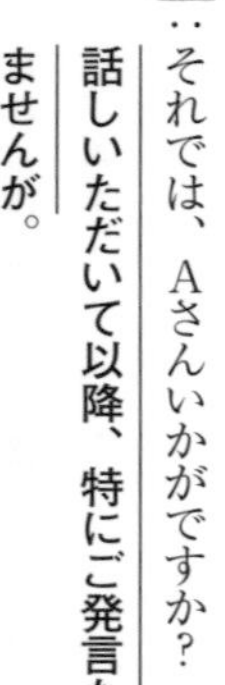

：[10]……、**そーですねー。まー、確かに、地元で消費してくれれば、いいっていうか……**

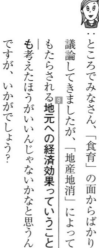

：確かに、物流のコストもかからずに済むし、その分、消費者に安く還元できると思うんだよね。そうすれば、消費者にも助かるし、消費も増えて、生産者の収入も上がるし。

：（時計を気にしながら、早口で）[11]**この資料の新聞記事を見ると、**農協の××さんは「もっと地場産品をアピールできる場ができれば」

8 事前の約束は守ろう

このDさんのような暴走系の人が中にいると議論がまとまらなくなってしまい、厄介です。だれかが注意して、議論を引き戻すことが大切です。

9 気付きが大事

話をしている中で、今までの議論に欠けていた重要な論点に気付いたときには、積極的に提示するということも大切です。

10 話していない人に振ってあげる

なかなか話に入り込めない人がいれば、とりあえず、振ってあげて会話のチャンスをあげるようにしましょう。ですが、Aさんはせっかくもらったそのチャンスを生かしきれませんでした。

11 提供された資料は必ず使う

今回のように資料が提供されている場合には、話の中のどこかでそれを使うことが期待されています。できればもっと早い段階で資料を使った議論をするべきでした。

とおっしゃっていますが、たとえば、地元のスーパーで……

12 **：そうそう！この間ウチの地元の産地直売所に行ったらさ、見たことない野菜がいろいろ置いてあんの。オレ、え！こんなのも○○市で作ってるんだって思って。こういうのがもっとあちこちにあったらよくね？ ああいうところって、なんか行くとテンション上がるじゃん？試食とかウマイし（笑） 市もさあ、こういうとこをつくったり補助金出したりしてさ――（略）――** 7 **（またもやBさんが手を上げるも話が止まらず）**

：すいません。Dさん時間です。おっしゃるように、これまでどれが地元で獲れた食材なのだか、よくわからないってことはありましたよね。私も、△△菜が○○市の特産だということを、つい最近知りました。

：そういう施設に頼らずとも、地元のスーパーなどに働きかけて、地場産品を……

13 **：はい。時間となりました。ここで終了です。**

12 くだけすぎ！

友達との会話ではないので、こういうくだけすぎた言葉遣いは確実に減点対象になります。集団討論では、年齢の近い者どうしで会話しているので、熱が入ってくると、ついつい言葉遣いが乱雑になってしまう人がいます。

13 途中で終了もあり

会話の途中でも制限時間がきたら終わりになってしまいます。「必ずしも議論をまとめなくてもよい」という場合でも、最後の5分ぐらいになったら、まとめの方向に持っていきたいところです。

総合判定

集団討論終了後、各面接官の好評は次のとおりでした。

面接官Xの講評 …
Aくん：E　Bさん：A
Cくん：B　Dくん：D

班として全体のまとまりはまあまあよかったほうだと思う。Dくんの暴走をみんなで抑えていた感がある。Aくんはほとんど話していないので、評価のしようがない。Dくんは視点は悪くはないが、暴走気味。入ったら職場を引っかき回すタイプ。Bさんはタイムキーパーの役をよくやっていた。話の中身もいい。Cくんはそつなく司会進行役を果たしていて、議論をうまく進める方向に持っていった貢献は大である。

面接官Yの講評 …
Aくん：E　Bさん：B
Cくん：B　Dくん：C

活発に議論がなされていて、いい班だった。Aくんはとにかく話してくれないと。Bさんは話のまとめ役としてはよかったけれど、もう少し自分の意見があったほうが。最後の最後で何かBさんらしい話が聞けそうだったのだけど、時間切れになってしまったのが惜しい。Cくんは司会進行としては文句なし。ただし、司会に徹していたので、もう少し本人の意見が聞きたかった。個別面接で少し突っ込んで聞いてみたい。Dくんは暴走系だったし、言葉遣いが雑だったけれど、観点がおもしろいので、これまた個別面接で判断することにしたい。

以上の各面接官の講評を踏まえ、合格判定会議ではAくん：E、Bさん：B、Cくん：B、Dくん：Cと結論を下し、Bさん、Cくん、Dくんを個別面接に呼ぶことにしました。

個別面接の実況中継

受験者：永田かすみさん

・○○大学法学部４年生（留年）
・環境法のゼミ所属
・△△県出身
・受験先：国家総合職（最終合格したが内定はなし。官庁訪問先：経済産業省、環境省）、国家一般職（官庁訪問先：労働局、経済産業局）、国税専門官、□□県

今日は□□県の最終面接（永田さん１人対面接官3人）です。

[1] **（トン、トン、トン）**

：はい。どうぞ。

（扉を開けて）

：失礼します。

[2] **（扉を開け入室し、扉を閉める。礼。）（いすのほうに歩いていき、いすの左脇に立つ。**さっきよりも深い礼）

：受験番号39番。[3] **○○大学４年生**の永田かすみと申します。よろしくお願いします。

：お掛けください。

：失礼します。

（着席）

[4] ：**昨晩はよく眠れましたか?**

[5] ：ハッ、ハイ。**緊張しちゃって。**あまり寝付けませんでした。

：そうですか。こういった試験のときなど、大

---

1 ノックは3回

ドアのノックは正式には4回。日本の場合は3回でも許容されます。

2 順番なんて気にしない

キチンとノックして、「失礼します」とハッキリ言って、礼をしていれば、多少順番がどうであれ、面接官はあまり気にしていません。

3 大学名はいらない

民間の就職対策本には出身大学を名乗れとありますが、公務員の場合は不要です。たくさん受験している場合はほかの試験の受験番号と間違えないように。

4 緊張をほぐす導入の質問

「昨晩はよく眠れましたか?」という質問と次の新聞の質問は導入の質問。緊張を和らげるためのもの。ただ、この何気ない会話の受け答えの段階で第一印象が決められてしまうので、あ

きなイベントの前には緊張するほうですか？

：はい。緊張しないと言ったらウソになりますが、普段はあまり緊張して堅くなることはないほうだと思います。ただ今日は、ぜひとも合格したい試験なのでとても緊張してます。

：そうですか。あまり緊張なさらないでくださいね。リラックスして、普段どおりでいきましょう（笑）。さて、今朝の新聞をお読みになりましたか？ どんな記事に関心を持ちましたか？

：はい。[6] **1面ではないのですが**、社会面に出ていた「緑の回廊計画」という記事に関心を持ちました。

：ほほう。緑の回廊計画？ それって何ですか？ どうして興味を持たれたのですか？

：私は環境問題に関心があったので現在の大学・学部に進んだのですが、ゼミの合宿で里山が減少して野生動物の生態系が破壊されている現状を知り、なんとかならないかと思っていました。今回の記事は、国や自治体が率先して、「点」になって分散してしまった里山を人工の緑地帯の「線」でつないでいこうというもので、野生動物の移動まで考えたいい案だと思い、関心を持って読みました。

：へぇ～。そんな計画があるんですね。それで、あなただったらどうやってその施策を推進していきますか？

：はい。緑地帯の確保をするためには用地買収を行わなければなりませんが、地域住民の理解を得られるよう説明会などを開く必要があります。また、[7] **同じ役所の一方でそれに相反する開発行為がなされるのも変ですから、役所内はもちろん中央官庁にも協力を求めたいと思います。**そのうえで、現在ある里山や鎮守の森などには、これ以上減少しないよう一定の開発規制をせざるをえないと思います。

：なるほどね。わかりました。では、だいぶ話がそれてしまいましたが、永田さんがこちらを志望された理由についてお話ください。

：はい。私は、[8] **こちらの県が「21世紀未来プロジェクト」を打ち出し、教育と福祉の充**

などれません。

5 なれなれしい言葉遣い

「ハッ、ハイ」「緊張しちゃって」はちょっとなれなれしい。普通に「はい。緊張したためか、あまり寝付けませんでした」程度でよいでしょう。

6 1面の記事でなくてもよい

なんでもかんでも1面トップの記事を挙げればいいというものではありません。その後、二の矢三の矢の質問が飛んできても答えられる自分の得意分野の記事にしておきましょう。

また、自分の政治的思想信条などに触れざるをえないような答えは自分から回避すべきです。

永田さんは自分の得意分野に引き込んで成功しています。

7 視野の広さがうかがえる

各方面への影響にも配慮していると感じられて好評価ですね。

8 情報収集の成果

インターネット・広報紙での事前調査の結果をうまくちりばめています。

実、自然環境にも配慮した産業育成等の施策を推進していると伺い、なかでも産学協働教育など新たな取組みを始めているということに非常に興味を覚え、こちらを志望させていただきました。

：なるほど。今お話しされたプロジェクトは昨年度から始まったばかりのもので、各セクションが具体的にどのようなことをやるかはまだ検討中ですよ。それに、たとえ採用されたとしても、あなたのお話になっている教育問題を担当する部署に配属されるかどうかもわかりませんしねぇ。

：はい。今お話しした例は、こちらの県に関心を持ちましたきっかけということです。その後、9 **説明会に参加させていただいたり、広報紙を拝見させていただき、たとえば××港再開発事業や本県独自の在宅介護補助制度などにも関心を持ちました。**県民生活を総合的にサポートするという姿勢はどこの部署であっても変わりはないと思います。職員の配置は人事の問題ですので、どこに配属させていただいても、そこで自分を磨くことができるのではないかと思っております。

：んー。君は△△県のご出身だよね。なんで本県を志望されてるの？

：はい。先ほどお話ししました10 **ゼミ合宿でこちらの県の〇〇村にお世話になり**、民間の環境保護活動と自治体の政策との関係を学んだことがそもそも公務員を志望するきっかけとなったことですので、こちらの県には殊の外愛着を感じ、志望させていただいております。

：ご家族は「地元に帰ってきて」っておっしゃるんじゃないの？

：正月に帰省した際に両親とも将来の進路について相談しました。11 **お母さん**は「あなたの好きなようにやりなさい」と応援してくれましたが、11 **お父さん**は地元に残ってほしいような感じでした。でも、その後も電話などでも話をしたので、今は11 **納得していただいていると思っています。**

：そもそも、民間の就職活動はしなかったんですか？

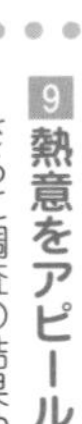

9 熱意をアピール

さらに調査の結果や、説明会に参加していることもさりげなくちりばめており、熱意のアピールになっています。

どこの職場でもOKということはもっと強調してもいいでしょう。

10 ウソも方便？

本当はゼミ合宿は他県。〇〇村は友人と観光に来ただけ。志望動機とうまく結びつけた永田さんですが、ウソがばれなければいいのだけれど……。

11 単純だが大きなマイナス

自分の両親を「お母さん」「お父さん」と話すのは最大のマイナス。今までのプラスが全部帳消しになります。

なお、自分の親に「納得していただいて」は敬語の使い方も間違っています。

この永田さんの答えでは、面接官の頭からは「親の反対で辞退」という可能性を払拭しきれないでしょう。

：[12] **ＩＴ産業などいくつか回りましたが、**顧客のことよりも利益を優先する姿勢があまりにもはっきりしていて、私にはなじめないと思いました。それに、民間企業は女性に厳しく、結婚後は働きづらいという感じがしましたので、公務員に絞りました。

：でもね、あなたのご両親は民間にお勤め？　なら、言い方を替えれば民間企業にあなたは育ててもらったようなものじゃない。それを否定するのはどうかしら？

：あっ。はい[13]……………。

：……うーん、答えづらいですか。ところで、永田さんが、学生時代、ゼミやサークル・部活動などで、[14]**みんなと協力して取り組んだ課題**について話してください。

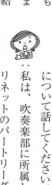

：私は、吹奏楽部に所属し、副幹事長とクラリネットのパートリーダーをしておりました。春と秋の年2回の定期演奏会と夏休み中の全国コンクール予選に向け、頑張ってきました。みんなの努力の結果、昨年の全国コンクールでは銅賞をいただきました。

：吹奏楽ですか。副幹事長とパートリーダーを務めたということですが、[14]**その役割を果たすうえで、気を付けたのはどんなことですか？**

：[15]**副幹事長**は、縁の下の力持ちにならなければいけないと思い、幹事長1人では手の回らないような部分を率先して引き受けてきました。ほかの副幹事長と仕事を分担し、主に、私は、会場の予約とか、パンフレットの配布などをやっていました。

：[14]**周囲と意見が対立したことはありましたか？　その時あなたはどのように対応しましたか？**

：クラリネットは私も含め5名いたのですが、その練習方針を巡って対立したことがありま

---

12 関連のない併願先

民間の就職活動先もやりたい仕事と関連のある併願先が望ましいです。どうして環境法を学んできてＩＴ産業なのか、公務員の志望先との関連もなく、結局この人はなんでもいいのかと思われてしまいます。

また、民間を批判するだけの発言や、勤務条件に偏った発言はマイナスです。

13 黙るな！

自分で作ってしまった気まずい雰囲気は自分で切り抜けなければなりません。黙ってしまうのはマイナスです。

14 コンピテンシー評価型の質問

このように具体的な過去の行動・経験を語らせ、次々と質問を畳みかけるのがコンピテンシー評価型面接の特徴です。

15 副幹事長？

副幹事長といっても、これでは単なる雑用係としか思えません。「役割を果たすうえで気を付けたこと」という問いに対す

した。パートの練習日は水曜日と決めていたのですが、[16]**平河さん**がほかのサークルの練習日と重なって出られないと言ってきて、これがきっかけとなってみんなの意見がまとまらずバラバラになって練習もできないときが3か月ほどありました。でも、リーダーとしてまとめなければと思い、みんなの意見を個別に聞き、平河さんにもみんなの意見を説明し、理解をしてもらって、練習日を木曜日とすることでみんなの了解を得て、練習を再開することができました。

：[14]**周囲はあなたの対応をどのように評価していましたか？**

：[17]**いろいろあったけど、**かえって「雨降って地固まる」[17]**っていうか、**全国コンクールの予選までに間に合ったので、みんなに喜んでもらえました。銅賞をいただいたときには[17]**マジ**うれしかったです。

：そうですか。全国コンクールの銅賞ですもんね。すごいなぁ。おめでとうございます。ほかになんかご趣味は？

：高校生のときから弓道をやっています。今も近所の道場で続けております。

：ほー。けっこう長くやってるんだぁ。大会とか出るの？　んじゃあ、「弓道八節」って言ってみて？

：[18]**エッ！　はぁ……。ほんのお遊び程度に道場に顔を出すだけでして……そのぉ、あまり覚えてませんが……。**

：あ、そうなんだ。失礼。

：じゃあ、視点を変えて。永田さん、あなたは……思っているか述べたうえで、自己PRしてみてください。

る回答としても物足りないでしょう。

16 それ、だれ？
いきなり面接官の知らない固有名詞を出されても「だれやねん？」「知らんがな！」と一蹴されてしまいます。ですが、みんなの意見を聞き、危機を回避したという行為は評価できます。

17 だんだんと地が出てきた
緊張がほぐれてきたのか、答えが口語調。「あったけど」「マジ」は完全にアウト。

18 完全にハッタリがバレている
受験者より人生経験が豊富な面接官が何人もいる前でハッタリをかますと、面接官の中に専門家がいてこのようにドツボにはまることがあります。

：[19]**すみません。途中ちょっと聞き取れなかったのですが。もう一度ご質問いただけますでしょうか？**

：あなたはご自分でどういう性格だと思っているかお話ししてください。そのうえで自己PRしてみてください。

：申し訳ありませんでした。私は、小さい頃は引っ込み思案で友人も少ないほうでしたが、高校生のときにこれではいけないと思い直し、以後は積極的になんでもチャレンジし、交友関係も広げるように努めて参りました。ですから、今は積極的で、明るく、なんにでもチャレンジする性格になり、友人も多くなったと思います。たとえば、先ほどお話しした吹奏楽部におきましても、大学に入るまでやったことのないクラリネットにチャレンジし、3年生のときにはパートリーダを務めるまでになりました。また、悩んでいる友人の話を聞いてあげたり、後輩にアドバイスをしたりすることが苦にならないので、[20]**周りからも「お母さん」というニックネームで呼ばれています。**ちょっとそそっかしいところもありますが、持ち前の明るさと積極性で何事にも前向きに取り組んで参りたいと思っておりますので、よろしくお願いいたします。

：「お母さん」っていうニックネームはかわいそうですね。若いのに。なんでそんなニックネームになったんですか？

：はい。大学に入ってからも、大学の吹奏楽部の練習だけではなく、出身高校の吹奏楽部の練習にも顔を出し、後輩の練習を見たり、ときには勉強を教えてあげたり、相談にも乗ってあげていました。後輩を何人か引き連れて大学の図書室で勉強を教えていたり、大学の吹奏楽部の合宿にも許可を得て高校生を連れてきたりしているのを見て、友人から「まるでお母さんだね」と言われたことが始まりです。そのうち、後輩たちもみんなが「お母さん」と言うようになり、これが広まってしまいました。[21]**こういう愛称をもらってしまうと、逆に自分が「お母さん」としての立場を演じなければならなくなり、**

19 素直に聞こう

かなり動揺しているのか、面接官の質問が聞き取れなかったよう。

こういう場合には適当に答えて間違ったことを言ってしまうよりもこのように素直に聞いてしまうほうがいいでしょう。

20 面接官にワナをしかけている

性格分析→PRの順で質問に的確に答えています。

あえてエピソードが少ないのは、「お母さん」という特徴的なニックネームをワナとして仕掛け、面接官に食いついてもらいたいためですね。

21 面接官のくれたチャンス

面接官がうまくワナにはまってくれたので、事前に考えてきたことをここぞとばかりに説明しています。流れはいいでしょう。

責任感が増したと思います。

：なるほどね。「お母さん」役も大変なんだ。その「お母さん」役をやっていて、[22]**失敗した経験などはありますか？**

：合宿のときに、わけのわからない料理を食べさせちゃったという失敗談なら何度もあります（笑）。……まじめな話としては、遠征のときの世話をしてあげていたのですが、遠征先のホテルの予約の人数を間違えてしまったということがあります。

：そのときどうされたのですか？

：はい。ホテルにも掛け合ったのですが、あいにく満室ということでしたので、無理をお願いして4人部屋を5人にしてもらい、私の分も譲って、私は近くのビジネスホテルから毎日通いました。後輩たちには行きの新幹線の中で「お母さん」の手違いでゴメンねと謝っておきました。なんとか無事に遠征は成功したのでホッとしています。

：大変でしたねぇ。無事に終わってよかったですね。ところで、[23]**受験申込書にはTOEICのスコアが710点となっていますが、先日提出していただいた面接カードでは740点になっていますね。**どういうことですか？

：はい。社会人になっても英語力は大切だと思い、現在でも英語の勉強は続けています。受験申込書を出した後に再度試験を受けまして、740点までスコアを伸ばすことができました。

：740点はすごいですね。この能力をもっと生かそうと思わなかったんですか？　たとえば、外務省専門職員の試験を受けるとか、◇◇市の国際職を受けるとか。

：いえ、語学力を一生の仕事にしようとは思いませんでした。あくまでも、コミュニケーションの一手段として仕事でも役立てばと思っているだけです。それに、あまり外国に住みたいとも思いません。

：あまりあっちこっち動きたくない事情があるんですか？　県に勤めても、県内全域で転勤はありますよ？

[22] 危機管理術が知りたい

面接官は失敗談を聞き、その人の危機管理術を聞こうとしています。なお、ここからの質問もコンピテンシー評価型の質問になっています。

[23] 資料の矛盾点

面接官は、それまでにあなたが提出した資料は受験申込書であれなんであれ、すべて読んでいると思ったほうがよいでしょう。

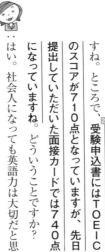

：**だいじょうぶです。どこで働いても問題ありません。旅行で外国に行くのは好きですが、そこで暮らそうとは思わなかっただけです。** 24

：**ところで本県の○○村でゼミ合宿されていろいろと調査をされたっておっしゃってましたが、村役場の方とはお知り合いになったんですか？** 25

：あっ、はい……。あ、あの～調査っていっても役場とかじゃあなくて、民宿のほうとかに伺ったので……。

：そうなんですか。いやね、あの村は特に環境対策に力を入れているから。そういうところにも行ったのかしらと思って。ところで、**併願先を言っていただけますか？** 26

：こちらの県のほかには、国税専門官と国家一般職を受けております。

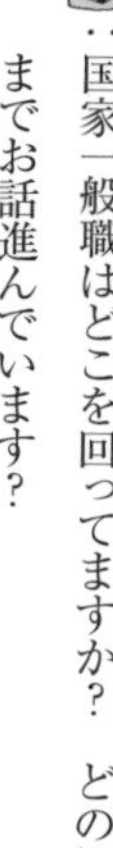
：国家一般職はどこを回ってますか？　どの辺までお話進んでいます？

：労働局と経済産業局のほうを回らせていただいております。経済産業局のほうは話が進んでいると思います。

：話が進んでいるって、具体的に内定という言葉もいただけたんですか？

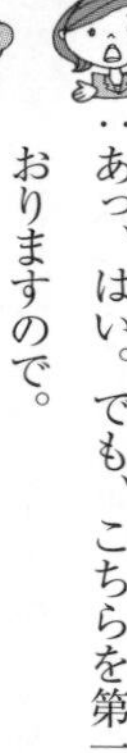
：あっ、はい。でも、こちらを第一志望としておりますので。

：あなた、優秀な成績だから、国家総合職とかはどうなの？　受けてるんじゃない？

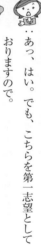

24 理由付けが薄い

これでは弱い。突っ込まれて聞かれなかっただけ幸いのような……。面接官の突っ込みが浅いということは、面接官の関心がだんだん薄れてきているという証拠です。

25 急な切り返し

いきなり前の話題に振り直して、受験者を混乱させようとしています。

前の話題があまり突っ込まれずにいても、面接官はすべてチェックしているので、急に戻って突っ込まれることもあります。

26 併願先

とにかく受験者が最終的に来てくれなければ困るので、面接官はかなりしつこく聞いてきます。

なお、「面接」と「併願状況の調査」を分けて行っているところもあり、その場合は、「面接」では併願状況は聞かれません。

なお、永田さんはかなり「圧迫」だと感じていたようですが、これは「真の圧迫質問」ではありません。

：[27] **あっ、すみません。申し上げておりませんでしたが、そちらも受けました。**

：結果はどうだったの？ 官庁訪問はされた？

：はっ、はい。最終合格させていただいたのですが、内定はいただけませんでした。官庁訪問では、経済産業省と環境省を回ったのですが……。

：そうなんだ。ずいぶん経済産業省関係の志望が強いようですね。先ほどの志望動機からだと、環境省とか文部科学省とかのような感じがしたんだけど？

：いや、あの、国家総合職は試験慣れのために受験しただけです。国家一般職での訪問先は、文部科学省は出先はないもので……。経済産業局は、説明会の雰囲気がよくてたまたま訪問してみたら、話が進んだものですから……。

：試験慣れ程度でわざわざ東京まで出かけて官庁訪問をすることはないでしょう？ 留年されているようだけど、[28] **去年はどんなところを受験されたの？**

：国家総合職と国税専門官ですが、いずれも1次不合格でした。

：地方は？

：あっ、△△県を受けましたが1次不合格でした。

：去年は出身県を受けたのね。それで、さっきなんでしたっけ、○○村のってことで本県に志望を変更されたわけなの？

：あっ、はい。とてもいいところだと感じましたし、何よりもその後の研究でこちらの政策にひかれまして。

：[29] **去年はたまたま採用数が多かっただけで、今年も多いとは限らないですよ。**ところで、併願先に志望順位を付けていただけませんか。

：こちらの県が第一志望で、次が経済産業局、国税専門官、労働局の順です。

：国税専門官は、2年連続で受験されてますよねぇ。それだけ思い入れも強いんじゃないですか？ 給料だって高いし。

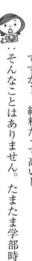

：そんなことはありません。たまたま学部時

---

[27] 最初から正直に話そう

落ちたところ、内定をもらえなかったところも最初から素直に言ってしまったほうがいいでしょう。この例では、面接官に隠していたと思われて、さらに突っ込みが厳しくなっています。

[28] 複数年受験者は注意

複数年受験者は、昨年、一昨年と今年の受験状況との関連性も聞かれます。特に、前年まで受けていなかった官庁では「どうして今年はウチを受けたのか」としつこく聞かれる可能性大。

[29] 面接官に見透かされている

完全に面接官に本音を読まれています。この話題にこれ以上面接官が突っ込まなかったのは、永田さんに興味が薄れている証拠。

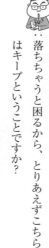

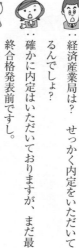

代に会計学を受講し、簿記検定2級の資格を取ったものですから。転勤が多いと聞いているので、もっと腰を落ち着けて働きたいと思っております。

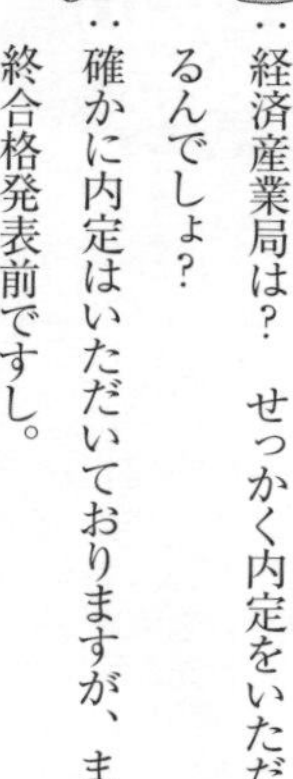

：経済産業局は？　せっかく内定をいただいてるんでしょ？

：確かに内定はいただいておりますが、まだ最終合格発表前ですし。

：落ちちゃうと困るから、とりあえずこちらはキープということですか？

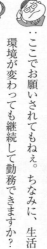

：[30]**いえ……。決してそんなことではありません。先ほど申し上げましたとおり、こちらの政策が非常に魅力的に感じまして、ぜひともその政策実現のために働かせていただきたいと思っております。よろしくお願いいたします。**

：ここでお願いされてもねぇ。ちなみに、生活環境が変わっても継続して勤務できますか？

：家庭も大事だと思いますが、女性も自立していかなければならないと思っておりますので引き続き働きたいと思っております。

：先ほどから、腰を落ち着けて、とかいう話を何度か伺ったような気がしますが、県庁の仕事でも地方勤務はありますよ。ちょっとご自宅からでは通えない距離のところもあります。それでもだいじょうぶですか？

：それはだいじょうぶだと思います。それに配属先等に関しては、意向調査の結果も反映していただけると伺っておりますので。

：まあ、すべての職員の希望どおりにはなりませんけどね。ところで[31]**突然なんですけど、これから2時間で、本県内のガソリンスタンド**

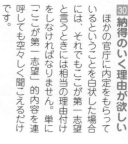

30 納得のいく理由が欲しい

ほかの官庁に内定をもらっているということを白状した場合には、それでもここが第一志望と言うときには相当の理由付けをしなければなりません。単に「ここが第一志望」的内容を連呼しても空々しく聞こえるだけです。

30 せわしない動作はウソの証拠

急に早口になり、まばたきの回数も多くなった永田さん。髪をかき上げたり、足の位置をずらしたりしています。

これらの動作は、緊張とウソの証拠。面接官は、こういう動作の変化も見逃しません。

31 突飛な質問の例

どれだけ機転がきくかと一般常識があるかを見ています。

この程度で解放されたのは、すでに面接官が永田さんに対する関心を失っている証拠。興味がある人にはもっと突っ込んでいるはずです。

面接時間後半で面接官の突っ込みが浅くなってくるのは、受

の数を調べてくださいって言われたら、あなたならどうします？　この建物にあるものは、パソコン以外は何を利用されてもけっこうですよ。

：県内のガソリンスタンドの数ですかぁ？　まず、役所内の担当部局で伺うか、地図で調べます。

：役所内の担当部局はどこかな？　それに地図で調べるとしても大変だよ？　2時間で調べられるかなぁ？

：車の関連の話ですので、道路を扱ってる土木部だと思います。全県の地図を調べるのは困難なので、5キロメートル四方をサンプルとしてとり、その中の数を調べます。

：以上です。お疲れさまでした。

：あっ、はい。

（いすの左脇に立つ）

：ありがとうございました。お疲れさまでした。

（深い礼。扉のところまで歩く）

：失礼しました。

（礼。扉を閉める）

験者に関する興味は薄れたが、とりあえず用意している質問を消化しようという場合に多いのです。

なお、ガソリンスタンドは国でいうと経済産業省の所管です。県の場合には、商工労働部が適当なところでしょう。経済産業局希望の永田さんが知らなかったのは致命的です。

危険物の取扱い、防災という観点から防災担当部局や地元市町村の消防署でも把握できる可能性はあります。

なお、最も簡単な調べ方は、電話帳を見ることではないでしょうか。

永田さんの総合判定

面接試験後、各面接官の採点表が回収されました。３人の面接官の講評は次のとおりでした。

面接官Xの講評 … D

地元で働ける国家一般職が第一志望だろう。本県は滑り止めに受けた程度で、志望順位は高くないと思われる。一生懸命面接対策をしてきたことはうかがわれるが、幼稚な言葉遣いがポロッと出てきたりする点、なれなれしさを感じる点から、将来、職場の「困ったちゃん」になりかねない。本県としては特に採用したい人材ではない。

面接官Yの講評 … D

全般的に普通の受験者レベルで、よく勉強しているとは思う。可もなく不可もなくという点ではCかもしれない。

ただ、仕事として何がしたいのかが見えてこない。まだ就職というものに対する意識が低いのではないか？　また、本県職員を志望した根拠も薄く、たとえ就職したとしてもすぐ辞めてしまうのではないかと思う。よって、D。

面接官Zの講評 … C

全般的に好印象。特に、面接のスタートダッシュはよかったと思う。「緑の回廊計画」など、ほかの受験者と異なった視点を持ち出してきた点、各方面に目配り気配りがききそうな答えをした点はいい。この時点ではB評価だった。ただ、途中であやふやな答えが多かった点、志望性が高くなさそうな答えがあった点はマイナスだ。ほかの面接官の評価も待ちたいということでCに1ランク引き下げ。

以上の各面接官の講評を踏まえ、合格判定会議では、**総合判定D**と結論を下し、不合格としました。

第6章
合格、内定
そして採用後

—これから仲間となる君たちへ—

合格すればすべてが終わり、ではなく、
合格してからがみなさんの公務員人生
の始まりなのです。
先輩公務員として、人事のオジサンか
らみなさんに「贈る言葉」！

最終合格の後

最終合格と内定は違う?

国家総合職・一般職の場合には、最終合格しても、その後に大変な官庁訪問をして各府省から内定をもらわないと採用されません。

総合職の場合は、最終合格した後もかなりの激戦で、採用予定数の2.5倍も最終合格者が出るので**採用漏れの方がかなり出ます**。一方、**一般職の場合**には、最終合格者数を決める段階で、官庁と地域を選ばなければ**ほとんどの方が採用**されるように計算されています。後はみなさんがどういう選択をされるかです。国税専門官などのように**単体の試験の場合も、採用予定数を念頭に最終合格者数を決めています**。連絡が来ないと焦る方もいますが、だいたい年内中には各地方支分部局から採用内定の連絡が入ります。

都道府県の場合には、**最終合格後に改めて採用面接**を受けることになりますが、これは本当に意思確認だけで、とんでもないことをしでかさない限り採用されます。**市町村の場合**は**最終合格イコール内定**です。

最終合格そして内定をもらうまでは、大変な道のりでしたよね。本当に高嶺の花！　メチャメチャうれしいと思います。この章では、締めくくりとして、内定そしてそれからについてお話ししていきたいと思います。

●都道府県の場合
都道府県の場合、採用試験を実施し最終合格を出すのは人事委員会で採用は人事課というふうに組織が分かれているので、形式的な採用面接が行われるのです。

いくつも内定をもらってしまったら

優秀な方は、いくつもの官庁や自治体から内定をもらえると思います。でも、体は1つしかないわけですから、どれか1つに選ばなければなりません。そのときには、処遇・待遇などの面も大事だとはいうものの、これまでにお話ししてきたとおり、**「自分が本当にやりたい仕事は何か」**ということに最大の力点を置いて判断しましょう。

「内定を出しますよ」という連絡があった場合には、承諾するかどうか判断を早めに付け回答しなければなりません。承諾するときには、出頭し承諾書を書くことを求められる場合がありますので、そのときには面接試験のときと同様の服装で行きましょう。突然来いといわれない限り、学校帰りのジーンズ姿で、ということは許されません。即刻内定はなかったことにされてしまいます。印鑑などいろいろと持参すべきものを指定される場合がありますので、当然のことながら忘れないように。

この出頭した際、内定を出す前提として、ほかの官公庁の内定を辞退することを求められることがあります。その場でほかの官公庁に辞退する旨の電話をかけさせられるようなこともあります。こういう手荒なことはしたくないのですが、グズグズしていてハッキリせず「絶対ここにします」という表情が読み取れないときには、そうせざるをえません。

それから、あっちこっちでウソをついて、いくつもいくつも内定をため込んでから、「どれにしようかな」と考える方もいるようですが、これは絶対やめましょうね。必ずあなたなりの優先順位が付いているはずです。優先順位が低かったものは、早々に辞退しましょう。なぜなら、**あなたが行く気がないのに内定を持ち続けているということは、内定**

●10月採用
国家一般職の場合には、内定が出てすぐ、その年の10月から働きませんか?と言われることもあります。

●迷いの多い一般職
私の経験上、一般職［大卒］の方よりも総合職と一般職［高卒］の方のほうがどちらか迷ったときの決断が早く、すっきりさわやかです。

をもらえないで気をもんでいる受験者が1名必ずいるということだからです。あなたの行動は、あなたの人生だけではなく、見知らぬほかのだれかの人生をも、もてあそんでいるのですよ。意地悪にならないようにしましょうね。

内定を辞退するときには、それ相応の対応をしましょう。内定の際に呼んでもらったのなら、辞退するときも電話1本で済ますのは失礼ですよ。やはり、担当者の所に出頭して辞退する旨を伝えるべきです。こういうのって、顔合わせるの、嫌ですよね。でも、きちんとあいさつしておけば、相手もわかってくれます。

私のこれまでの経験ですと、きちんと辞退する旨を伝えに来た受験者と、就職後も連絡を取り合って、仕事も一緒にやったことがあるという例もあります。その一方で、電話1本で「××に行きます」とだけ言っていたのに、その後、仕事の関係で○○省に行ったら、その担当者の直属の部下になっていて、「あれっ？　キミ、××に行ったんじゃないの？」っていうことで、相手も非常にばつの悪そうな顔をした、ということもありました。

特に、同じ公務員で就職するのだとしたら、意外と狭い世界です。将来きっとどこかで顔を合わせることになるでしょう。今までも、最終合格には至らなかったけれど記憶に残っていたかつての受験者と他府省で顔を合わせるということがよくありました。「ああ、頑張ってくれていてよかったなー」と思うと同時に、「世間って結構狭いなー」と思います。

それに何より、こういう嫌なときをちゃんと切り抜けられない人、失礼な対応しかできない人は、その後どこに就職しても、大成はできないと思います。こちらとしても、「失礼なヤツだ」と怒るよりも、「こんな人材なら採らなくてちょうどよかった」と思うと同時に「こんなヤツに一時とはいえ内定を出してしまった」自分自身が情けなくなります。

せっかく内定を出して
くださったのに
申し訳ありません！
あ〜

●内定辞退の方法

- 電話ではなく、直接担当者を訪問する（きちんとスーツを着て）
- あやふやな言葉ではなく、辞退する旨をはっきりと申告する
- 結局どこに就職するのかと尋ねられたら、正直に答える
- 自分の能力と可能性を信じて内定を出してくれたところなのだから、感謝の意を表すということを守りましょう。

第一志望でない職場から内定をもらったら

その一方、第一志望の官公庁は落ちてしまって、第二志望、第三志望の官公庁からしか内定をもらえなかった、というときもあるでしょう。

そのままそこで働くのか、浪人して再度チャレンジするのか、そこで働きながら再度チャレンジするのかといった選択がありますよね。そのいずれを選択するかは、あなたの考え次第です。「悔いの残らないように」としかいえません。

納得いかないまま就職することほど不幸なことはありません。人生は取り返しが付かないのですよ。迷っている場合には、自分自身が納得できるのかどうか、もう一度人事担当者に会って説明を受けてください。人事担当者のほうも、入ってすぐ辞められたりメンタル面に問題を抱えるようになってしまうよりは、十分納得して入ってくることを期待していますから、きちんと対応してくれます。

ただ一ついえるのは、**働きながら勉強を続けるというのは並大抵なことではない**ということです。どんな仕事でも、そんな生半可な仕事はありません。残業だってあるでしょう。ですから、働きながらというのは挫折することが多く、挫折すると、一生悔いが残ります。それに、職場に隠して宴会などの付き合いを断ってまで勉強を続けたのに、何年たっても合格できず、受験を断念した頃には「あいつは付き合いの悪いヘンなヤツだ」というレッテルがはられてしまっていたということにもなりかねません。

そういうことを考えると、そこで働くか、浪人して再チャレンジするかのどちらか一つに腹を決めるべきだと思います。

現役職員のぼやき
たとえ第一志望に入れたところで希望の仕事に就けるとは限らないですよね
希望の仕事に就けたところで3年もすりゃ異動だしさぁ
その辺も考えて決めてほしいわよねえ

最終合格できたのに採用が決まらないとき

最終合格と採用が一致していない国家総合職・一般職の場合についてお話しします。

国家総合職

国家総合職試験では、合格者名簿は3年間有効ですが、事務系の場合は8月の段階で決まらなければ、その年度中に改めて合格者に声をかけるということはありません。次の年に1年後輩の合格者と一緒に、また官庁訪問をしなければいけないわけです。このときに、もちろん、次の年の第1次試験から受けているかどうかは問われません。ただし、国家総合職試験の場合には、単に合格不合格だけではなく、合格順位にも大きく左右されますから、**次の年の試験も受験しておいて、よりよい成績のほうをアピールすることが得策**だと思うので、次の年の第1次試験も受験しましょう（万一、次の年の試験で1次不合格でも、そんなことは官庁訪問では黙っておけばいいのです。各府省の採用担当者は、今年も受験したかどうかまでは把握していませんから）。

また、前年に落とされてしまった府省を再度訪問してもだいじょうぶか？ということも気になるでしょう。不採用にも「何回会っても絶対にダメ」というパターンと「残念だけど今年は不採用。でも、惜しかったよね」というパターンがあります。この後者の場合は、まだまだ可能性ありです。前年が「補欠」だったり、採用担当者に「惜しかったね」と声をかけられたのであれば、再度チャレンジしてみましょう。

●公務員試験と併願できる資格試験など

公務員試験に合格できるかどうか、就職できるかどうかは水物。できれば、同じ勉強をする過程でほかの資格にも挑戦できるとうれしいですよね。

ただし、どっちつかずになると困るので、あまり深入りしてはいけません。

○司法試験・公認会計士試験

これらの試験をめざしていた人が公務員試験を受験するということはあっても、逆への転進はまず困難です。

○行政書士試験

勉強を初めて半年ぐらいのレベルでクリアできます。民法の勉強の進み具合を見るのにちょうど手頃です。ただし、公務員試験に比べ親族・相続の部分の出題比率が多い点には注意してください。作文の試験もあるので、いい練習になります（ただし、公務員になって17年以上で

国家一般職

国家一般職試験の場合には、合格者名簿の有効期間は大卒程度は3年、高卒者試験は1年です。ほとんどの方は最終合格発表の頃までには内定をもらいますが、それまでに内定をもらえなかった方もあきらめてはいけません。なぜなら、国家一般職試験の場合には、ほかの国や自治体の試験で内定をもらって辞退する方が結構いるからです。このような場合には、随時募集をかけます。官庁側から電話がかかってくることもありますが、行きたい官庁がある場合には、受験者の側からも積極的に定期的に連絡を取ってみるとよいでしょう。最初の段階でふるい落とされてしまったような超人気官庁でも、その後に欠員が生じれば、また会ってくれて**一発逆転で内定をもらえるってこともある**んです。

とにかくこまめに連絡を取ったり訪問したりすることが内定獲得の秘訣です。年を越しても、年度が変わっても、決してあきらめることなく粘り強く頑張ってみましょう。内定がもらえるまで**毎月必ず人事院に採用希望届を出す**ことをお勧めします。希望届を毎月末日までに出しておかないと、各府省は採用希望者であることがわかりませんので採用面接の連絡はありません。次に、希望勤務地を限定していませんか？　当然希望勤務地外の各府省等はあなたにアプローチしようとは思わないでしょう。希望届を出すときにできるだけ希望勤務地を「どこでもよい」に変更してみましょう。それから、電話番号や住所に変更があったときには人事院にきちんと連絡することも大切です。また、「携帯電話がつながらない」といったこともあるようですから、確実に連絡が取れる連絡先を複数登録するようにしてください。

行政書士になる資格を得ることができます（行政書士法第2条）。

○宅地建物取引主任者試験

民法の強い方は挑戦してみてください。物権・担保物権・借地借家の出題比率が特に高いのが特徴です。

○税理士試験、社会保険労務士試験、司法書士試験

あまり出題分野が重ならないので、公務員試験との併願は向きません。

○弁理士試験

理系・技術系の受験者で科目が重なることはありますが、これもあまりお勧めできません。

○大学院入試

学部で留年するぐらいであれば、大学院に進むことも一つの手です。修士を修了すれば、初任給の格付けも8号俸アップします。

なお、日本の大学院は変なシステムで、学部に入学するより院に入学するほうがはるかに試験が簡単なので、学部時代には入れなかった高偏差値大学の大学院に入り直す「学歴ロンダリング」も見受けられます。

採用後も忘れてはならないこと

本来、これから公務員になろう、公務員をめざそうとしているみなさんに、採用されてからのことをお話しする必要はないかもしれません。でも、私のように、採用も担当をし、その後の人事も担当する者としては、ぜひともみなさんにお話ししておきたいことがあります。

初心忘るべからず

本当にありきたりな、言い古された言葉ですが、「初心忘るべからず」です。４月１日に初出勤したときの緊張感、これを忘れないでくださいね。

「まったりしたいから公務員になりたい」こう思っている人は、はっきり言って不適格です。こんなことは受験者も面接試験のときには絶対に言いませんよね。でも、絶対にそう思って公務員になることを希望している方は多いはず。でも、それじゃあいけない！

公務員の世界は、頑張ればこれほどおもしろくてやりがいのある仕事はないのですが、開き直ってしまえばこれほどいい加減にできる仕事もありません。公務は、ノルマがあったり、業績が数値で計測できるような仕事ではありません。本人の志の有無と、その志のピュアさでしか推し量るものがないのです。したがって、はっきり言って、まったりしようと思えばできてしまう、周りの迷惑を気にしなければどこまでもサボれる、というのが公務員です。な～んにもしなくても、辞めさせられないのですから！

●民間とは大違い！

「３年３割（入社後３年で３割が辞める）」といわれている民間とは大違いですよね。人事担当者がいうのもなんなのですが、公務員には民間のような厳しさがないのです。

なお、厳しいといわれている民間企業でさえも、「２・６・２の法則」というのがあるそうです。この「２・６・２の法則」とは、会社の全業績の50％を全構成員の２割の人で達成し、残りの50％は６割の人が達成し、さらに残った２割の人たちは業績になんら貢献していないということだそうです。ましてや公務員をや！

典型的小役人にはなるな

まったり・無能公務員にはなってはいけないとお話ししましたが、「とりあえず仕事はしているんだけどね……」という公務員がいます。「がいます」というより、国・地方、中央・出先を問わず「責任を取らない」「非を認めない」「前例踏襲」「ムラ意識」「実力の伴わないプライド」という典型的な「小役人症候群」が公務員世界に蔓延してはいませんか？　これが、最近の公務員不信の源なのではないでしょうか。具体例を挙げるまでもなく、みなさんの頭の中にも「ああ、こんなことがあったな」と思い浮かぶものがあると思います。

「雑巾掛け」に徹する

係員のうちは、「雑巾掛け」に徹しましょう。**嫌な仕事ほど進んでやる**こと。雑巾を掛けた分だけ、大きな人間になれるのですよ。「小役人」や「できもしないのに言いたいことは言う」そういうヤカラになってはいけません。最初はコピー取りや資料届けばかりかもしれません。「大学卒業して、こんな仕事かよ」と腐りたくなることもあるでしょう。五月病って、これですよね。でも、どんな仕事にも貴賤はありませんよ。

それから、サークルのノリで仕事をしてはいけません。組織では上意下達です。ラインで仕事をしているのです。国家公務員法第98条第1項も「職員は、その職務を遂行するについて、法令に従い、且つ、上司の職務上の命令に忠実に従わなければならない。」としています。ただし、言わなければならないことは上司に対してでも建言してください。

自分がやっている仕事については、今どういう状況になっているのか、必ず上司に報告・連絡

●ムラ意識

国家的・大局的な観点ではなく、「省益（その省だけの利益）」を優先するという風潮があります。

そういえば、都道府県ではいろいろな部局があっても一括して採用しますよね。なのになんで国の場合は、各府省ごとに採用して、このムラ意識を助長させているのでしょうね？

●どんな仕事にも貴賤はない

「ばかげた仕事はない。ばかな人間がいるだけだ」（フランスのことわざ）

をするようにしましょう。また、上司の指示だからと盲従するのではなく、「なぜ、どうしてそのような指示があったのか」必ずその意味を考えてみましょう。墨守・埋没してはいけません。常に斬新な考え・発想を。これが組織活性化の基本です。

税金で生かしてもらっていることを忘れない

公務員は、税金で生かしてもらっていることを忘れないでください。採用された当初は、な〜んにもわからないわけですから、研修を受けますよね。その研修を受けている今そのときも国民の税金は使われているのです。みなさんの給料、講師となっている職員の給料、光熱費……すべて国民の税金で賄われているのです。その時点では、な〜んにも国民の役に立っていないのに、ですよ。そう思うと、申し訳ないでしょ？

私たちは、タックスペイヤーであると同時に国民に養ってもらっているわけです。ですから、国民の監視の目は厳しいですよ。たとえば、通常なら許されることも公務員の場合は懲戒処分の対象になってしまいます。飲酒運転なんかそうですよね。すぐに新聞沙汰になってしまいます。だからマスコミは嫌いだ、ではなく、自分自身も常に一国民の視点を忘れずに持ち続けましょう。**常にサービスの精神、奉仕の精神を。**これが公務員の心掛けです。

甘えない

社会に出たら、そんなに楽しいことなんてありません。むしろつらいことのほうが多いと覚悟してください。嫌な仕事もあるでしょう。バカな上司がいるかもしれません。でも、甘えないでくださいね。人事課はいつまでも保護してくれませんよ。むしろ、逆境にあっても自ら生き残る

●曾国藩の「四耐」

「人生、冷に耐え、苦に耐え、煩(労)に耐え、閑に耐え、以て大事を成すべし」すなわち、4つの忍耐とは、「一つは冷ややかなることに耐える。人生の冷たいことに耐える。第二は苦しいことに耐える。第三は煩わしいことに耐える。第四は閑に耐える」ということだそうです。

雑草のような人間になってください。清末の哲学者であり政治家でもあった曾国藩が「四耐」ということをいっています。これからの仕事をしていくうえで、覚えておくといいかもしれません。

新人は人事課が送り出す最新兵器

採用担当者がみなさんを選んだ理由、それは、単に今現在のその官公庁の組織・風土に合致しているかという観点だけではありません。人事課としては、今後この組織がめざしていくべき方向、あるべき姿というのを常々考えているわけです。こうしていこう、ああすべきだ、というふうに。でも、すでにいる職員の間に長年染みついたものっていうのはなかなか変わっていかないですよね。ですから、これから組織に入っていくみなさんを採用するに当たっては、この組織のあるべき方向に合致するかどうかという視点でも判断しているわけです。

この人材を送り出して組織をこう変えていこう！と人事課は考えるわけです。新人のみなさんは人事課が組織に送り出す最新兵器なのです。頑張ってほしいなー！って思っています。

自分が採用にかかわった職員は、みんなかわいいんですよ、本当に！　わが子のように感じられるんです。廊下ですれ違って会釈をするだけでも、「あ〜、この子も頑張っているんだな〜。すっかり成長したな〜」と思います。「いいヤツだよ」という評判が入れば、鼻高々になるし、「ちょっとねぇ…」と言われてしまうとメチャメチャ心配です。

そんな**みなさんに、組織とニッポンの将来を託しているわけです。期待していますよ!!**

●**役に立つ人、役に立つ所**
公務員＝役人は、国民・住民のみなさんの「役に立つ人」でなければなりません!!

それじゃあ
試験会場
で待って
ますよ！

<著者紹介>

大賀 英徳（おおが ひでのり）

都内の大学院を修了後、某中央官庁にⅠ種職員として採用され、数か所の異動の後、人事課に配属、任用係長を経て、任用担当の課長補佐となる。

人事課では、職員の採用から昇任昇格・配置換まで全般を担当し、採用においては、事務系から技術系、選考採用、非常勤まであらゆる職種の採用に携わってきた。この経験を生かし「現職人事シリーズ」３冊を執筆、本音のアドバイスが受験者から好評を得ている。

2025年度版　公務員試験

現職人事が書いた「面接試験・官庁訪問」の本

2024 年 4 月 10 日　　初版第 1 刷発行　　<検印省略>

著　者	大賀英徳	**ＤＴＰ組版**	森の印刷屋
発行者	淺井　亨	**本文イラスト**	とみたみはる
発行所	株式会社　実務教育出版		

〒163-8671　東京都新宿区新宿1-1-12
振替　00160-0-78270
編集　03-3355-1812　販売　03-3355-1951

印　刷　文化カラー印刷
製　本　東京美術紙工

ISBN 978-4-7889-7785-3 C0030